François Meienberg

ZU FUSS DURCH DIE PYRENÄEN

Der Osten

AF288943

Mit Fotos von Marion Nitsch

NATUR PUNKT

Ein Wanderführer im Rotpunktverlag

ZU FUSS DURCH DIE PYRENÄEN

DER OSTEN

Naturpunkt-Fachbeirat: Daniel Anker, Thomas Bachmann, Ursula Bauer, Fredi Bieri, Markus Lüthi, Dominik Siegrist, Marco Volken

Allen Personen, die durch ihre Mitarbeit, Hinweise, Anregungen und Kritik mitgeholfen haben, dieses Wanderbuch entstehen zu lassen, möchte ich herzlich danken. Es waren dies unter anderen: Paule und Jean-Pierre Bergès, Christine Frey, Jürg Frischknecht, Josu Goya, Patrizia Grab, Thomas Heilmann, René Huber, Jo Lang, Jürg Langner, Pierre Legrand, Christoph Meienberg, Dominique Meienberg, Ursula Meissner, Andreas Müller, Marion Nitsch, Gabriella Ries, Jean-Jacques Rigal, Christian Rolle, Regula Rüetschi, Barbara Sauser, Andreas Simmen, David Stickelberger und Gerda Warthmann.

Für Marion

Routenskizzen: Christian Rolle, Holzkirchen
Druck und Bindung: J. P. Himmer GmbH & Co. KG, Augsburg
ISBN 3-85869-288-3
1. Auflage

Vorwort

Die in diesem Buch beschriebene Wanderung zeigt uns die höchsten Berge Aragóns und die ganze Vielfalt Kataloniens: das gletscherumrandete Maladeta-Massiv, die zahllosen Bergseen, die im Aigüestortes-Nationalpark zwischen hohen Granitzacken liegen, die geologischen Kapriolen im Naturpark Cadí-Moixeró, die weiten Weiden am Grenzkamm, die bewaldeten Hänge der Albères und die Sandbuchten am Mittelmeer.

Genauso vielfältig wie die Landschaft sind auch die Bräuche, die Küche und die Architektur der Region. Abwechslungsreich ist auch die lange Geschichte der Katalanen, die seit Jahrhunderten für mehr Autonomie kämpfen.

Dieses Wanderbuch möchte Sie einladen, mit offenen Augen durch diese reiche Landschaft zu wandern. Offen für die Menschen und ihre Kultur, die Natur und die Geschichte der Region. Es gibt vieles zu entdecken!

Allen, die zum Gelingen dieses Buches beigetragen haben, möchte ich herzlich danken. Ein besonderes Dankeschön gebührt dem ganzen Team des Rotpunktverlags, welches das Projekt vom ersten Gedanken an und mit viel Interesse, Geduld und Fachwissen begleitet hat. Ein spezieller Dank geht auch an meine Partnerin Marion Nitsch, die mich während mehreren Wochen in den Pyrenäen begleitete und mit ihren Fotos wesentlich zum Gelingen beiträgt. Bedanken möchte ich mich aber auch bei Gabriella Ries, Christoph Meienberg, Andreas Simmen und Gerda Warthmann, die einen Teil des Weges mit mir teilten, sowie bei allen andern, die mir mit Tipps und Hinweisen weiterhalfen.

Das vorliegende Buch enthält eine Fülle von aktuellen Angaben. Doch Telefonnummern, Öffnungszeiten oder Fahrpläne wechseln schneller, als Wanderbuchautoren lieb ist. Unter www.wanderweb.ch werden die wichtigsten Informationen immer wieder auf den neuesten Stand gebracht. Die Leserinnen und Leser möchte ich dazu einladen, Änderungen, aber auch Kritik und Anregungen mitzuteilen. Dafür wurde auf www.wanderweb.ch die Rubrik Forum eingerichtet.

François Meienberg, im Januar 2005

Inhalt

Vorwort   7
Zum Gebrauch dieses Führers   8
Nützliche Hinweise   10
Einführung in die Pyrenäen   20

EIN PAAR TAGE IN BAGNÈRES-DE-LUCHON   36

AM FUSSE DES HÖCHSTEN   50
In drei Tagen von Bagnères-de-Luchon zum Ospitau de Vielha
11.1 Bagnères-de-Luchon–Refuge de Venasque   54
11.2 Refuge de Venasque– Refugio de Renclusa   57
11.3 Refugio de la Renclusa–Ospitau de Vielha   63
Gesundes Wasser   **68**

VIEL WASSER UND ROMANISCHE KIRCHEN   70
In drei Tagen vom Ospitau de Vielha nach Taüll
12.1 Ospitau de Vielha–Refugio Restanca   74
12.2 Refugio Restanca–Refugi Ventosa i Calvell   76
12.3 Refugi Ventosa i Calvell–Taüll   79
Der fruchtbare Einfluss des Islams   **86**

EIN CHAOS AUS GRANIT UND BLAUEN PUNKTEN   90
In vier Tagen von Taüll nach Rialp
13.1 Taüll–Refugi d'Estany Llong   94
13.2 Refugi d'Estany Llong– Refugi Ernest Mallafré   98
13.3 Refugi Ernest Mallafré– Refugi Josep M. Blanc   100
13.4 Refugi Josep M. Blanc–Rialp   104
Die wiedergefundene Sprache   **108**

DURCH DEN WALD NACH LA SEU D'URGELL   112
In zwei Tagen von Rialp nach la Seu d'Urgell
14.1 Rialp–Sant Joan de l'Erm   116
14.2 Sant Joan de l'Erm–la Seu d'Urgell   118
Die guten Menschen   **124**

EIN PAAR TAGE IN LA SEU D'URGELL   128

DÖRFER IM SCHUTZ DER SERRA DE CADÍ   136
In zwei Tagen von la Seu d'Urgell nach Gósol
15.1 La Seu d'Urgell–Molí de Fórnols   140
15.2 Molí de Fórnols–Gósol   143
Autonom, souverän oder unabhängig?   **148**

AUF DEM DACH DES CADÍ-MOIXERÓ-NATURPARKS   **152**
In vier Tagen von Gósol nach la Pobla de Lillet
16.1 Gósol–Refugi Lluís Estasen   156
16.2 Refugi Lluís Estasen– Refugi Sant Jordi   159
16.3 Refugi Sant Jordi–Refugi de Rebost   162
16.4 Refugi de Rebost–la Pobla de Lillet   165
Transhumanz in den Pyrenäen   **170**

VON DEN ARBEITERN ZU DEN SCHAFHIRTEN   **172**
In zwei Tagen von Pobla de Lillet nach Planoles
17.1 La Pobla de Lillet–Castellar de n'Hug   176
17.2 Castellar de n'Hug–Planoles   178
Eine Welle aus Zement   **182**

EINE PILGERSTÄTTE UND NEUN KREUZE   **184**
In vier Tagen von Planoles nach Vernet-les-Bains
18.1 Planoles–Núria   190
18.2 Núria–Refugi d'Ulldeter   192
18.3 Refugi d'Ulldeter–Mantet   198
18.4 Mantet–Vernet-les-Bains   202
Wo Kinderwünsche wahr werden   **206**

DER OLYMP DER KATALANEN   **208**
In fünf Tagen von Vernet-les-Bains nach Céret
19.1 Vernet-les-Bains–Casteil   212
19.2 Casteil–Refuge de Mariailles   215
19.3 Refuge de Mariailles–Chalet des Cortalets   218
19.4 Chalet des Cortalets–Batère   221
19.5 Batère–Céret   225
Inspiration im Freundeskreis   **232**

DAS MEER VOR AUGEN   **234**
In drei Tagen von Céret nach Banyuls-sur-Mer
20.1 Céret–Las Illas   238
20.2 Las Illas–Col de l'Ouillat   242
20.3 Col de l'Ouillat–Banyuls-sur-Mer   248
Die Flucht über die Pyrenäen   **254**

EPILOG: EIN BAD ZUM ABSCHLUSS   **258**
In einem Tag von Banyuls-sur-Mer nach Collioure
Das explosive Erbe des Herrn Nobel   **266**

EIN PAAR TAGE IN COLLIOURE   **268**

Foto- und Bildnachweis   **278**
Ortsregister   **279**

Zum Gebrauch dieses Führers

Überall am Weg gibt es verborgene Geschichten. Wer sie kennt, wird die Umgebung mit anderen Augen wahrnehmen. Dieser zweibändige Wanderführer wurde für Leute geschrieben, die eine Wanderung in den Pyrenäen unternehmen und zugleich auch etwas über Geschichte, Kultur und Politik der Region erfahren wollen.

Es ist möglich, mit den Bänden *Der Westen* und *Der Osten* in 72 Tagen von San Sebastián am Atlantik nach Collioure am Mittelmeer zu wandern und dabei alle drei Nationalparks sowie weitere wichtige Schutzgebiete, alte Kurorte und Kulturgüter zu besuchen. Die Route folgt meist dem Pyrenäenhauptkamm, manchmal auf der französischen, manchmal auf der spanischen Seite. Gegenüber den markierten Weitwanderwegen GR10 und GR11, die ebenfalls vom Atlantik ans Mittelmeer führen, hat diese Route den Vorteil, dass man beide der sehr verschiedenen Seiten der Pyrenäen kennen lernt. Der Weg führt auch in einzelne Dörfer hinunter, wodurch man mehr von der regionalen Kultur sieht und erlebt. Am Ende jeder Tagesstrecke steht eine Unterkunft zur Verfügung und die Möglichkeit, etwas Warmes zu essen.

Die Weitwanderung vom Westen in den Osten wurde in 20 einzelne Etappen unterteilt, deren Start- und Endpunkte mit öffentlichen Verkehrsmitteln erreichbar sind. Sie können sich also Ihre Wanderung nach eigenem Gutdünken und Zeitbudget zusammenstellen. Zwei Eintageswanderungen an der Meeresküste bilden Beginn und Ende der Durchquerung, die übrigen Etappen dauern 2 bis 5 Tage. Die **Anreise** zu den Start- und Zielpunkten ist jeweils am Kapitelanfang beschrieben. Sollten Sie sich für eine längere Wanderung entscheiden, ist es ratsam, ohne Auto anzureisen, da der Weg zurück zum Startpunkt oftmals sehr kompliziert ist.

Sie finden im Führer alle notwendigen Angaben, um die Wanderung zu planen und durchzuführen. Routenkarten und Stadtpläne erlauben eine rasche Orientierung. Zu Beginn jeder Etappe wird kurz der **Charakter und die Schwierigkeit der Strecke** beschrieben. Die ganze Überquerung ist eine Wanderroute, für die jedoch teilweise Erfahrung im Gebirge und Trittsicherheit notwendig sind. Wo mit größeren Problemen zu rechnen ist, wird dies speziell vermerkt. Zusätzlich zur beschriebenen Route werden zahlreiche mögliche **Varianten** erwähnt. Zu Beginn des Kapitels die Varianten, die sich über mehrere Tage erstrecken, vor jeder Tagesetappe alternative Wegstrecken, die zum selben Zielort führen. Aufgelistet werden auch die **Landkarten**, die für die beschriebenen Routen notwendig sind. **Übernachtungsmöglichkeiten** auf der Wegstrecke und an den Start- und Endpunkten sind mit Telefonnummer, Zimmerpreisen und, wo vorhanden, der Website aufgeführt. Bei den **Zimmerpreisen** wird immer der Preis für die Hochsaison erwähnt und, gibt es Zimmer mit und ohne Bad, der Preis für die teureren Zimmer. Reist man in der Nebensaison und bucht jeweils das einfachste Zimmer, kann an vielen Orten von günstigeren Übernachtungen ausgegangen werden.

Für jede Tagesetappe sind die **Wanderzeiten** in Stunden und Minuten angegeben (1.50 Std. bedeutet 1 Stunde und 50 Minuten und nicht etwa anderthalb Stunden). Die angegebenen Wanderzeiten sind reine Gehzeiten ohne Pausen. Für eine 6-stündige Wanderung muss man inklusive Pausen mit rund 8 Stunden rechnen. Die für jede Tour angegebenen **Höhendifferenzen** erlauben eine zusätzliche Einschätzung der Schwierigkeit.

Der eigentliche **Wanderbeschrieb** hilft, ergänzend zu den notwendigen Landkarten, den Weg zu finden und mehr über die Wanderstrecke zu erfahren. Bei guter Wegmarkierung, die jeweils erwähnt wird, fällt der Wegbeschrieb kürzer aus, bei unklarem Wegverlauf länger. Aussagen wie »linke Talseite« oder »rechts vom Fluss« sind immer orografisch zu verstehen, das heißt von der Flussrichtung aus zu interpretieren. Namen von Orten, Pässen, Gipfeln usw. werden normalerweise in der am Ort vorherrschenden Sprache geschrieben, in Frankreich französisch, in Spanien spanisch oder katalanisch. Allenfalls werden andere Formen in Klammern gesetzt. Meist wird die Schreibweise der Landkarten übernommen.

Die meisten Angaben beruhen auf Erhebungen im Sommer 2004, einzelne stammen vom Sommer 2003. Aktualisierungen zu dieser Auflage finden Sie auf der Website www.wanderweb.ch. Auch Sie haben die Möglichkeit, Ihre Erfahrungen auf der Strecke auf dieser Website zu publizieren. Machen Sie davon Gebrauch und verbessern Sie damit die Informationen für die Nachwandernden!

▲ ▲ ▲ ▲ Aufstieg zum Estany Nere im Nationalpark Aigüestortes i Estany de Sant Maurici (Etappe 13.2). In der Mitte der Tossal de la Montanyeta, am linken Bildrand der Pic de Subenuix (2949 m).

▼ Kiefer und Fels im Monestero-Tal (Etappe 13.3).

Info
Zum Gebrauch
dieses Führers

Nützliche Hinweise

Vor der Reise

Wahl der Strecke

Es ist von Vorteil, wenn man sich bereits vor der Reise Gedanken über die Streckenwahl macht. Bestimmende Faktoren sind dabei die eigenen Fähigkeiten und die Jahreszeit. Falls Sie nicht regelmäßig längere Strecken wandern, sollten Sie sich zu Beginn nicht zu viel vornehmen. Zwei bis drei kürzere Etappen und ein Ruhetag werden helfen, dass sich Ihr Körper an die neuen Belastungen gewöhnen kann. Nur wer beim Wandern nicht ständig an seine physische Grenzen stößt, kann die Umgebung bewusst aufnehmen und die Wanderung genießen. Sollten Sie keine Erfahrung im Bergwandern haben, wählen Sie für den Anfang besser keine Etappe mit alpinem Charakter und keine Strecken mit schwieriger Orientierung.

Beste Jahreszeit

Die Albères sind bereits ab Ende April und bis Anfang November für Wanderungen zu empfehlen, der Naturpark Cadí-Moixero von Anfang Juni bis Mitte Oktober. Blumenliebhaber werden in den Monaten Juni und Juli auf ihre Kosten kommen. In den Zentralpyrenäen und in Höhen über 2000 Metern wird es oft Ende Juni oder Anfang Juli, bis der Schnee geschmolzen ist. In diesen Lagen wird die Wandersaison aber ohnehin durch die Öffnungszeiten der Hütten bestimmt (siehe genaue Angaben beim jeweiligen Kapitel). In den vier Klimazonen der Pyrenäen muss man auf sehr unterschiedliche Wetterbedingungen gefasst sein (mehr zum Klima siehe S. 28).

Was alles in den Rucksack gehört

Beim Packen des Rucksacks gilt die Einsparung von überflüssigem Gewicht als höchste Maxime. Schwere Rucksäcke über 14 Kilogramm machen auch einfachere Wanderungen zur Qual.

In Lagen über 2000 Metern kann es auch im Sommer empfindlich kalt werden. Man sollte deshalb für sehr warme wie auch für kalte und regnerische Witterung gewappnet sein. Wir wurden auf der Strecke von Núria nach Mantet auch schon im September von einem Schneesturm überrascht und waren für Wollmütze und Handschuhe sehr dankbar. An heißen Tagen ist ein Sonnenschutz (Kopfbedeckung und Sonnencreme) unverzichtbar. Zum Wandern braucht es gute und gut eingelaufene Berg- oder Wanderschuhe. Stöcke schonen bei längeren Abstiegen die Knie und geben bei der Durchquerung von Schneefeldern zusätzlich Sicherheit. Unabdingbar ist auch eine Wasserflasche. An heißen Tagen kann der Wasservorrat mit einer PET-Flasche ergänzt werden. Eine kleine Notfallapotheke (inkl. Druckverband, Desinfektionsmittel) gehört ebenfalls in den Rucksack. Am meisten gefragt sind im Allgemeinen Pflaster gegen Blasen (das Produkt Compeed, das es in verschiedenen Größen gibt, hat sich am besten bewährt). Nicht vergessen: Taschenmesser, Führer und Karten. Wer damit umgehen

kann, wird bei schwieriger Orientierung auch von einem Kompass und einem Höhenmesser profitieren. Zur Übernachtung in Berghütten braucht es einen Leinen- oder Seidenschlafsack. Wolldecken stehen überall zur Verfügung. Für die Hütten, wo meist um 22 Uhr das Licht gelöscht wird, aber auch für allfällige Verspätungen unterwegs oder für einen sehr frühen Start ist eine Stirnlampe von Nutzen. Um einen frühen Start nicht zu verschlafen, werden die meisten auch einen kleinen Reisewecker brauchen können. Ein Handy kann für Notfälle oder für die Reservation der Unterkünfte hilfreich sein. Der Empfang ist jedoch auf einem großen Teil der Wegstrecke nicht gewährleistet.

Landkarten
Für das gesamte französische Gebiet gibt es die sehr guten und detaillierten 1:25 000-Karten des Institut Géographique

▲ Der Rucksack sollte nicht allzu schwer sein. Wer bei den Kleidern spart, wird neben der Schlafmatte auch noch einen feinen Knochen mitnehmen können.

Nationale (IGN). Einziger Schwachpunkt dieser Karten ist, dass sie unmittelbar an der Grenze aufhören, das spanische Gebiet also auch in Grenznähe nicht abdecken. Dieser Mangel ist seit kurzem in einer neuen Kartenserie behoben: die von Éditions Rando und spanischen Partnern (carte de randonnées, mapa excursionista) herausgegebenen 1:50000-Karten sind etwas weniger genau als die IGN-Karten, aber für das Wandern auf markierten Wegen sicherlich genügend.

In Spanien wird ein Großteil der Pyrenäen von den Karten des Editorial Alpina abgedeckt (1:40000 oder 1:25000). Diese Karten sind leider nicht sehr detailliert. In Katalonien können die Karten des Institut Cartogràfic de Catalunya (1:50000, teilweise auch 1:25000) oder die oben erwähnten Karten der Éditions Rando eine brauchbare Alternative sein.

Reiseführer

Wer auch abseits der Wanderroute die Pyrenäen besuchen möchte, wird sich am besten noch einen speziellen Reiseführer kaufen. Auf Deutsch deckt das *Pyrenäen-Handbuch* von Michael Schuh (Reise Know-How, Verlag Peter Rump) das gesamte Gebiet ab. Er beinhaltet auch gute Tipps für Unterkünfte und Infos zu den Verkehrsverbindungen. Sehr empfehlenswert ist auch der Rough Guide *The Pyrenees* von Marc Dubin, auch er bietet alles Notwendige für die spanischen wie auch für die französischen Pyrenäen.

Websites

Zusätzliche Informationen über die Pyrenäen im Allgemeinen und Bergwandern in den Pyrenäen im Speziellen findet man auf diversen (meist französischen) Websites:

pyrene.free.fr: Eine Website mit Wandervorschlägen, Infos zu Schutzzonen, Links, Bildern und etwas Heimatkunde und Geschichte.

www.pyrenees-passion.info: Eine Website mit einem guten Hüttenverzeichnis, Wander- und Tourenvorschlägen, einer Liste aller Dreitausender, etwas Geschichte und weiterführenden Links.

www.pyrenees-team.com: Die wohl beste Website, was Wandern in den Pyrenäen betrifft. Sehr gut sind die ausführlichen Wander- und Tourenbeschriebe mit vielen Fotos und allen notwendigen Zusatzinformationen. Das Verzeichnis der Hütten ist umfangreich und schließt auch die Gîtes d'étape mit ein. Umfangreiche Infos über die Geschichte des Pyrenäismus.

www.pyrenees-pireneus.com: Viele Informationen über andere Aktivitäten als nur Wandern und Bergsteigen (Skitouren, Schneeschuhtouren, Eisfallklettern, Gleitschirmfliegen, Via Ferrata, Canyonning). Ebenfalls hilfreich sind die umfassende Literaturliste und die Koordinaten der Touristeninformationen in den Pyrenäen.

www.wanderweb.ch: Hier findet man Aktualisierungen zum vorliegenden Führer sowie Erfahrungen und Tipps von Personen, die auf der Strecke gewandert sind. Wir sind Ihnen dankbar, wenn auch Sie empfehlenswerte Hotels oder Restaurants, unbegehbare Wege oder bestehende Fehler des Führers ans Wanderweb melden. Auf diese Weise können Nachwandernde von Ihren Erfahrungen profitieren und sind jederzeit über den aktuellen Stand unterrichtet. Die Website wird von Christa Baumgartner betreut.

Literarische Werke und Reiseberichte

Es gibt nur wenige Werke der deutschen Belletristik über die Pyrenäen. Viele der französischen oder spanischen Klassiker sind nicht mehr erhältlich oder wurden gar nie übersetzt.

Ein Lesegenuss ist *Ein Pyrenäenbuch* von Kurt Tucholsky, das 1927 in Berlin unter dem Pseudonym Peter Panter veröffentlicht wurde und die Eindrücke einer Pyrenäenreise schildert, die Tucholsky von Mitte August bis Mitte Oktober 1925 gemeinsam mit seiner Frau unternahm. Das Werk ist als rororo Taschenbuch erhältlich.

Auch die Politsatire *Atta Troll. Ein Sommernachtstraum* von Heinrich Heine spielt in den Pyrenäen. Die Hauptfigur ist ein Tanzbär, der den Aufstand probt. Das Versepos erschien erstmals 1842/1843 in der Leipziger Zeitung, jedoch stark zensuriert und der Spitzen gegen Staat und Kirche beraubt. Heute gibt es die unzensurierte Fassung als Reclam-Büchlein.

Lesenswert sind als Vorbereitung auch die Texte der großen Pyrenäisten, die im 18. und 19. Jahrhundert die Pyrenäen durchwanderten und erforschten, Ramond de Carbonnières, Henri Russell, Franz Schrader, die aber nur antiquarisch und mit Ausnahme eines Werkes von Ramond nur auf Französisch erhältlich sind.

▼ Im Tal des el Ter konnte trotz der Nähe zu den Skipisten eine intakte Landschaft erhalten werden (Etappe 18.3).

Anreise

Um an die Startorte der Wanderetappen im Osten der Pyrenäen zu gelangen, stehen folgende Möglichkeiten zur Verfügung:

Mit dem Zug: Der Zug ist das ideale Reisemittel bei Weitwanderungen von Punkt A nach Punkt B.

Die wichtigsten Zielbahnhöfe, um zu den Startpunkten der Wanderungen zu gelangen, sind Montréjeau, Toulouse, Perpignan und Barcelona. Alle diese Bahnhöfe sind von Deutschland, Österreich und der Schweiz aus erreichbar. Die schnellsten Verbindungen führen über Paris oder Avignon. In Paris muss jeweils der Bahnhof gewechselt werden, was aber dank dem guten U-Bahn-System (Métro) kein Problem ist. Für Reisende aus dem Süden Deutschlands, der Schweiz oder Österreich ist die Verbindung über Genf meist die bessere Variante. Eine gute Alternative für die Reise nach Barcelona sind die Nachtzüge Zürich–Barcelona oder Straßburg–Portbou (mit Halt in Perpignan und guter Verbindung von Portbou nach Barcelona).

Die genauen Verbindungen kann man auf den Websites der nationalen Bahngesellschaften ausfindig machen. Als Website für internationale Verbindungen hat sich jene der Österreichischen Bundesbahnen www.oebb.at am besten bewährt.

Mit dem Flugzeug: Die Zielflughäfen, für eine Anreise in den Osten der Pyrenäen sind Toulouse (Direktflüge von Basel/Mühlhausen, Frankfurt, München und Bremen) und Barcelona (Direktflüge von Frankfurt, Düsseldorf, Stuttgart, München, Hannover, Hamburg und Zürich). Der Regionalflugplatz von Perpignan kann nur via Paris oder Lyon angeflogen werden.

Mit dem PKW oder Motorrad: Die Anreise mit dem eigenen Verkehrsmittel führt über das französische Autobahnnetz, entweder an Paris vorbei oder über das Rhonetal. Die französischen Autobahnen sind mautpflichtig. Die Gebühr für die Durchquerung Frankreichs liegt bei ca. 50 Euro. Welches Verkehrsmittel man auch wählt, es lohnt sich, den (Umsteige-)Städten am Fuß der Pyrenäen einen Besuch abzustatten. Informationen erhält man bei den örtlichen Touristeninformationen.

Toulouse: Tel. 05 61 11 02 22, www.ot-toulouse.fr. Die Hauptstadt der Region Midi-Pyrénées besitzt unter anderem eine große romanische Basilika, ein sehenswertes Museum im ehemaligen Augustinerkloster und ein modernes Raumfahrtmuseum. Beliebt ist auch der Besuch in den Airbus-Werkstätten (nur nach vorheriger Anmeldung).

Perpignan: Tel. 04 68 66 30 30, www.perpignantourisme.com. Die berühmteste Sehenswürdigkeit der Stadt ist der Palast der Könige von Mallorca. Um ihn herum liegt die Altstadt mit ihren engen Gassen, die zu einem ausgedehnten Bummel einladen.

Barcelona: Tel. aus dem Ausland: 0034 933 689 730, aus Spanien: 807 117 222 (gebührenpflichtig), www.barcelonaturisme.com. Barcelona ist für sich bereits eine Reise wert. Die Ramblas, die Bauten des Jugendstil, die Sagrada Familia, die Olympia-Anlagen, der Strand …., die Liste ist ohne Ende. Einen speziellen Bezug zu den Pyrenäen weist das Museu Nacional d'Art de Catalunya auf. Viele Originalfresken aus den romanischen Kirchen kleiner Pyrenäendörfer werden hier ausgestellt.

Während der Reise

Kommunizieren

Gehen Sie von der Annahme aus, dass Sie auf beiden Seiten der Pyrenäen mit Deutsch nicht sehr weit kommen werden. Für Reisen in Frankreich sollten Sie sich zumindest ein paar Brocken Französisch aneignen, selbst wenn jüngere Leute oft auch Englisch verstehen. Am Grenzkamm steigt der Anteil der Personen, die auch Spanisch sprechen.

In Spanien kommt man mit Spanisch überall durch, auch wenn diese Sprache bei vielen Einheimischen nur die Zweitsprache ist (nach Katalanisch). Die besten Alternativen sind hier Französisch oder Englisch.

Geld

Der Euro hat das Grenzschlängeln am Pyrenäenkamm stark vereinfacht. In Spanien, Frankreich und Andorra wird mit Euros bezahlt. Alle im Buch erwähnten Preise sind in Euro angegeben. In kleineren Dörfern gibt es oft keinen Geldautomaten, es ist daher ratsam, genügend Bargeld mitzuführen. Bei Hütten kann man nur in ganz wenigen Ausnahmefällen mit der Kreditkarte bezahlen, bei besseren Hotels oder Restaurants jedoch fast immer.

Telefon

Alle in diesem Buch erwähnten Telefonnummern sind ohne Landesvorwahl angegeben:
Die Vorwahl für Spanien lautet: 0034. Für einen Anruf aus der Schweiz, Deutschland oder Österreich wählt man die Landesvorwahl gefolgt von der 9-stelligen Nummer (z. B. 0034 948 59 92 37). Für einen Anruf innerhalb Spaniens lässt man die Landes-

Info
Nützliche
Hinweise

▼ Der Nachtzug von Genf nach Irun führt direkt zum Nordfuß der Pyrenäen. Wenige Stunden nach der Ankunft kann man bereits inmitten einer unberührten Berglandschaft unterwegs sein.

vorwahl weg, innerhalb der Provinz auch die meist dreistellige Vorwahl der Provinz (943 San Sebastián, 948 Pamplona, 974 Huesca, 973 Lleida, 93 Barcelona, 972 Girona).

Die Vorwahl für Frankreich lautet 0033. Für einen Anruf aus der Schweiz, Deutschland oder Österreich wählt man die Landesvorwahl gefolgt von der Nummer, aber ohne die Null (z. B. 0033 5 59 37 70 89). Für Gespräche innerhalb Frankreichs wählt man immer die 10-stellige Nummer mit der Null.

Für Anrufe aus Frankreich oder Spanien nach Deutschland (0049), Österreich (0043) und der Schweiz (0041) wählt man die Landesvorwahl und lässt anschließend die Null der Ortsvorwahl weg.

Notfallnummern: Haben Sie ein Handy zur Hand, wählen Sie in einem Notfall die Nummer **112**. Auch wenn Sie für normale Gespräche keine Verbindung haben, werden Sie mit dieser Nummer manchmal einen Kontakt herstellen können. Die Nummer funktioniert in Spanien und Frankreich ohne Vorwahl. Das spanische Baskenland (088) und Katalonien (085) haben eigene Notfallnummern. Versuchen Sie in Zweifelsfällen aber auch hier immer auch die 112.

Unterkunft

In **Frankreich** sind die **Hotels** mit den üblichen Sternekategorien ausgezeichnet.

Unter dem Namen Gîtes de France (www.gites-de-france.fr) sind diverse andere Unterkunftsarten, wie Chambres d'Hôtes, Gîtes Ruraux oder Gîtes d'étape zusammengefasst: Eine gute Alternative zu den Hotels sind die **Chambres d'Hôtes**, Privatunterkünfte wie die englischen Bed

and Breakfast. Oft sind die Zimmer mit viel Liebe eingerichtet. Das Frühstück ist immer im Preis inbegriffen. Einzelne Vermieter bieten auch Abendessen an (Table d'Hôtes). Die Chambres d'Hôtes sind in Kategorien von 1 Ähre (einfach) bis 4 Ähren (sehr komfortabel) eingeteilt.

Die **Gîtes d'étape** sind Unterkünfte mit Mehrbettzimmern (in wenigen Fällen auch DZ). An der Route des GR10 sind sie oft die einzige Übernachtungsmöglichkeit. Man stößt hier immer wieder auf Gleichgesinnte, die ebenfalls zu Fuß unterwegs sind. Manchmal steht auch eine Küche zur Verfügung. Die Gîtes d'étape sind in 3 Kategorien (1 bis 3 Ähren) eingeteilt.

Die **Gîtes Ruraux** sind Häuser, die man meist nur wochenweise mieten kann. Sie werden in diesem Führer nicht aufgeführt. **Refuges** sind Berghütten, wie wir sie auch aus den Alpen kennen. Viele werden vom Club Alpin Français (CAF) verwaltet. Aber auch der Nationalpark oder Private führen Hütten. Die Hütten sind oft sehr einfach, aber zweckmäßig eingerichtet. Bei allen bewarteten Hütten bekommt man Abendessen und Frühstück, meist auch eine Zwischenverpflegung. In einzelnen Hütten stehen einfache Küchen zur Verfügung. Wer Mitglied eines Alpenclubs ist, soll unbedingt seine Mitgliederkarte mitnehmen. Die Übernachtungen in Hütten des CAF sind für Clubmitglieder dank Gegenrecht wesentlich günstiger.

In **Spanien** sind die **Hotels** (mit einem H auf blauem Grund auf der Hauswand) ebenfalls nach den üblichen Sternekategorien eingeteilt. Eine Sonderstellung haben die **Paradores** inne (www.parador.es). Es sind dies staatliche Hotels der gehobenen Klasse, meist in alten Gebäuden und

mit einem guten Preis-Leistungs-Verhältnis. **Hostales** (Hs) sind oft etwas billiger als Hotels. Noch einfacher sind die **Pensiones** (P). Es ist schwer, allgemeine Aussagen zu den Leistungen und Preisen der verschiedenen Unterkunftstypen zu machen. Es gibt in Städten gediegene Pensionszimmer mit eigenem Bad und TV, welche einfache Hotels an Luxus übertreffen.

Das spanische Bed and Breakfast ist nicht einheitlich benannt. In Katalonien nennen sich diese Unterkünfte **Residències – Cases de Pagès** oder **Casa Rural**. Oft vereinen diese Bezeichnungen Häuser mit Zimmern, die man für eine Nacht haben kann, und Häuser, die man nur wochenweise mieten kann. In diesem Führer werden nur Unterkünfte genannt, wo Zimmer auch für bloß eine Nacht vermietet werden. Es gibt eine gute Website (http://de.toprural.com) für Privatunterkünfte in ganz Spanien ist .

▲ Das Refugi d'Ulldeter, im Besitz des katalanischen Bergsportvereins, bietet alles, was müde Wanderer brauchen (Etappe 18.2).

Wie in Frankreich die Refuges entsprechen die **Refugios** in höheren Lagen unseren Berghütten. Sie werden meist von den regionalen Bergsportvereinen verwaltet. Es gibt auch hier beträchtliche Unterschiede, was den Komfort (z. B. die sanitären Anlagen) betrifft. Bei allen bewarteten Hütten bekommt man Abendessen und Frühstück und meist auch eine Zwischenverpflegung. In einzelnen Hütten stehen einfache Küchen zur Verfügung. Wer Mitglied eine Alpenclubs ist, sollte auch hier unbedingt seine Mitgliederkarte dabeihaben. Die Übernachtungen (und teilweise auch die Mahlzeiten) in Hütten des aragonesischen (FAM) oder katalanischen (FEEC) Bergsportvereins sind für Clubmitglieder bis zu 50 Prozent günstiger (Gegenrecht). Informationen zu allen Hütten in den Pyrenäen findet man auf der Website des katalanischen Bergsportvereins www.feec.org. Viele Unterkünfte in den spanischen Pyrenäen sind auch auf der Website www.aprapirineo.com zu finden.

Im Juli und August empfiehlt es sich bei allen Unterkunftstypen, frühzeitig zu reservieren. In der Nebensaison lohnt sich ein Anruf, um sich zu vergewissern, ob die Unterkunft auch geöffnet ist. Um die heiß begehrten Hüttenplätze nicht zu blockieren, sollte man bei einer Änderung der Route die Reservation immer annullieren. Andere Wanderer sind dafür dankbar.

Essen

Tipps zu Restaurants findet man in den einzelnen Kapiteln.

Eine besondere Stellung haben in Spanien Bars, Bodegas oder Tavernas inne, wo man oft so genannte Tapas, kleine Häppchen, bekommt. An denselben Orten werden oft auch »Raciones« angeboten, eine Portion irgendeines Gerichtes. Tapas und Raciones können problemlos eine Mahlzeit in einem Restaurant ersetzen. An die spanischen Essenszeiten muss man sich zuerst gewöhnen: zum Mittagessen erscheint man frühestens um 13 Uhr, zum Abendessen nicht vor 21 Uhr. In den Berghütten wird aber oft etwas früher gegessen.

Vegetarier können in den Pyrenäen eine harte Zeit erleben. Oft bleibt ihnen nichts anderes übrig, als auf eine Omelette oder eine Tortilla zurückzugreifen, was nach einigen Tagen die Freude am Essen etwas schmälert.

Das Wetter

Im Gebirge kann es von einem Moment auf den anderen zu heftigen Wetterumschwüngen (Kälte, Regen, Schnee) kommen, gegen die man mit der geeigneten Kleidung (im Rucksack) immer ge-

wappnet sein sollte. Im Sommer treten am Nachmittag häufig Wärmegewitter auf, so-dass ein frühzeitiger Start meist von Vorteil ist.

Frankreich: Gute Wetterprognosen, speziell auch fürs Gebirge, gibt es unter www.meteo.fr. Noch etwas schneller zu speziellen Prognosen fürs Gebirge kommt man unter www.meteoconsult.fr. Per Telefon kann für jedes Département eine dreimal täglich aktualisierte Prognose abgerufen werden. Pyrénées-Atlantiques: 08 36 68 02 64; Haute-Pyrénées: 08 36 68 02 65; Haute-Garonne: 08 36 68 02 31.

Spanien: Wetterprognosen, wenn auch weniger spezifische als die französischen, findet man unter www.meteored.com. Zweitagesprognosen für die spanischen Pyrenäen gibt es ab Band: Tel. 807 170 380.

Für **Katalonien** gibt es einen guten Wetterbericht auf www.meteocat.com (für den Bericht für die Berge »informació general« und »Pirinenca« anklicken. Telefonisch gibts den Bericht unter Tel: 906 789 987 (interaktiv, katalanisch, gebührenpflichtig).

◄ Wer die Pyrenäen durchquert, wird immer wieder auf den GR10 treffen. Der gut markierte Weitwanderweg führt in 43 Tagen von Hendaye am Atlantik nach Banyuls am Mittelmeer.

▼ Wanderwegzeichen: Die Weitwanderwege in Frankreich und Spanien (GR) haben dieselbe Markierung und auch Richtungsänderungen werden auf die gleiche Weise signalisiert:

Weg-markierung

falscher Weg

links abbiegen

rechts abbiegen

Einführung in die Pyrenäen

Geschichte der Pyrenäen

Frühgeschichte

Der älteste Zeitzeuge der Pyrenäen ist ein 20-jähriger Mann, der vor 455 000 Jahren im Roussillon gestorben ist. Seine Knochen, sie gehören zu den ältesten in Europa, fand man in einer Höhle bei Tautavel. Das kleine Dorf (www.tautavel.com) beherbergt heute das größte Prähistorische Museum Europas.

In der jüngeren Altsteinzeit (35 000 bis 10 000 v. Chr.) bevölkerte der erste Homo Sapiens, der Cro-Magnon-Mensch, die Pyrenäen und hinterließ in den Höhlen von Niaux, Bédeilhac (Ariège) und Gargas (Haute-Garonne) Felsmalereien.

Im 4. Jahrtausend v. Chr. kamen Menschen aus dem Westen der Iberischen Halbinsel in die Pyrenäen und brachten die Viehzucht und den Ackerbau mit. Ihrer Megalithkultur der Dolmen und Steinkreise begegnet man heute noch vor allem im Baskenland und in Katalonien. Die Einwanderung der Kelten, die in mehreren Wellen ab dem 8. Jahrhundert v. Chr. in die Pyrenäen strömten, beendete die Zeit der megalithischen Kultur. Die Kelten vermischten sich mit den Iberern, die vermutlich aus Kleinasien kamen und sich zuerst an den Küsten ansiedelten und später ins Landesinnere vorstießen, zu den Keltiberern.

Römer und Westgoten

Im 3. Jahrhundert v. Chr. erschütterten die Punischen Kriege zwischen den Karthagern, welche zu dieser Zeit den Süden der Iberischen Halbinsel bis zum Ebro beherrschten, und dem Römischen Reich die Gebiete rund ums Mittelmeer. Die siegreichen Römer erhielten im Friedensvertrag von 201 v. Chr. von den Karthagern die Iberische Halbinsel. Das Gebiet wurde in Provinzen aufgeteilt und kolonisiert. Doch im Gebiet der Pyrenäen, insbesondere im Westen, konnten die keltiberischen Bergstämme und Basken erst von 30 bis 27 v. Chr. durch Augustus besiegt werden. Es folgten 200 friedliche Jahre, in denen der größte Teil der Pyrenäen, mit Ausnahme des Baskenlandes, romanisiert wurde.

Im 4. Jahrhundert n. Chr. überschritten germanische Stämme (Sweben, Alanen und Vandalen) die Pyrenäen. Nachdem sie Rom geplündert hatten, trafen die Westgoten 413 in Narbonne und 414 n. Chr. in Barcelona ein. Von den Römern erhielten sie große Teile Galliens zugesprochen und gründeten das Tolosanische Gotenreich mit der Hauptstadt Toulouse. Nach dem Vordringen der Franken und ihrer vernichtenden Niederlage bei Poitiers 507 zogen sich die Westgoten auf die Iberische Halbinsel zurück, konnten aber das südliche Frankreich unter ihrem Einfluss behalten. Am meisten Widerstand gegen die Westgoten wiederum leisteten die Basken, die erst 624 n. Chr. besiegt, aber nie vollständig unterworfen wurden.

Mauren und neue Königreiche

Die Westgoten wurden schließlich von den einfallenden Mauren vertrieben, welche die großen Städte am Südrand der Pyrenäen (Barcelona, Lérida, Zaragoza, Huesca, Pamplona) unter islamische Kontrolle brachten. Unter Karl dem Großen gelang es den Franken 795 n. Chr., mit der spanischen Mark eine Pufferzone am südlichen Pyrenäenrand zu errichten. Auf dem Weg zu diesem Erfolg musste der Frankenkönig aber 778 in Roncesvalles eine bittere Niederlage hinnehmen (siehe Band *Der Westen)*. Der große Teil des Baskenlandes blieb auch in dieser Zeit außerhalb des direkten Machtbereichs der Mauren und der Franken.

Nach dem Tod Karls des Großen wurden die Gebiete südlich der Pyrenäen immer autonomer. 905 bildete sich das vorwiegend von Basken besiedelte Königreich Navarra mit der Hauptstadt Pamplona und 1035 das Königreich Aragón, das aus einer kleinen Grafschaft in den Pyrenäentälern entstanden war. Alfonso I. von Aragón konnte 1118 Zaragoza erobern und machte es zur Hauptstadt seines Königreichs. Durch Heirat verband sich Aragón 1137 mit Katalonien. Gemeinsam wurden sie im 13. Jahrhundert zu einer wirtschaftlichen und militärischen Großmacht am Mittelmeer, welche neben den Balearen und Valencia später auch Sizilien, Sardinien und für kurze Zeit Teile Süditaliens sein Eigen nannte. Auch das heutige Roussillon mit Perpignan gehörte bis zum Pyrenäenfrieden zum vereinten Königreich. Gemeinsam gelang es den zerstrittenen Königen von Kastilien, Navarra und Aragón-Katalonien 1212, die Almohaden in Navas de Tolosa vernichtend zu schlagen und damit die Reconquista, die Vertreibung der Mauren von der Iberischen Halbinsel, ein gutes Stück voranzubringen.

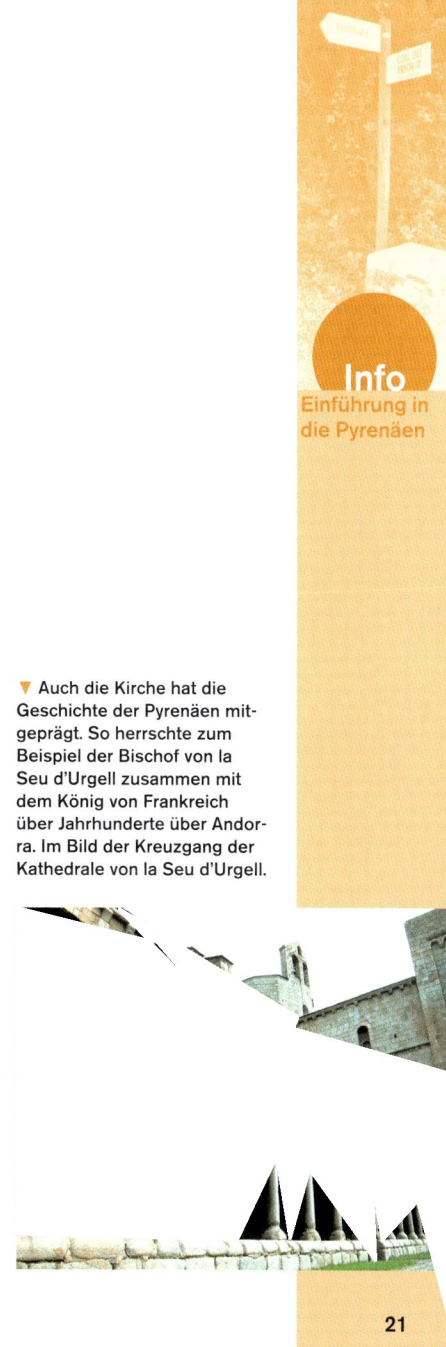

▼ Auch die Kirche hat die Geschichte der Pyrenäen mitgeprägt. So herrschte zum Beispiel der Bischof von la Seu d'Urgell zusammen mit dem König von Frankreich über Jahrhunderte über Andorra. Im Bild der Kreuzgang der Kathedrale von la Seu d'Urgell.

Im Norden entstand zu dieser Zeit nach und nach der französische Staat, wobei unter anderem der Südwesten Frankreichs immer wieder unter dem Einfluss der Engländer stand (Hundertjähriger Krieg 1339–1453). Auch das Königreich Navarra besaß Territorien nördlich der Pyrenäen (Nieder-Navarra).

1469 heirateten Ferdinand von Aragón und Isabella von Kastilien und verbanden auf diese Weise die beiden Königreiche. In ihre gemeinsame Herrscherzeit fällt die Eroberung Granadas und somit das Ende der Reconquista sowie die Finanzierung der Amerikareise von Kolumbus. Navarra blieb zunächst noch unabhängig, wurde aber 1512 von König Ferdinand besetzt. 1520 kam es für kurze Zeit unter französische Kontrolle, doch die Spanier eroberten es zurück und integrierten es (ohne Nieder-Navarra) in den neuen Staat.

Der Dreißigjährige Krieg und der Erbfolgekrieg

Im Rahmen des Dreißigjährigen Krieges, halb Europa stand bereits in Flammen, erklärte 1635 Frankreich unter Louis XIII. (bzw. Richelieu) Spanien den Krieg. Dies nutzte Katalonien, um sich 1640 unter dem Schutz Frankreichs als unabhängige Republik auszurufen. Die Franzosen eroberten 1642 Perpignan und wurden von den Einwohnern, die einem unabhängigen Staat entgegensahen, freundlich empfangen. Doch die Hoffnung blieb unerfüllt. 1652 marschierten die Spanier in Barcelona ein. 1654 eroberten die Franzosen Villefranche und Puigcerdà. 1659 wurde der Pyrenäenvertrag unterzeichnet. Er teilte Katalonien nach Jahrhunderten einer gemeinsamen Entwicklung in zwei

Teile und schlug das Gebiet nördlich der Pyrenäen (Roussillon, Conflent, Vallespir) Frankreich zu. Der Vertrag regelte die noch heute bestehende Grenzziehung in den Pyrenäen, auch wenn wegen seiner allgemeinen Formulierung viele Details erst im 19. Jahrhundert definitiv geregelt wurden. Louis XIV. ließ daraufhin viele Städte an der Grenze durch den Militärarchitekten Vauban befestigen. Viele der Festungen können auch heute noch besichtigt werden (z. B. die Festung Bellegarde).

1700 starb der letzte Habsburger auf Spaniens Thron, Karl II., aufgrund der habsburgischen Verwandtenehen ein infantiler Krüppel. Weil er keinen Erbfolger hinterließ, kam es zum Spanischen Erbfolgekrieg, denn sowohl die österreichischen Habsburger als auch die Bourbonen, die in Frankreich an der Macht waren, beanspruchten den Thron. Der Krieg, bei dem eine große Koalition zwischen Österreich, England, den Niederlanden, Portugal und Dänemark den Franzosen, Spaniern und Bayern gegenüberstand, dauerte 13 Jahre. Im Friedensvertrag von Utrecht 1715 bekommen schließlich die Bourbonen den Thron, der von Philipp von Anjou als Felipe V. bestiegen wird. Spanien musste jedoch die Spanisch-Niederlande aufgeben, und England erhielt unter anderem Gibraltar, Menorca, Neufundland sowie das Monopol für den Sklavenhandel mit Spanisch-Amerika zugesprochen.

Die Französische Revolution und ihre Folgen

1789 brach in Frankreich die Revolution aus. Im Roussillon mehrheitlich freudig empfangen, da sie die Leute von willkürlichen Steuern befreite, bedeutete sie für

die Basken und die Leute in Béarn einen Verlust an Autonomie, da alle regionalen Sonderrechte von der Nationalversammlung aufgehoben wurden.

1804 wurde Napoleon zum Kaiser gekrönt. Bereits 1807 marschierte er mit spanischer Hilfe in Portugal ein. 1808 wandte er sich gegen seine Verbündeten und eroberte Madrid und das restliche Spanien. Karl IV. und seinen Sohn Ferdinand VII. zwang er zur Abdankung und installierte seinen Bruder Joseph Bonaparte auf dem Thron. Die Engländer unter Wellington kamen den Spaniern zu Hilfe, schlugen die Franzosen zurück und drangen gar bis Toulouse vor.

Die Karlistenkriege

Noch von Napoleon erhält Ferdinand VII. 1813 die Krone zurück, verwirft die von 1810 bis 1813 entstandene liberale Verfassung und regiert als reaktionärer, absoluter

▲ Villefranche-de-Conflent ist eine der Städte, welche nach der Aushandlung des Pyrenäenvertrages 1659 definitiv an Frankreich fielen und danach von Vauban im Auftrag von Louis XIV. befestigt wurden. Die ganze Befestigungsanlage ist noch gut erhalten und kann besichtigt werden. (Villefranche-de-Conflent liegt in der Nähe von Vernet-les-Bains, Etappe 18.4.)

Herrscher. Nach seinem Tod wurde, wie im Testament von Ferdinand selbst festgehalten, die erst 3-jährige Isabella II. zur Königin proklamiert. Ihre Mutter Maria Cristina führte die Regentschaft. Doch Anspruch auf den Thron machte auch der Bruder Ferdinands, Don Carlos, geltend. Um die Erbfolge wurde im ersten Karlistenkrieg (1833–1839) gestritten. Isabella verbündete sich mit den liberalen Kräften im Land, Don Carlos scharte die Traditionalisten um sich. Das Machtzentrum hatten die Karlisten, die Anhänger Carlos, in Navarra. Dort fürchtete man wegen des Zentralismus der Regentin um die regionalen Vorrechte. Auch die Basken unterstützten Don Carlos, da er ihnen versprach, dass sie ihre Teilautonomie behalten könnten. Katalonien war, ebenfalls in der Hoffnung auf mehr Autonomie, auf der Seite der Karlisten. Die Liberalen marschierten im Norden ein und gewannen die Auseinandersetzung. Die Autonomien wurden abgeschafft, die Macht der Kirche eingeschränkt. Doch Isabella II. regierte glücklos und nach einem Aufstand der Armee musste sie 1868 abdanken und das Land verlassen. Aber auch die erste Republik (1873–1875) scheiterte. Es kam zum zweiten Karlistenkrieg, wo versucht wurde, den Sohn von Don Carlos auf den Thron zu heben. Wiederum gewannen die Liberalen, und Isabellas Sohn, Alfonso XII., wurde zum König ausgerufen. Während und nach seiner Regentschaft gelang es nicht, eine ausgewogene Balance zwischen Monarchie und Demokratie zu schaffen. 1898 verlor Spanien mit dem Verlust von Kuba und den Philippinen seine Position als Weltmacht. Im industrialisierten Baskenland gewannen die Sozialisten an

Macht, in Katalonien und Aragón die Anarchisten und Gewerkschaften. In Katalonien und im Baskenland fanden Unabhängigkeitsbewegungen regen Zulauf und es kam zu Aufständen.

Bürgerkrieg und Diktatur in Spanien

1923 übernahm General Primo de Rivera mit einem Staatsstreich die Macht, 1930 musste er bereits wieder zurücktreten. An den darauf folgenden Wahlen siegten die Linken, der König verließ das Land und die Zweite Republik wurde ausgerufen. Katalonien und das Baskenland erhielten einen Autonomiestatus, ein Dekret enteignete die Großgrundbesitzer. 1933 wurden die Parlamentswahlen von den Rechten gewonnen, welche die Reformen wieder rückgängig machten. Katalonien ruft die Unabhängigkeit aus, doch der Aufstand wird blutig niedergeschlagen. Die nächsten Wahlen im Februar 1936 gewinnen wieder die Linken. Am 17. Juli 1936 führt General Franco, unterstützt von den Traditionalisten und den Karlisten Navarras, einen Staatsstreich durch. Am nächsten Tag beginnt ein fürchterlicher 3-jähriger Bürgerkrieg. Die baskischen Provinzen Guipuzkoa (San Sebastián) und Vizcaya (Bilbao) kämpfen auf der Seite der Republikaner gegen Franco, der von der deutschen Wehrmacht und Italien unterstützt wird. 1938 folgte die Offensive in Aragón mit blutigen Auseinandersetzungen in den Bergtälern. Und zum Schluss fiel auch noch Katalonien. Am 1. Februar 1939 hielt die Republikanische Versammlung ihre letzte Versammlung in Figueres ab. Die Faschisten hatten das Land erobert. Während des Bürgerkrieges flohen Tausende über die Grenze nach Frankreich. 1936 wurden die Flüchtlinge noch relativ offen empfangen, bald wurde die Einreisepolitik der Franzosen aber restriktiver. Ab 1938 wurden Flüchtlinge zurückgeschafft oder in Internierungslagern in den Pyrenäen (Mont-Louis, Argelès, Collioure, Vernet d'Ariège oder Gurs) zusammengepfercht.

Während des Zweiten Weltkrieges, in dem Spanien mehr oder weniger neutral blieb, setzte eine Flüchtlingsbewegung in die andere Richtung ein. Aus oder via Frankreich flohen unzählige Juden und verfolgte Nazigegner nach Spanien. Der Weg über die Pyrenäen war für viele der Weg in die Freiheit (siehe S. 254 ff). Die meisten reisten gleich weiter nach Amerika.

Nach dem Krieg baute Franco seine Diktatur aus. Tausende von Republikanern wurden zum Tode verurteilt, beinahe 2 Millionen Spanier interniert, bis wieder »Ordnung« herrschte. Hart getroffen wurden den Basken und Katalanen, ihre Autonomie, Sprache und Kultur wurde rigoros unterdrückt. Als Franco 1975 starb, bestieg der Enkel von Alfonso XIII., der Bourbone Juan Carlos I., den Thron. Im Februar 1977 fanden die ersten freien Wahlen statt. Die

Info
Einführung in
die Pyrenäen

▼ Am 26. April 1937 wird Guernika von der deutschen Legion Condor während dreieinhalb Stunden bombardiert und dem Erdboden gleichgemacht. Die Bombardierung Guernikas, das Freiheitssymbol der Basken, sollte deren Widerstand gegen Franco brechen. Picasso hielt die Zerstörung als Mahnmal gegen die Schrecken des Krieges in seinem Bild »Guernica« fest. Das Bild wurde erstmals im Sommer 1937 im spanischen Pavillon an der Weltausstellung in Paris ausgestellt.

lonien und Aragón legten die Sozialisten klar auf Kosten des Partido Popular zu und sind nun in beiden Regionen klar die stärkste Partei. Im traditionell konservativen Navarra kamen beide Parteien auf je zwei Sitze. Im Baskenland haben die Sozialisten und die konservativen baskischen Nationalisten des PNV am besten abgeschnitten.

Geografie

»Pyrenäen – das war so eine rostbraune Sache auf der sonst grünen und schwarzen Karte, darin ein paar Bergkleckse standen, rechts und links gefiel sich die Karte in Blau, das war das Meer ... Ja, und sie trennten Spanien und Frankreich. Auch musste man jedesmal ein kleines bisschen nachdenken, bevor man den Namen schrieb. Dies waren die wissenschaftlichen Kenntnisse, die mir die deutsche Schule in Bezug auf die Pyrenäen mitgegeben hatte«, schreibt Kurt Tucholsky zu Beginn seines Pyrenäenbuches.

Der Beitrag der deutschen Schule ist zumindest nicht falsch. Die Pyrenäen erstrecken sich über 450 Kilometer vom Mittelmeer bis zum Atlantik und bilden eine natürliche Grenze zwischen Frankreich und Spanien. Im Osten finden sie in den kantabrischen Bergen eine Fortsetzung. In der Nord-Süd-**Ausdehnung** sind sie zwischen 50 und 150 Kilometer breit. Die höchsten Erhebungen finden sich in den Zentralpyrenäen, wo der höchste **Pyrenäengipfel**, der Aneto, eine Höhe von 3404 Metern erreicht. Auch die weiteren Gipfel in der Rangliste der höchsten Berge, der Posets (3375 m) und der Monte Perdi-

Regionen erhielten wieder einen Autonomiestatus. Dennoch kam insbesondere das Baskenland nicht zur Ruhe, und auch in Katalonien ist der Ruf nach mehr Unabhängigkeit nicht verstummt (siehe S. 148ff).

Die aktuelle Situation in Spanien
Große Umwälzungen brachten die nationalen Wahlen im März 2004. Drei Tage vor dem Wahlgang kam es in Madrid zu Terroranschlägen, denen über 200 Personen zum Opfer fielen. Aznar und seine Regierung versuchten, die ETA als Attentäter hinzustellen und somit ihre harte Politik gegen die Basken zu rechtfertigen. Doch schon bald kam die Wahrheit ans Licht: Islamistische Fundamentalisten wurden als Täter überführt. Die konservative Regierung, welche gegen den Willen der Mehrheit des Volkes an der Seite der Amerikaner in den Irakkrieg gezogen war, musste am Abstimmungssonntag die Rechnung bezahlen. Nach 8 Jahren musste der konservative Partido Popular von der Macht abtreten, die Sozialisten unter José Luis Rodríguez Zapatero übernahmen das Ruder. Ein analoger Meinungsumschwung fand auch in den Pyrenäen statt. In Kata-

do (3355 m), befinden sich auf spanischem Boden. Der höchste Berg auf der französischen Seite der Pyrenäen ist der Vignemale (3298 m). Die höchsten Gipfel sind mit Ausnahme des Kalkgebirges des Monte Perdido aus Granit. Von Norden und Osten her steigen die Pyrenäen relativ steil aus der Ebene der Garonne bzw. aus dem Mittelmeer auf. Der Canigou (2784 m) ist nur 49 Kilometer vom Meer entfernt. Im Osten, gegen den Atlantik, und im Süden, gegen das Ebrobecken, senken sich die Pyrenäen sanfter ab.

Die **Wasserscheide** verläuft im Norden und Süden der Kette sehr unterschiedlich. In Frankreich fließen vier Fünftel der Gebirgswasser via Nivelle, Adour und Garonne in den Ozean. Auf der spanischen Seite fließt das gesamte Wasser in den Ebro, in Katalonien auch in die kleineren Llobregat, Ter und Fluvia und somit ins Mittelmeer. Einzige Ausnahme ist das westliche Baskenland, das durch den Bidasoa in den Atlantik entwässert wird.

Die Pyrenäen sind das europäische Massiv mit den meisten **Seen**. Es handelt sich dabei nicht um große Talseen wie in den Alpen, sondern um Gebirgsseen in einer Höhe von 1600 bis 2900 Metern. Über die genaue Zahl lässt sich streiten. Zählt man nur diejenigen mit einem Durchmesser von mehr als 50 Metern, kommt man auf rund 1500. Zählt man die noch kleineren dazu, sind es mindestens 2512 Seen. Die allermeisten von ihnen befinden sich in Mulden, die von Gletschern ausgewaschen wurden. Besonders zahlreich sind sie im Granit, z. B. im Nationalpark Aigues Tortes (Etappen 12 und 13) oder im Pyrenäen-Nationalpark zwischen dem Vallée d'Aspe und Cauterets (Etappen 5 und 6).

◀ Das Maladeta-Massiv mit dem höchsten Pyrenäengipfel, dem Aneto (links), vom Port de Venasque aus gesehen.

▼ Bei Forau dels Aigualluts (Aragón, Etappe 11.3) verschwindet der Bach unter einem Felsen und erscheint erst im Val d'Aran, auf der anderen, der nördlichen Seite der Wasserscheide wieder an der Oberfläche.

Info
Einführung in die Pyrenäen

Entstanden sind die Pyrenäen aus dem Zusammenprall der iberischen und der europäischen Platte, vor etwa 65 Millionen Jahren, während der so genannten alpidischen Gebirgsbildungsphase, als sich auch die Alpen und der Himalaja bildeten. Da sich in den Pyrenäen die Falten nicht gar so hoch aufwarfen und sie deshalb auch nicht umkippten und sich übereinander schoben wie in den Alpen, gelten die Pyrenäen als Faltengebirge und nicht als Deckengebirge. Diverse Erdbeben zeigen, dass die Pyrenäen auch heute noch in Bewegung sind. Die aktivste Region befindet sich nördlich des Hauptkammes in einer Linie mit St-Jean-Pied-de-Port und Bagnères de Bigorre. Das heutige Aussehen erhielten die Pyrenäen durch die **Gletscher**, welche vor 45 000 Jahren beinahe die gesamte Gebirgskette bedeckten. Nur die höchsten Gipfel blieben von den Eismassen unbedeckt. Die Gletscher zogen sich immer mehr zurück, in den letzten 100 Jahren in rasantem Tempo. Die südlichsten Gletscher Europas, die Pyrenäengletscher auf spanischem Gebiet, bedeckten 1894 noch eine Fläche von 1779 Hektar, 1980 waren es noch 608 Hektar und im Jahr 2000 noch 249 Hektar. Auf der Nordseite ist der Rückgang ebenso dramatisch: Seit 1905 ist die Fläche um den Faktor 5 auf 228 Hektar zusammengeschrumpft. Geht der Rückzug in diesem Tempo weiter, wird es im Jahre 2050 in den Pyrenäen keine Gletscher mehr geben. Wer sie vorher noch sehen möchte, findet die schönsten Exemplare am Vignemale (Etappe 6 und 7) oder in der Maladeta-Gruppe (Etappe 11).

Das **Klima** der Pyrenäen kann man in vier verschiedene Zonen gliedern. Generell gilt, dass sich der Gebirgszug in der gemäßigten Klimazone befindet und deshalb keine extrem tiefen Temperaturen vorkommen. Der Westen wird vom Atlantik geprägt, das bedeutet viele Niederschläge und auch im Winter kaum Frost. Auf der Nordseite sind die Temperaturunterschiede im Landesinnern größer und die meisten Niederschläge fallen im Frühling, in höheren Lagen als Schnee, was zur Folge hat, dass sich die Schneedecke in dieser Höhe bis in den Frühsommer halten kann. Generell steigt die Niederschlagsmenge mit der Höhe. Bei der höchstgelegenen Hütte der Pyrenäen (Refuge de Baysellance, 2665 m) beträgt sie 3200 Millimeter pro Jahr. Die Südseite der Pyrenäen ist wärmer und trockener als der Norden, doch im Vergleich zum restlichen Spanien immer noch sehr nass. Eine der trockensten Pyrenäenstädte ist la Seu d'Urgell mit 556 Millimetern (zum Vergleich Berlin: 550 mm, Madrid: 445 mm). Im Osten herrscht mediterranes, das heißt warmes und trockenes Klima. Die Wärme kann allerdings, wenn der eisige Tramontane bläst, plötzlich einer beißenden Kälte weichen. Die gegenwärtige Klimaveränderung wird auch in den Pyrenäen ihre Spuren hinterlassen. Experten gehen davon aus, dass sich insbesondere die Zeit mit einer Schneedecke verkürzen und sich dadurch auch die Flora verändern wird.

Die **politische Grenze** zwischen Frankreich und Spanien, die erst in den Abkommen von Bayonne zwischen 1858 und 1868 definitiv geregelt und anschließend mit den Grenzsteinen 1 (am Bidasoa) bis 602 (am Mittelmeer) markiert wurde, führt in den meisten Fällen dem Hauptkamm entlang. Doch es gibt Ausnahmen:

So gehört ein Teil der Cerdagne, die sich nach Süden entwässert, zu Frankreich, das Val d'Aran jedoch, am Oberlauf der Garonne gelegen, zu Spanien. Im Baskenland folgt die Grenze nur selten der Wasserscheide. Eine besondere Ausnahme stellt Andorra dar, seit dem 14. März 1993 ein eigenständiger Staat. Die an diesem Tag angenommene Verfassung sieht als Ko-Staatsoberhäupter immer noch den Präsidenten von Frankreich und den Bischof von la Seu d'Urgell (Spanien) vor, die Funktion hat jedoch, abgesehen von einem Vetorecht bei internationalen Verträgen und der Gesetzgebung, nur noch repräsentativen Charakter.

Die politische Grenze zwischen Frankreich und Spanien deckt sich jedoch nicht unbedingt mit den **kulturellen Grenzen.** So gab es zwischen mehreren Gemeinden beiderseits des Hauptkammes seit dem 16. Jahrhundert unzählige Abkommen, welche den Handel und die Zusammenarbeit festlegten. Und natürlich gibt es die Völker der Basken und der Katalanen, die beidseits der Pyrenäen ihre Heimat haben, deren Vereinigung aber durch die starken Zentralstaaten Frankreich und Spanien verhindert wurde.

Die **Erschließung** und Überwindung der Pyrenäen mit Straßen und Eisenbahnen erfolgte nur zögerlich. Auf der französischen Seite baute man die ersten fahrbaren Straßen in die Täler in der zweiten Hälfte des 18. Jahrhunderts, um die aufblühenden Kurorte an die Außenwelt anzubinden. Die Eisenbahn erreichte um 1870 den Fuß der Pyrenäen und ab der Jahrhundertwende wurden Trassen in die französischen Täler gebaut: nach St. Palais, Mauléon, Cauterets, Arreau oder Prats-de-Mollo

▼ Der Pyrenäenvertrag von 1659 legte den Grenzverlauf zwischen Frankreich und Spanien fest, der aber erst im 19. Jahrhundert genau definiert und mit Grenzsteinen versehen wurde. Der Grenzstein Nummer 1 steht im Westen, am Ufer des Bidasoa, die Nummer 602 am Cap Cerbère, am Mittelmeer. Im Bild: Der Grenzstein 567 am Coll de Panissars (Etappe 20.2).

– alles Verbindungen, die heute nicht mehr in Betrieb sind.

Auf der spanischen Seite war man noch viel länger auf die Saumwege angewiesen. Die Straße erreichte la Seu d'Urgell, immerhin Bischofsitz, erst 1906, Bielsa 1921 und Pont de Suert, am Eingang des Boí-Tales, 1930. In den spanischen Gebieten Sobrarbe und Ribagorza lebte um 1940 noch die Hälfte der Bevölkerung in Dörfern ohne Straßenanbindung und selbst 1965 waren es immer noch 16 Prozent. Die erste Eisenbahn der spanischen Pyrenäen verbindet um 1905 Barcelona und das Industriezentrum Pobla de Lillet (siehe S. 167 f).

Die Pyrenäen überquerte man lange Zeit auf Saumwegen über die so genannten Ports oder Puertos, seit Jahrhunderten begangene Pässe. Die Straßenverbindungen wichen an den Atlantik und ans Mittelmeer aus. Sie wurden in der zweiten Hälfte des 18. Jahrhunderts erbaut, wobei am Mittelmeer der Weg über den niedrigen Perthus-Pass gewählt wurde, den bereits die Römer benutzt hatten (siehe S. 245).

Einer der ältesten und für lange Zeit der einzige befahrbare Pass über die Pyrenäen ist der Somport (1632 m), der 1877 eingeweiht wurde. Älter sind nur noch einige Verbindungen über die Hügel des Baskenlandes und der Perthus-Pass. 1909 folgte die Straße über den Tourmalet und 1924 wurde das Val d'Aran mit einer Straße an Spanien angebunden. Einen Verkehrsschub brachte der Bau von Straßentunnels: 1948 der Vielha-Tunnel ins Val d'Aran (siehe S. 66 f), 1976 der Tunnel zwischen Bielsa und Aragnouet und im Januar 2003, trotz erbittertem Widerstand, der Somport-Tunnel.

Die Eisenbahn hatte es im grenzüberschreitenden Verkehr schwieriger. Nach der Eröffnung der Bahnlinien am Atlantik (1864) und am Mittelmeer (1878) wurde nur noch die Verbindung von Barcelona nach Toulouse über die Cerdagne erbaut (1929), welche heute in einem erbärmlichen Zustand ist, und jene durch den Somport-Tunnel (1928), die seit dem Einsturz einer Brücke 1970 nicht mehr in Betrieb ist.

Die Tierwelt der Pyrenäen

Die Fauna und Flora der Pyrenäen weist einige Besonderheiten auf, denen man Beachtung schenken sollte. Was man dazu benötigt, ist etwas Zeit und Geduld. Eine Aufforderung zu mehr Muße während der Wanderungen.

Was man auch mit aller Geduld nicht schaffen wird (und auch gar nicht versuchen sollte), ist, einen der letzten **Braunbären** der Pyrenäen zu Gesicht zu bekommen (siehe Band *Der Westen*). Sie sind derart selten und scheu, dass für Bärenfans bereits das Auffinden von Bärenkot ein einsamer Höhepunkt ist. Der letzte **Wolf** der Pyrenäen wurde 1923 im Baskenland geschossen, doch mehren sich in letzter Zeit Berichte über einzelne Exemplare, die wieder in die Pyrenäen vordringen.

Was man in höheren Lagen, insbesondere in den Nationalparks oder im Naturpark Cadí-Moixero, mit großer Sicherheit zu sehen bekommen wird, ist die **Pyrenäengämse** (franz. *isard*). Sie ist verwandt mit der Gämse, die in den Alpen vorkommt, jedoch von kleinerer Statur und mit einem helleren Winterfell ausgestattet. Ihre Population ist im Pyrenäenbogen in den letz-

ten 10 Jahren um 80 Prozent angestiegen und beträgt heute rund 30 000 Stück. Anderes Wild wie Hirsch, Reh, Wildschwein oder das Murmeltier sind ebenfalls häufig. Stark dezimiert ist der **Mufflon** mit seinen gebogenen Hörnern, von dem noch ca. 800 Exemplare in den Pyrenäen leben.

Das wohl ungewöhnlichste Tier der Pyrenäen ist der **Pyrenäendesman**, der auch in Nordspanien und im Norden Portugals vorkommt. Das maulwurfähnliche Tier hat eine lange, aus zwei Knorpelröhren zusammengesetzte und bis auf einige Tasthaare nackte Nase. Da das Tier fast blind ist, ist sie sein wichtigstes Instrument bei seiner nächtlichen Jagd nach Insekten in Fließgewässern. Da der ca. 15 Zentimeter lange Desman tagsüber in seinem Bau schläft, wird man ihn schwerlich beobachten können.

Bei den Amphibien gibt es ebenfalls zwei endemische Arten: den Pyrenäengebirgs-

▲ Zipfelfalter erfreuen sich an den Strohblumen beim Castell de Cabrera (Etappe 20.1).

molch, welcher Gebirgsseen bis auf eine Höhe von 3000 Metern bevölkert, und eine der rund 15 Unterarten des Feuersalamanders.

Auf Wanderungen wird man auch viele der über 300 Schmetterlingsarten der Pyrenäen bewundern und sich beim Durchqueren einer Wiese an den verschiedenfarbigen Heuschrecken erfreuen können.

Ein besonderes Erlebnis ist die Beobachtung von Geiern. Die Wahrscheinlichkeit, einen Geier zu sehen, ist in den Pyrenäen um einiges höher als anderswo.

Am ehesten wird man den **Gänsegeier** *(Gyps fulvus)* mit seinem kahlen, langen Hals, der an jenen der Gans erinnert, zu Gesicht bekommen. Zahlreich lebt er in den Klippen des Baskenlandes, des Béarn oder in den spanischen Pyrenäen (mit Ausnahme des äußersten Ostens). Mit seiner Flügelspannweite von bis zu 280 Zentimetern und einem Gewicht von 7 bis 11 Kilogramm gehört er zu den größten flugfähigen Vögeln. In den 70er-Jahren war der Bestand auch in den Pyrenäen stark dezimiert, doch konnte sich die Population seither gut erholen. Heute leben in den Pyrenäen wieder rund 4500 Paare.

Ein weiterer stolzer Vertreter der Aasfresser ist der **Bartgeier** *(Gypaetus barbatus)*. Er ist ebenso groß und langlebig wie der Gänsegeier. Seine Spezialität ist, dass er sich von den für die anderen Arten unverdaulichen Knochen ernährt, welche 80 bis 90 Prozent seiner Nahrung ausmachen. Um die Knochen in mundgerechte Stücke zu zersplittern, wirft er sie aus 50 bis 80 Metern Höhe auf Felsen hinunter. Dank konzentrierter Salzsäure im Magen kann der Bartgeier die Knochen verdauen. Schwieriger zu beobachten als der Gänsegeier, wird man ihn am ehesten in den aragonesischen Pyrenäen oder in den Hochtälern des Pyrenäen-Nationalparks sichten. Mit rund 400 Tieren ist die Bartgeierpopulation der Pyrenäen der einzige prosperierende Bestand in Europa.

Präsent sind in den Pyrenäen auch der Königsadler, das Schneehuhn oder der Auerhahn. Oft sehen wird man die Alpendohle (mit gelbem Schnabel), etwas seltener die Alpenkrähe (mit einem roten Schnabel).

Die Flora der Pyrenäen

Die Flora der Pyrenäen weist aufgrund der großen Klimaunterschiede zwischen den heißen, trockenen Tälern im Süden und den Gipfeln mit ewigem Schnee eine große Vielfalt aus. Über 3500 Pflanzenarten wurden nachgewiesen.

Anders als in den Alpen ist insbesondere der Baumbestand. Die Fichte (Rottanne), die Lärche und die Arve (Zirbe) kommen in den Pyrenäen nicht vor. In den höheren Lagen dominiert hier fast ausschließlich die aufrechte **Bergföhre** (auch Spirke oder Hakenkiefer genannt). Der große Botaniker Henri Gaußen sagte von ihr: »Es ist der Baum, der mehr als andere die Fähigkeit besitzt, zu leiden, ohne zu sterben.«

Die Bergföhre hat in eisfreien Rückzugsgebieten die letzte Eiszeit überlebt und kann sich auf den kargsten Böden und exponiertesten Felsgraten festsetzen. Sie ist, ein Europarekord, bis auf 2600 Meter Höhe anzutreffen. Erkennen kann man sie an den kleinen Haken auf den Schuppen der Zapfen, die (im Unterschied zur Waldföhre) direkt auf dem Zweig sitzen. Ihre dunkelgrünen Nadeln sind 3 bis 5 Zentimeter lang.

Warum gibt es in den Pyrenäen in hohen Lagen fast nur die Bergföhre? Als am Ende der Eiszeit, vor ca. 13 000 Jahren, die zuvor verdrängten Nadelbäume (Fichte, Lärche und Arve) aus dem Osten und Süden in die Alpen »zurückwanderten«, waren die südfranzösischen Gebiete mit weiten Eichen- und Buchenwäldern besetzt. Die Nadelhölzer, die den schattentoleranten und raschwüchsigen Laubholzarten nicht gewachsen sind, schafften deshalb den Sprung in die Pyrenäen nicht mehr.

In den unteren Lagen der Pyrenäen ist die Vielfalt an Bäumen größer. Im Tal gibt es Wälder mit einer großen Anzahl verschiedener **Eichen**arten, wie der Stiel-, der Flaum- oder der mediterranen und immergrünen Kork- und Steineiche, sowie Ulmen, Kirschen und Eschen. In diesen Wäldern findet man auch die Kastanie, welche

◀ **Sieht man all die Federn rund um den Kadaver der Kuh, so kann man sich vorstellen, auf welche Weise die Geier über ihr Mahl herfallen (im Naturpark Cadí-Moixeró, Etappe 16.4).**

▼ **Die** *Ramonda myconi*, **die nur in den Pyrenäen vorkommt, findet man an halbschattigen, felsigen Stellen.**

in den Pyrenäen aber nie die gleiche Bedeutung als Nahrungsmittel erlangte wie in den Südalpen. In der montanen Stufe, bis 1700 m, haben sich große **Buchen**wälder ausgebreitet. Der Iraty-Wald im Baskenland (Etappe 3.3) gehört zu den größten Buchenwäldern Europas. Auf derselben Stufe, meist auch mit Buchen gemischt, findet sich der Buchsbaum. Bis 2000 m folgen danach die Waldföhre, die Schwarzföhre und die Tanne. Oberhalb beginnt dann das Reich der Bergföhre.

Eine botanische Kostbarkeit aus der Urzeit ist die endemische *Ramonda myconi*, welche zur Familie der Gesneriaceae (benannt nach dem Schweizer Naturforscher Conrad Gessner) gehört. Mit Ausnahme zweier Arten im Balkan kommen Pflanzen dieser Familie sonst nur im tropischen Afrika und in Asien vor. Dies lässt sich nur so erklären, dass die Familie im Tertiär sehr weit verbreitet war und in Europa nur wenige Arten in winzigen Refugien die Eiszeiten überlebt haben. Ebenfalls kalkliebend und spektakulär ist der **Pyrenäen-Steinbrech** *(Saxifraga longifolia)*, der während Jahren ein unbemerktes Dasein fristet, um dann ein einziges Mal mit einer langen Traube voller weißer Blüten zu blühen und anschließend zu sterben.

Eine andere der 150 bis 200 endemischen Pyrenäenpflanzen ist die tiefblau bis violett blühende **Pyrenaen-Schwertlilie** *(Iris latifolia)*. Sie blüht im Juli und August auf Bergwiesen bis 2200 Meter Höhe. Mit ihren unterschiedlichen Blautönen bezaubert auch die stachlige *Eryngium bourgati*, eine Männertreu-Art, die in Frankreich manchmal auch blaue Pyrenäendistel genannt wird. Eine richtige Distel ist die wollköpfige Kratzdistel mit ihrem großen Wollkopf.

Aber auch typische Alpenpflanzen finden sich in den Pyrenäen, wie z. B. der Enzian, das Edelweiß, die Alpenrose oder auch der Ginster und der Wacholder.

◄ Blick vom Montardo über die unzähligen Gipfel des Aigüestortes-Nationalparks (Etappe 12.2).

National- und Naturparks

Zum Schutz der vielfältigen Flora und Fauna wurden schon früh Schutzgebiete eingerichtet. Die meisten der großen Reservate werden im Rahmen der in diesem zweibändigen Führer *(Der Osten* und *Der Westen)* beschriebenen Wanderungen zum Teil ausgiebig durchlaufen und an entsprechender Stelle auch detailliert beschrieben.

Info
Einführung in die Pyrenäen

Name	Art	Eröffnung	Größe	Routen
Ordesa y Monte Perdido	Nationalpark	1918	15 608 ha	8.1–8.4
Aiguestortes i Estany de Sant Maurici	Nationalpark	1955	10 230 ha	12.1.–13.4
Pyrenäen-Nationalpark	Nationalpark	1967	45 707 ha	5.1–5.3/6.1–7.3/8.4–9.3
Cadí-Moixeró	Naturpark	1983	41 342 ha	15.1–17.1
Mantet	Naturreservat	1984	3 029 ha	18.3–18.4
Py	Naturreservat	1984	3 929 ha	18.4
Larra	Naturpark	1987	2 353 ha	4.3
Posets-Maladeta	Naturpark	1994	33 267 ha	10.2–10.4/11.2–11.3
Alt Pirineu	Naturpark	2003	69 850 ha	14.1
Pyrénées Catalanes	Reg. Naturp.	2004	137 100 ha	18.2–19.3

EIN PAAR TAGE IN BAGNÈRES-DE-LUCHON

Der mondäne Kurort, von den Werbefachleuten mit dem Titel »La Reine des Pyrénées« (Königin der Pyrenäen) geadelt, liegt in einem grünen Tal, umgeben von hohen Bergen. Die legendären Zeiten der Belle Époque sind vorbei. Mit diverses Investitionen hält man die zeitgenössische Klientel an der Stange.

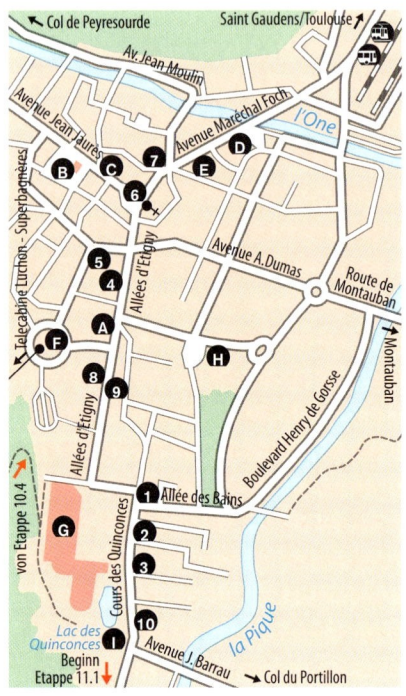

Service:

(A) Verkehrsbüro
(B) Markt
(C) Internet (Chez Roco, Gran Café de la Ville)
(D) Supermarkt
(E) Wäscherei
(F) Talstation Seilbahn Superbagnères

Sehenswertes:

(G) Thermen
(H) Casino
(I) Park

Info: Die Touristeninformation befindet sich an den Allées d'Etigny 18, Tel. 05 61 79 21 21, www.luchon.com (auch auf Englisch und Spanisch).

Lebensmittelläden, Banken, Internet

Anreise: Pro Tag 4 bis 5 Züge von Toulouse. Zusätzlich 4 bis 6 Busverbindungen ab Bahnhof Montréjeau. Der Bahnhof von Luchon liegt 10 Minuten von der Stadt und rund 20 Minuten von den Thermen entfernt.

Seit 2003 ist der Weg von Toulouse nach Luchon nun auch auf dem markierten Wanderweg GR86 möglich. Die Wanderung dauert 18 Tage, führt oft durch Wälder und an St-Bertrand-de-Comminges vorbei.

Übernachten: (Auswahl – vollständige Liste bei der Touristeninformation):

Am Park: Eines der nobleren Häuser am Platz ist das *Hotel Etigny (1),* oben moderne Zimmer, der Speisesaal und der Salon luxuriös-klassisch, Tel. 05 61 79 01 42, DZ: 80 Euro. Ein sympathisch-altmodisches Hotel mit hohen, großen Zimmern und vielen älteren Kurgästen ist das empfehlenswerte *Royal-Hotel (2),* Tel. 05 61 79 00 62, DZ: 39.50 Euro. Eine Alternative dazu ist das *Hotel Aquitaine (3).* Tel. 05 61 79 02 14, DZ: 38.00 Euro, www.hotelaquitaine.fr.

Allées d'Etigny: An der Flaniermeile von Luchon empfiehlt sich das *Hotel Concorde (4)* mit seinem guten Restaurant, Tel. 05 61 79 00 69, DZ: 53 Euro. In der Nähe der Allee, am Rande der Altstadt, befindet sich das von vielen Führern zu Recht gelobte *Hotel Deux Nations (5),* Tel. 05 61 79 01 71, DZ: 45 Euro, www.hotel-des2nations.com.

In der Altstadt: Von zwei sympathischen Belgiern wird das *Hotel Panoramic (6)* geführt, eines der wenigen Hotels mit einem Frühstücksbüffet, Tel. 05 61 79 30 90, moderne DZ: 64 Euro, einfachere DZ (ebenfalls mit Dusche/WC) ab 45 Euro, www.hotelpanoramic.fr. Eines der einfachsten, aber auch günstigsten Hotels ist das *Faisan Doré (7)* am Hauptplatz, Tel. 05 61 79 05 10, DZ: 32 Euro. In Superbagnères, von Luchon her mit der Seilbahn erreichbar, steht das *Grand-Hôtel.* Der Hotelpalast hat schon bessere Tage gesehen, doch die Aussicht ist unschlagbar. Im Sommer nur Juli/August geöffnet, Tel. 05 61 79 90 00, Halbpension: 44 Euro p. P. im DZ.

Beim Castel Vieil, 2,5 Kilometer von Luchon auf dem Weg zum Port de Venasque (Etappe 11.1) liegt am Fuße des historischen Turmes die *Auberge du Castel-Vielh.* Nur 3 Doppelzimmer. Die Herberge wird auch für ihre Küche gelobt. Tel. 05 61 79 36 79, DZ: 38 oder 46 Euro (mit Balkon). Auf

der anderen Seite des Turmhügels liegt das *Gîte Skioura.* Es wird immer wieder von Gruppen belegt, aber wenn es freien Platz gibt, werden auch Einzelreisende aufgenommen. Gekocht wird nur für Gruppen, eine Küche zum Selberkochen steht zur Verfügung (oder die nahe Auberge). Tel. 05 61 79 60 59 oder 06 72 23 22 14, Matratzenlager: 12 Euro.

In Montauban, 1 Kilometer von Luchon, liegt inmitten eines Waldparkes und ganz in der Nähe des Wasserfalls das *Hotel-Restaurant Le Jardin des Cascades.* Eine kleine, stille Oase mit guter Küche, Tel. 05 61 79 79 16, DZ: 40 Euro.

Camping: Im Süden von Luchon, nicht weit von den Thermen entfernt liegen die Zeltplätze *Des Thermes* (Tel. 05 61 95 86 79) und der etwas besser ausgestattete *Beauregard* (Tel. 05 61 79 30 74).

Essen: Aus dem riesigen Angebot an Restaurants seien drei speziell empfohlen: Das *Restaurant Les Caprices d'Etigny (8)* ist für seine Grilladen und Forellen berühmt. Gleich gegenüber liegt das *Arbesquens (9).* Auf der großen Karte werden diverse Fleisch- und Käsefondues angeboten.

Kulinarische Höhenflüge unter großen Bäumen kann man im *Le Clos du Silène (10)* erleben. Das Restaurant ist mit 2 Michelin-Gabeln ausgezeichnet. Gute Weinkarte, freundliche Bedienung. Menü für 15,25 oder 37 Euro, Tel. 05 61 79 12 00, www.clos-dusilene.com.

Einkaufen: Großer Supermarkt an der Avenue Maréchal Foch, zwischen Bahnhof und Stadt.

Gute Auswahl an Käse, Fleisch und anderen regionalen Spezialitäten: La Fromagerie du Vignemale an den Allées d'Etigny (zwischen Touristeninformation und Post).

An den Allées d'Etigny auch zwei Buchhandlungen.

Taxi: Ambulances Aneto, Tel. 05 61 79 05 69; Ambulances Luchonnaises, Tel. 05 61 79 00 00; M.Farrus, Tel. 05 61 79 06 78.

Ein wenig Geschichte

Der Bau der Thermen

Bereits zur Zeit der Römer wandelt sich der damals kleine und unbedeutende Marktflecken zu einer Bäderstadt. In Ilixon (der Stadt des Gottes Lixo), so hieß Luchon damals, bauten die Römer drei Thermalbäder. Von ihnen stammt auch der Werbeslogan »Balneum Lixonense Post Neapolitense Primum« (»Die Bäder von Luchon sind nach Neapel die besten«), der noch heute am neuen Thermalgebäude prangt. Es gibt nicht viele, die damit Werbung machen, die zweitbesten zu sein. Als die Westgoten die Pyrenäen einnahmen, fiel Luchon in die Bedeutungslosigkeit zurück. Ein wenig profitierte man noch davon, am Fuß des Port de la Glère zu liegen, der Verbindung nach Aragón, die durch das Hospiz der Johanniter stark aufgewertet wurde. Gut möglich, dass Luchon ein Durchgangsort geblieben wäre, wenn nicht im Jahre 1759 Jacques Barrau, Chirurg und Pächter der Therme, die beiden Freunde Antoine Mégret de Sérilly und Baron d'Etigny zu sich nach Luchon eingeladen hätte. Die beiden investierten. Barrau errichtete neue Thermen und Baron d'Etigny ließ eine befahrbare Straße von Montréjeau nach Luchon bauen. Fehlte nur noch die Verbindung vom Dorf zu den Thermen. Hier richtete der Baron mit der großen Kelle an und ließ eine schnurgerade, 30 Meter breite und 560 Meter lange Allee anlegen, auf beiden Seiten von einer doppelten Lindenreihe eingerahmt. Die enteigneten Grundbesitzer waren nicht erfreut und rissen die Bäume zweimal wieder aus, bevor sie unter dem Schutz eines Dragoner Regimentes ein drittes Mal gepflanzt wurden.

Zufriedene und weniger zufriedene Kurgäste

Um den neuen Kurort in Schwung zu bringen, brauchte man illustre Gäste. Es war Maréchal Richelieu, ein Großneffe des berühmten Kardinals, der 1763 mit seinem Aufenthalt in Luchon den Trend setzte, dem in den Folgejahren der Hof und ganz Paris folgten. Entlang der Allee wurden noble Hotels gebaut, um die rasch steigende Gästeschar zu beherbergen.

Die Thermen waren allerdings noch nicht über alle Zweifel erhaben. Will man Arthur Young Glauben schenken, so waren die Bäder 1792 »schreckliche Löcher; die Patienten versinken bis zum Kinn im heißen, schwefligen Wasser, welches, zusammen mit den schmutzigen Höhlen, wo sie platziert sind, wohl gleichviel Krankheiten hervorruft wie es heilt«. 1841 wurden die Thermes Chambert erbaut. Die schreibenden Gäste werden dennoch weiter nörgeln. Hippolyte Taine schrieb 1855 in *Voyage aux eaux des Pyrénées*, »dass man am Abend viel zu viele Pianos hört«. Auch ein Reiseführer aus derselben Zeit schildert den Boom: »Die Zahl der Fremden, die Luchon im Juli und August beherbergt, nimmt immer kolossalere Dimensionen an; Luxus und Vergnügen haben es zu einem der glanzvollsten Bäder Frankreichs gemacht.« In einer Erzählung hat der Schriftsteller Octave Mirbeau (das ungenannte) Luchon 1897 wie folgt beschrieben: »Normalerweise besteht eine Stadt aus Straßen, Straßen aus Häusern und Häuser aus Menschen. Doch in X. gibt es weder Straßen noch Häuser noch Einwohner, die aus dem Ort stammen, es gibt nur Hotels ... 75 Hotels, riesige Bauwerke, die Kasernen und Fremdenasylen gleichen und sich bis ins Unendliche auf einer Linie aneinanderreihen, am Ende einer nebligen und schwarzen Schlucht, in der ein kleiner Wildbach, wie ein kleiner bronchitischer Greis, ohne Unterbruch hustet und spukt.« Lobende Worte fand der Schriftsteller Edmond Rostand *(Cyrano de Bergerac),* welcher dem Ferienort seiner Jugend ein Gedicht widmete: »Luchon, ville des eaux courantes / Où mon enfance avait son toit / L'amour des choses transparentes / Me vient évidemment de toi.« Und Kurt Tucholsky ließ sich 1925 von der Melancholie der Nachsaison inspirieren: »Luchon ist ein großer Badeort, besonders wenn niemand da ist. Wie schön und erholsam sind Badestädte, die leer sind – ! Die Brust der Badegöttin atmet nur leise, die Geschäfte sind zwar geöffnet, ja, ja … aber die Kaufleute haben sich satt und müde geneppt und winken nur noch schlaff mit dem Finger, wenn ein Badegast vorüberwandelt. (…) Auf dem sauberen

▲ ▲ ▲ In den Thermes Chambert wird seit über 160 Jahren gekurt.

▲ ▲ Promenierende Kurgäste auf den Allées d'Etigny.

▼ Die Thermes Chambert kurz nach ihrer Fertigstellung (Foto: 1856 oder 1857).

Bagnères-de-Luchon

Platz am Badegebäude spielt die Kurkapelle – sie bläst und fiedelt, ohne rechte Überzeugung von ihrem Tun, denn nur drei Dackel und etliche Kinder hören ihr zu. Alle Leute machen ein Gesicht wie eine Frau in einem Zimmer ohne Spiegel und ohne Männer. Es lohnt nicht.«

Vom Wechsel der Kundschaft

Der Zweite Weltkrieg macht der Belle Époque und dem mondänen Tourismus ein Ende. Dank dem Aufbau der Sozialversicherungen kommt nach dem Krieg auch das einfache Volk nach Luchon, um zu genesen. Seit 1943 haben 23 Luxushotels ihre Tore geschlossen. Viele wurden in Appartementhäuser umgebaut, deren Wohnungen wochenweise gemietet werden können. Das Hotel Corneille ist noch das einzige Hotel des Ortes mit drei Sternen. Das Grand-Hôtel in Superbagnères wurde für einige Jahre vom Club Méditerranée übernommen. Aber auch wenn Luchon populärer geworden ist und seinen Standard ein wenig gesenkt hat, die Zahlen stimmen immer noch. 1,3 Millionen Übernachtungen pro Jahr verzeichnet der Ort. Um für die Zukunft gewappnet zu sein, hat man den etwas nach Klinik riechenden Thermalkomplex mit einem breiten Wellnessangebot ergänzt. Denn die Kurgäste bilden heute nicht mehr die Mehrheit der Besucher. Die Berge, sei es im Winter oder im Sommer, haben dem Schwefelwasser den Rang abgelaufen.

Ein Gang durch die Stadt

Luchon besteht aus zwei völlig verschiedenen Teilen. Der deutsche Reiseführer *Südfrankreich und seine Kurorte* aus dem Jahre 1869 hat sie wie folgt charakterisiert: »Die Stadt ist in ihrem ursprünglichen alten Kerne eine winklige, enge, unansehnliche Häusermasse um die Kirche, streckt aber dem Ankömmling als lockende Fangarme von 3 Seiten prächtige Alleen entgegen, und hat die Süd-Allee zur glänzenden Badestadt erhoben, sodass Neustadt und Altstadt wie Herr und Diener neben einander stehen.«

Ja, winklig und eng ist die Altstadt, aber nicht unbedingt unansehnlich. Einen Besuch lohnt sicherlich die Markthalle. Die Halle wurde 1896 in wenigen Tagen aufgestellt und war das erste Metallgebäude in Luchon.

Von der Altstadt führen die schnurgeraden Allées d'Etigny zu den Thermalbädern. Nach ihrer Fertigstellung wurden im Lauf der Jahre prunkvolle Häuser und Hotels an die Allee gebaut. Das Hotel Lassus-Nestier, in welchem heute das Museum und die Touristeninformation untergebracht sind, machte 1774 den Anfang. Das Museum lohnt einen kurzen Besuch (täglich von 9 bis 12 und von 14 bis 18 Uhr geöffnet). Viele Ausstellungsobjekte berichten über die Tourismusgeschichte der Stadt und die Erkundung der Pyrenäen durch Abenteurer und Naturwissenschafter. Auch Exponate über die Frühgeschichte und das Handwerk sind zu sehen. Highlights sind ein großes Relief der Zentralpyrenäen (das Ergebnis elfjähriger Arbeit in der Mitte des 19. Jahrhunderts) und das Skelett eines Höhlenbären.

Die meisten Häuser an der Allee wurden in der ersten Hälfte des 19. Jahrhunderts im neoklassizistischen Stil, mit flachen Wandpfeilern als gestaltendes Element, erstellt. Später folgten eklektizistische Bau-

ten, welche sich durch eine verwirrende Mischung diverser Stile auszeichnen und für die auch neue Materialien wie z. B. Eisen verwendet wurden. Eine besondere Stellung nehmen in der Bäderstadt die so genannt pittoresken Bauten ein. Ein Beispiel dafür sind die Chalets Spont, die der Besitzer, beeindruckt von der alpinen Architektur, nach seiner Rückkehr aus der Schweiz bauen ließ.

Am Ende der Allee stehen die Thermes Chambert, welche nach den Plänen des gleichnamigen Architekten von 1848 bis 1856 erbaut wurden. Der Bezug zur römischen Geschichte der Bäder ist unübersehbar. Auch wer nicht zur Kur hier ist, sollte einen Blick in die große Eingangshalle werfen. An das klassizistische Gebäude schließt das Vaporarium aus dem Jahr 1925 an und, im rechten Winkel dazu, der Neubau aus dem Jahr 1970. Auf dem Platz vor den Thermen thront auf einem Sockel der Ba-

▲ In der Markthalle und auf dem angrenzenden Platz findet täglich von 7 bis 13 Uhr ein kleiner Markt statt.

ron d'Etigny und passt auf, dass auf seiner Allee niemand die Linden ausreißt. Östlich der Thermen liegt der Park des Quinconces mit einem kleinen See und einem Musikpavillon, in dem zur Hochblüte des Bades täglich von 19 bis 22 Uhr ein Orchester aufspielte. Für 7 Francs konnte man sich für einen Stuhl eine Saisonkarte lösen.

Zu Beginn des 19. Jahrhunderts wurde die Stadt mit weiteren Alleen erweitert. Eine davon, die Allée des Bains, führt uns zum Park des Kasinos mit seinem kleinen Wasserlauf, alten Bäumen und mehreren Statuen. Das Kasino selbst, 1880 in einer bunten Stilmischung erbaut, liegt auf der anderen Seite des Parkes. Es ist auch heute noch in Betrieb, doch ist der Anblick von einsamen Rentnern, die Münzen in Geldmaschinen werfen, eher betrüblich.

Die Kur

Auch wer weder Rheuma noch Probleme mit seinen Atemwegen hat, kann sich in Luchon Gutes tun. Für die Wellnessangebote des Bades, »Vitaline« und »Sourcéa«, muss man sich im ersten Stock links des modernen Kurgebäudes einschreiben. Mit dem Programm »Vitaline« erhält man Einlass zu einem runden Schwimmbecken und dem so genannten Vaporarium, einer 160 Meter langen, in den Fels gehauenen, 40 Grad warmen Galerie mit hoher Luftfeuchtigkeit, in der man hin und her wandelt und den leicht schwefligen Duft einatmet. Das Programm kann mit Massagen ergänzt werden. Im Programm »Sourcéa« gibt es verschiedene Angebote mit Hamam, Sprudelbädern und Schlammpackungen usw. Weitere Infos: Tel. 05 61 79

22 97 oder auf der Website von Luchon unter der Rubrik »Bien-Être«.

Ausflüge von Luchon

Nachfolgend drei Beispiele für die große Zahl von Ausflügen, die sich von Luchon aus unternehmen lassen. Nicht näher beschrieben, aber ebenfalls lohnenswert ist der Ausflug zur Cascade d'Enfer am Ende des Vallée du Lis oder der Besuch der romanischen Kirchen im nahe gelegenen Vallée de Larboust.

Superbagnères, Pic de Céciré, Lac d'Oô
Superbagnères ist der Skiort von Luchon. Mit einer Seilbahn (hin und zurück 7.25 Euro, fährt nur von Anfang Juli bis Anfang September täglich, im Juni an Wochenenden. Selbst in der Hochsaison Mittagspause von 12.15 bis 13.30 Uhr) ist der Aussichtsberg auch im Sommer in wenigen Minuten zu erreichen. Zu Fuß dauert der beschilderte Aufstieg rund 3 Stunden.
Superbagnères gehörte zu den ersten Wintersportorten der Pyrenäen. Bereits 1910 begann man mit dem Bau des Grand-Hôtel. Skilifte wurden eingerichtet, eine Sprungschanze, eine Bobbahn und später ein Eisfeld erstellt. Auf den Berg führte seit 1912 eine Zahnradbahn. Wegen des Ersten Weltkrieges hat sich die Eröffnung des Grand-Hôtels, für lange Zeit das einzige Gebäude auf der Hochebene, bis 1922 verzögert. Man konkurrenzierte zu dieser Zeit mit den großen Wintersportorten im Alpengebiet wie Chamonix oder Megève. Das Hotel ist noch immer in Betrieb (siehe Übernachten), doch die großen Zeiten, als im Dancing des Hotels jeden Abend ein Orchester aufspielten, sind definitiv vor-

◄ Die Hotelburg von Superbagnères macht im Sommer nicht den besten Eindruck. Um die Besucherzahlen während der Wintersaison halten zu können, wurde in den letzten Jahren nochmals kräftig in Beschneiungs- und Liftanlagen investiert.

▼ Das Bad von Luchon bietet einen guten Service, obwohl an manchen Ecken ein wenig Spitalgeruch haftet.

Bagnères-de-Luchon

bei. Als die Zahnradbahn nach der Eröffnung der Straße (1961) unrentabel wurde, stellte man ihren Betrieb 1966 ein. Seit 1993 wird man den nicht motorisierten Gästen mit einer Seilbahn gerecht.

Im Sommer machen der große Parkplatz vor dem Grand-Hôtel und die still stehenden Lifte einen eher traurigen Eindruck, doch als Aussichtspunkt ist Superbagnères (1790 m) immer noch einen Ausflug wert. Für eine noch bessere Aussicht besteigt man den **Pic de Céciré** (2403 m). Zuerst auf dem breiten Gratweg Richtung Westen, später über den Südhang und den Westgrat erreicht man den Gipfel in 1.50 Std. Das letzte Wegstück nach dem Col de la Coume de Bourg (2272 m) ist nicht mehr markiert. Im Süden schimmern die Gletscher der Zentralpyrenäen, im Norden

schweift der Blick über hoch gelegene Weideflächen.

Anstatt nach Superbagnères zurückzukehren, kann man vom Pass (2272 m), wo wir Richtung Céciré abgezweigt sind, auf dem GR10 (rot-weiß markiert) auch Richtung **Lac d'Oô** und den Granges d'Astau (1125 m) weiterwandern und die Tour zu einer attraktiven Tageswanderung ausbauen. Unterwegs kann man im Refuge d'Espingo (4.20 Std. von Superbagnères) und am Lac d'Oô (5.30 Std.) einkehren. Von den Granges d'Astau (6.30 Std.) fährt im Juli und August täglich ein Bus zurück nach Luchon (9.30, 13.30 und 18 Uhr; 5 Euro).

Die Wasserfälle von Montauban und Juzet

Ein Halbtagesausflug (2.10 Std., ohne Pausen), der sich gut mit einem Mittag- oder Abendessen verbinden lässt, führt uns zu zwei kleineren Wasserfällen. Von den Thermen folgen wir der Allée des Bains bis zur Büste von Edmond Rostand, einem der berühmten Gäste von Luchon. Wir überqueren den Fluss auf einer kleinen Brücke und folgen ihm flussabwärts. Auf der linken Seite des Weges bemerken wir zwischen den Bäumen hindurch eine halb verfallene Villa, das Chalet Russe. Hier residierte die Mutter der russischen Prinzessin Narishkine, der Frau des Schriftstellers Alexandre Dumas. Durch ein Gittertor gehen wir am Fußballplatz vorbei und erreichen kurz darauf die Straße, der wir nach rechts bis Montauban folgen. Am Dorfeingang gehen wir geradeaus (Wegweiser Jardins des Cascades). Wir steigen die Dorfgasse hinauf und gelangen über eine kurze Treppe nochmals zur Straße. Gegenüber ist bei einem Pförtnerhäuschen der Eingang zur Parkanlage (Eintritt 1 Euro). Durch den Wald aufsteigend, erreichen wir das ruhig und aussichtsreich gelegene Hotel-Restaurant Le Jardin des Cascades (spannende Speisekarte, siehe auch Unterkünfte) und später den Wasserfall, der 50 Meter von einem Felsen in eine enge Schlucht stürzt. Die **Cascade de Montauban** erreicht man von den Thermen in ca. 45 Minuten.

Zurück auf der Straße halten wir rechts und biegen kurz darauf wieder nach rechts in eine Sackgasse ein. Am Ende der Straße geht es auf einem bequemen Weg die Höhe haltend weiter. Nach ca. 20 Minuten erreichen wir eine Forststraße. Wir laufen

◄ Die Cascade de Juzet, die mit einem einstündigen Spaziergang von Luchon aus erreichbar ist.

Bagnères-de-Luchon

nicht auf der Straße weiter, sondern halten stark links und steigen auf einem kleinen Weg ab. Auch dieser Pfad führt später auf die Forststraße, der wir abwärts folgen. An einem kleinen Landsitz vorbei kommen wir auf eine ruhige Nebenstraße. Wir folgen ihr immer geradeaus durch ein Viertel mit Einfamilienhäusern bis zur Hauptstraße. Hier halten wir rechts und biegen bei der ersten Gelegenheit wieder rechts ab (Rue du Vieux Chemin). Im oberen Teil von Juzet befindet sich ein kleines Café mit dem Namen Tartines & Patrimoine (geöffnet ab 12.30 Uhr, Mo geschlossen). Die Spezialität des Hauses sind belegte Brote mit Produkten aus der Region, z. B. grilliertes Sesambrot mit Löwenzahnkonfitüre, Gänseleber und eingemachten Zitronen. Ein Versuch lohnt sich. Im Café auch eine kleine Bibliothek und Kunsthandwerk. Von dort sind es dem Bach nach nur noch 5 Minuten bis zum zweiten Wasserfall. Um die **Cascade de Juzet** zu sehen, müssen wir ganz am Schluss noch unter einem Felsen durchschlüpfen. Von Montauban bis hierhin ca. 40 Minuten.

Zurück nach Luchon folgt man immer dem GR10 (weiß-rot markiert), zu Beginn dem Bach nach. Geradeaus über die Hauptstraße und nach der Überquerung der Pique links am Ostufer des kleinen, von Fischern belagerten **Lac de Badech** (Restaurant, Badeverbot) entlang, erreicht man die Altstadt von Luchon in 45 Minuten.

Saint-Bertrand-de-Comminges

Die Kathedrale und die befestigte Stadt von Saint-Bertrand-de-Comminges (200 Einw.) sowie die romanische Basilika von Valcabrère gehören zu den architektonischen Höhepunkten der Pyrenäen. Saint-Bertrand ist von Luchon im Rahmen eines Tagesausfluges oder bei der An- oder Abreise bequem besuchbar. Mit Bus oder Zug fahren wir von Luchon bis zur Haltestelle Loures-Barbazan (ca. 40 Minuten). An der Straßenkreuzung in Loures-Barrouse (Bushaltestelle, 600 m vom Bahnhof) nehmen wir die kleine D-122 (Wegweiser Izaourt) und biegen nach ca. 100 Metern rechts in eine Sackgasse ein. Am Ende des Dorfes mutiert die Nebenstraße zu einem Feldweg, der sanft auf eine Anhöhe ansteigt. Über die Felder gehen wir immer geradeaus, queren bei einem Kreuz die Straße und erreichen nach einer halben Stunde die Basilika Saint-Just de Valcabrère (Eintritt). Audioführungen der Basilika werden auch auf Deutsch angeboten. Die Basilika wurde im 11. und 12. Jahrhundert mit Steinen aus der römischen Stadt errichtet. Von der Basilika erreichen wir weiter geradeaus in 10 Minuten die Unterstadt von Saint-Bertrand-de-Comminges. Einem Wegweiser Escalier Cathédrale folgend, erreichen wir über eine Treppe die befestigte Altstadt, die auf einem Hügel thront und von der großen Kathedrale überragt wird. Die Stadt ist eine Gründung von Pompeius, 72 v. Chr. Das römische Lugdunum erlebte seine Blütezeit im 2. Jahrhundert, als es den privilegierten Status einer römischen Kolonie besaß und zwischen 5000 und 10000 Einwohner zählte. Klägliche Überreste der römischen Siedlung können am Fuß der Stadt besichtigt werden. Im Erbfolgekrieg der Franken zwischen Gontran und Gondovald wurde die Stadt 585 völlig zerstört. Während der Amtszeit des Bischofs Bertrand de l'Isle, nach dem später die Stadt benannt wurde, entstand um 1120 eine erste romanische Kathedrale,

welche später noch mehrmals verändert wurde. Im Innern überwiegt die Gotik, doch das Herz der Kirche, das aus Holz geschnitzte Chorgestühl, stammt aus der Renaissance (1525 bis 1535). Selbst der sonst eher kritische Tucholsky zeigte sich in seinem Pyrenäenbuch beeindruckt: »Es ist unfassbar, was sie da gemacht haben. Es wimmelt von Figuren, Emblemen, Wappen, Köpfen, Körpern, Blumen und Gruppen. Keine Verzierung wiederholt sich auch nur einmal; alles ist bis ins letzte durchgearbeitet.«

Für den Besuch des Chorgestühls und des Kreuzganges wird ein Eintritt erhoben. Auch hier stehen Audioführungen auf Deutsch zur Verfügung.

Touristeninformation (unmittelbar bei der Kathedrale): 05 61 95 44 44. Übernachten: Hotel Oppidum (Tel. 05 61 88 33 50) und Hotel Comminges (Tel. 05 61 88 31 43), diverse Restaurants.

▲ Die romanische Basilika Saint-Just de Valcabrère bei Saint-Bertrand-de-Comminges.

AM FUSSE DES HÖCHSTEN

HÖCHSTEN

In drei Tagen von Bagnères-de-Luchon zum Ospitau de Vielha

Über den Port de Venasque gelangen wir in die spani-
sche Region Aragón. Nach einer Nacht in der Renclusa-
Hütte, am Fuß des gletschergekrönten Maladeta-
Massivs, wandern wir durch das einmalige, von
Gletschern geschliffene Tal von Escaleta und über
den Tuc de Molières nach Katalonien. Wildnis pur.

Sehenswertes:

A Port de Venasque

B Aussicht vom Pic de Sauvegarde

C Forau dels Aigualluts (franz. Trou du Toro)

D Balleta de l'Escaleta

E Aussicht vom Tuc de Molières

Charakter: Anspruchsvolle Wanderung im alpinen Gelände. Kurze Kletterei beim Abstieg vom Coret de Molières.

Varianten:
- Fährt man von Luchon mit dem Taxi bis zum Hospice de France, kann man die Etappen 11.1 und 11.2 gut an einem Tag bewältigen.
- Personen mit Erfahrung im Hochgebirge können vom Refugio de la Renclusa aus den Pico de Aneto (3404 m), den höchsten Pyrenäengipfel, besteigen. Steigeisen und Pickel können in der Hütte gemietet werden. Ein Beschrieb der Tagestour findet sich unter anderem unter www.pyrenees-team.com (auf Französisch).

Karten: *11.1:* IGN 1848 OT Bagnères-de-Luchon *11.2:* Editorial Alpina Maladeta– Aneto (1:25000) *11.3:* Editorial Alpina Val d'Aran (1:40000) oder Editorial Alpina Maladeta–Aneto und Ribagorça

Das gesamte Gebiet der Teilstrecke wird auch durch die 1:50000er-Karte Aneto–Posets von Éditions Rando abgedeckt, doch steht einem mit dieser Karte weniger Information zur Verfügung.

Etappenort Ospitau de Vielha
Um das alte Hospiz gibt es wenige Gebäude und eine große (Tunnel-)Baustelle. Politisch gehört es zur Comarca dera Val d'Aran.

Info: Touristeninformation in Vielha, dem Hauptort des Val d'Aran, Tel. 973 64 06 88, www.aran.com.

Anreise: Die Busse von Alsina Graells (Tel. 973 27 14 70, www.alsinagraells.es), die von Eth Pont de Rei (Grenze) oder Les über Vielha durch den Tunnel und weiter bis nach Lleida und Barcelona (zweimal pro Tag in jede Richtung) oder von Vielha über Pont de Suert nach Taüll (einmal pro Tag) fahren, können am Tunnelausgang (Boca Sud) angehalten werden. Ospitau de Vielha ist demnach von Barcelona direkt oder, etwas komplizierter, via Frankreich erreichbar. Von Montréjeau oder Toulouse mit Bahn oder Bus nach
Marignac-St.Béat (an der Linie nach Luchon), von dort mit dem Taxi am besten bis Les (22 km, das erste Dorf nach der Grenze). Von dort fährt der Bus (siehe oben) nach Vielha und durch den Tunnel zum Ospitau de Vielha. Auf der Website von Alsina Graells ist nicht Ospitau de Vielha, sondern Tunel Vielha (S) einzugeben.

Wer von Ospitau de Vielha nach Vielha gelangen möchte und nicht auf den Bus warten kann (zum Beispiel zum Einkaufen), nimmt am besten ein Taxi (Tel. 629 31 43 34, ca. 16 Euro) oder versucht es am Tunneleingang per Anhalter.

Übernachten/Essen: Ospitau de Vielha, *Refugi Sant Nicolau* (erst ab 18 Uhr geöffnet): Tel. 973 69 70 52 oder 619 97 72 64, (großes) Matratzenlager: 9 Euro. Auch Halbpension.

11.1 Bagnères-de-Luchon–Refuge de Venasque

Charakter: Zuerst auf der Straße, danach lange durch den Wald und zuletzt durch eine immer karger werdende Landschaft, gilt es auf durchwegs markierten Wegen 1800 Höhenmeter zu bewältigen.

Varianten:

- Mit dem Taxi bis zum Hospice de France. 3.20 Std. Zeitersparnis.
- Das Straßenstück bis zur Tour de Castel Vieil kann man mit einem kleinen Umweg auch vermeiden: Unmittelbar rechts (nördlich) der Thermes Chambert in Serpentinen den Wald hinauf und danach immer dem Höhenweg nach (ausgeschildert, ca. 20 Minuten länger).

Übernachten: *Refuge de Venasque:* Eine bewartete Minihütte mit 14 Plätzen des CAF. Tel. 05 61 79 26 46, geöffnet von Mitte Juni bis Mitte September und zusätzlich an schönen Wochenenden. Matratzenlager: 13.50 Euro.

↗ 1810 m, ↘ 190 m

Wanderzeit:
Luchon–Pont de Lapadé: 1 Std.
Pont de Lapadé–Hospice de France: 2.20 Std.
Hospice de France–Ref. de Venasque: 2.20 Std.
Total: 5.40 Std.

Wer den Aufstieg zum Refuge de Venasque von Luchon aus in Angriff nimmt, wird an diesem Tag gleich mehrere Vegetationsstufen überwinden. Von den saftigen Weiden rund um Luchon auf 600 Metern geht es hinauf bis auf 2248 Meter, in eine karge Berglandschaft.

Von den Thermen in **Luchon** folgen wir der Straße Richtung Superbagnères (D-125). An Ferienhäusern und Campingplätzen vorbei, erreichen wir nach 20 Minuten die Abzweigung zum Gîte Skioura und zur Tour de Castel Vieil. In 5 Minuten erklimmen wir den kleinen Turmhügel. Der Turm selbst kann leider nicht bestiegen

werden. Auf der anderen Seite des Hügels hinunter, kommen wir an der Auberge du Castel-Vielh (siehe S. 38) vorbei und zurück zur Straße. Jetzt gilt es nochmals beinahe eine halbe Stunde, bis zum **Pont de Lapadé** (825 m), dem Asphalt zu folgen. Unmittelbar nach der Brücke biegt links unser Weg ab (Wegweiser: Nr. 20, Sentier du Benca). Nach wenigen Minuten überqueren wir am Waldrand einen kleinen kanalisierten Bach. Durch den Buchenwald geht es in weiten Kehren aufwärts. Bei Abzweigungen folgen wir den Wegweisern mit der Nr. 20. Ca. 1.20 Std. nach der Brücke erreichen wir die Waldlichtung bei der Cabane des Barguères. Hier biegt der »Zwanziger« links ab. Wir bleiben auf dem breiten Weg, überqueren zwei Bäche, steigen auf der Forststraße weiter aufwärts und halten danach bei einer Abzweigung nach rechts. Ab hier wieder mit Nr. 20 ausgeschildert. 20 Minuten später mündet unser Weg auf eine größere Forststraße, der wir nach rechts hinunter folgen (Wegweiser Hospice de France). Nach einer Schranke steigen wir auf einer Straße bis zum **Hospice de France** (1385 m) auf. Am großen Parkplatz vorbei kommen wir zum alten Hospiz, einem verfallenen Haus, welches der Gemeinderat von Luchon am liebsten abbrechen würde.

Das **Hospice de France** bot den Leuten, die über den Pass zogen, seit dem 16. Jahrhundert Kost und Logis an. Seit jeher war es Eigentum der Gemeinde. Der alte Pachtvertrag hielt fest, dass der Pächter den Weg bis zur Grenze in Stand halten und immer Brot und Wein an Lager haben musste. Die Preise, die er für die Lebensmittel verlangte, durften nicht mehr als 25 Centimes hö-

her sein als in Luchon. Auch der Pyrenäen-
forscher Ramond de Carbonnières suchte
hier am Ende des 18. Jahrhunderts bei einem Gewitter Schutz: »Maulthiertreiber,
die französische Wolle nach Spanien füh-
ten, flüchteten sich mit uns hieher; ich
überließ ihnen für die Nacht den unteren
Stock, wo sie rund ums Feuer, auf ihren
Wollsäcken ausgestreckt, ein Gegenstand
des allgemeinen Neides waren. Sie waren
hier reiche Herren, und ich war ein armer
Schelm, denn ich war verdammt auf der
Erde zu liegen; und um nicht im Kothe zu
sein, musste ich meine Zuflucht zu der
Dachbühne und deren bedielten Fußbo-
den nehmen; aber auch da war wenig
Trost, die Bühne hatte keine Fenster, und
der Regen drang auf allen Seiten durch ein
schlecht gedecktes Dach, von dem der
Wind die Schiefer abhob oder zerschlug.«
(Aus: *Reise nach den höchsten französischen
und spanischen Pyrenäen*, 1789)

▲ ▲ ▲ Je höher wir im Balleta
de l'Escaleta hinaufsteigen,
desto karger wird die Landschaft. Der Gletscher hat den
Granit zu riesigen Platten
geschliffen.

▲ Das einfache Refuge de
Venasque an den kleinen
Seen, den Boums du Port, ist
ein beliebtes Ausflugsziel. Der
französische Schriftsteller
Gustave Flaubert war 1840
von den Seen nicht sehr ange-
tan: »Nichts ist so traurig wie
die Farbe dieser Gewässer,
die leichenblass und entweiht
erscheinen und noch kahler
und unbeweglicher sind als
die Felsen, die sie umgeben.«
Dieser traurige Anblick scheint
die Fischer nicht zu stören, sie
tummeln sich im Sommer
zuhauf am Ufer der Seen.

Vom Hospice sieht man die unendlich vielen Kehren, die zum Port de Venasque hinaufführen. Der französische Milieutheoretiker Hippolyte Taine beschrieb den Aufstieg 1855 folgendermaßen: »Bald scheint der Weg zu Ende; Mauer folgt auf Mauer, die dichtgedrängten Felsen versperren jeden Ausweg, und dennoch kommt man voran, im Zickzack, durch Geröllblöcke, auf einer baufälligen Treppe, wo der Wind heulend mit aller Wucht hineinbläst. Kein Lebenszeichen, kein Gras, überall schreckliche Ödnis und Winterkälte.« Zu Beginn des Aufstieges ist die Szenerie noch nicht so dramatisch wie von Taine beschrieben. Auf einer Brücke überqueren wir den Bach und steigen dann stetig über Wiesen die vielen, vielen Kehren bergan. Rund eine Stunde nach dem Hos-

pice wechseln wir unterhalb eines Felsriegels auf die andere Bachseite. Auch um die nächste Geländestufe zu überwinden, gibt es wieder Kehren, dass einem schwindlig werden kann. Der immerwährende Zickzack hat immerhin den Vorteil, dass der Weg nie allzu steil steigt. Genau so wie es für die Maultiere ideal war, welche die Lasten über den Pass schleppen mussten. An einigen Stellen sieht man noch alte Steinplatten und Stützmauern des historischen Weges. Nach einer weiteren Stunde kommen wir zu einer kleinen Zwischenebene, wo sich auch eine kleine Steinhütte befindet. Links des Weges eine kleine Vertiefung, Le Trou des Chaudronniers (»Loch der Kupferschmiede«). Hier sollen einst neun Handwerker unter dem Schnee ihr natürliches Grab gefunden haben (einzelne Quellen sprechen von einer Lawine, andere von Schneefall). 150 Meter nach dem Unterstand lassen wir eine Abzweigung links liegen und steigen geradeaus in 20 Minuten zum **Refuge de Venasque** (2248 m) hinauf. Die Hütte ist klein und äußerst einfach. 1860 wurde sie von Francisco Cabellud, einem Färber aus Benasque, erbaut. Er amtete auch als erster Hüttenwart und empfing jeweils im Sommer Kurgäste aus Luchon. Er war dafür berüchtigt, dass er für alles Geld einsackte, auch für die Besteigung des Pic de Sauvegarde. Seine Preise für Omeletten und Gänseleber müssen exorbitant gewesen sein. Doch die Engländer waren ganz verrückt nach seinen *Frès au petit Bimm* (Erdbeeren mit Muskateller). Wer noch Kraft hat, sollte am Abend einen Spaziergang zum Pass machen. Der Sonnenuntergang auf dem Maladeta-Massiv soll vom Port de Venasque her besonders schön sein.

◄ Die Boums du Port vom Passweg zum Port de Venasque aus gesehen.

▼ Candlelight Dinner im Esszelt des Refuge de Venasque.

11.2 Ref. de Venasque–Ref. de la Renclusa

Charakter: Eine kurze und nur beim Aufstieg zum Pic de Sauvegarde leicht ausgesetzte, aussichtsreiche Wanderung im Hochgebirge. Ein Tag zum Genießen.

Varianten: Den Pic de Sauvegarde auslassen. 1.10 Std. Zeitersparnis.

Übernachten/Essen: Snackbar bei La Besurta. *Refugio de la Renclusa:* Tel. 974 55 21 06, bewartet von Anfang Juni bis Ende Oktober, Matratzenlager: 11.50 Euro. Anreise: Das Refugio ist am schnellsten via Benasque erreichbar. Von Benasque bis La Besurta (von dort 40 Min. bis zum Refugio) gibt es von Anfang Juni bis Mitte September einen Bus (erste Fahrt 4.30 Uhr ab Benasque, letzte Fahrt 21.30 Uhr ab La Besurta). Benasque (Touristeninformation: Tel. 974 55 12 89, www.benasque.com) wiederum ist zweimal täglich per Bus mit Huesca verbunden, von wo aus Züge und Busse nach Barcelona, Zaragoza oder Jaca verkehren. Fahrplan unter www.alosa.es.

↗ 770 m, ↘ 880 m

Wanderzeit:
Refuge de Venasque–Port de Venasque: 0.30 Std.
Port de Venasque–Pic de Sauvegarde: 0.40 Std.
Pic de Sauvegarde–La Besurta: 1.50 Std.
La Besurta–Refugio de la Renclusa: 0.40 Std.
Total: 3.40 Std.

Vom **Refuge de Venasque** folgen wir dem klaren Weg, der zuerst der östlichen Seite des obersten Sees folgt. Von hier steigen wir steil zum alten Saumweg auf. Beim Aufstieg lohnt sich ein Blick zurück über die vier Seen, die Boums du Port. Vor uns türmt sich die Felswand auf. Man kann sich noch kaum vorstellen, dass sie sich auf einem bequemen Maultierpfad überwinden lässt. Doch der Weg, die letzten Meter von vielen Stützmauern befestigt, führt uns problemlos zum engen Schlitz des **Port de Venasque** (2444 m) hinauf. Hier betreten wir Aragón und eine andere Welt. Vor uns die größten Gletscher und die höchsten Gipfel der Pyrenäen. »… man denkt, dass der Berg den Durchgang verriegelt und Sie daran hindert weiterzugehen, dass alles zu Ende ist und dass man sich

nur noch umdrehen kann, um Frankreich zu sehen, aber plötzlich, und als ob der Berg sich zerreißen würde, taucht vor uns die Maladeta auf. Links alle Berge der Auvergne (sic!), rechts Katalonien, vor uns Spanien, und der Geist kann bis nach Sevilla eilen, bis nach Toledo, in die Alhambra, bis nach Cordoba, bis nach Cádiz, die Berge erklimmend, und mit den Adlern fliegend, die über unseren Köpfen dahin gleiten, so wie von einem Strand am Ozean das Auge in den Horizont taucht und dem Kielwasser der Schiffe folgt, von wo es in der Ferne Amerika erblickt, die blühenden Bananenstauden und die Hängematten, die zwischen den Bäumen des Urwalds aufgehängt sind.« In diesen rauschähnlichen Zustand fiel Gustave Flaubert, als er in der Mitte des 19. Jahrhunderts über den Port de Venasque trat. Noch gewaltiger wird die Aussicht, wenn wir den Pic de Sauvegarde besteigen. Wenige Meter nach dem Pass, bei einem gelben Punkt, erkennen wir einen Weg, der in den Felsen geschlagen wurde und nach rechts abzweigt.

Es war der geschäfstüchtige Hüttenwart des Refuge de Venasque, der den **Weg auf den Pic de Sauvegarde** nach 1860 auf eigene Kosten anlegen ließ. Das Ziel war, dass die edlen Kurgäste nicht vom Pferde absteigen mussten und den Pic de Sauvegarde ohne Risiken besteigen konnten. Diese neue Attraktion sollte den Umsatz seiner Hütte steigern und die Abgaben zur Benützung des Weges sein Einkommen zusätzlich erhöhen. Die Berechtigung zum Einkassieren der Gebühr von einem Franc ließ er sich vom Gemeindepräsidenten von Benasque amtlich bestätigen. Trotz

anhaltender Proteste der Touristen wurde die Abgabe bis zum Beginn des Ersten Weltkrieges eingetrieben. Danach verfiel der Weg zusehends.

Wir biegen gleich nach dem Pass rechts ab oder steigen noch wenige Meter ab, um anschließend rechts zu halten und wieder aufzusteigen. Der Weg quert den Hang zuerst, im felsigen Gelände erkennen wir noch die Arbeit der Wegebauer. Anschließend steil die Wiese aufwärts bis zum Grat, wo wir erstmals auf die französische Seite hinunterschauen können. Danach folgt nochmals die Querung eines Felsbandes, welches mit einem (nicht mehr fixierten) Stahlseil halbwegs gesichert ist, und der Schlussaufstieg zum **Pic de Sauvegarde** (2738 m, span. Tuca de Salvaguardia). Die Aussicht wurde in der amtlichen Mitteilung, die den Wegzoll bestätigte, als die schönste der Pyrenäen bezeichnet. Und sie ist wirklich ziemlich gut: im Norden der große Lac de la Montagnette, im Westen die Dreitausender um den Perdiguero und

◢ Der Port de Venasque (Schlitz in der Bildmitte) ist seit Jahrhunderten ein wichtiger Übergang von Frankreich nach Spanien. (Dieses Bild entstand um 1850, Maler unbekannt.)

◂ Seit 1860 gibt es zum Pic de Sauvegarde einen Weg, für den früher ein Wegzoll erhoben wurde. Wegzoll für einen Wanderweg mag etwas übertrieben erscheinen, doch der Erzdiakon Hardwicke hätte den Obolus 1859 wohl gerne bezahlt. Aber den Weg gab es zu dieser Zeit noch nicht. Der Erzdiakon rutschte aus und stürzte zu Tode.

der Posets und im Osten die Berge Kataloniens. Doch beherrscht wird die Aussicht auch hier durch das gletschergekrönte Maladeta-Massiv.

Das schöne Wort »**Maladeta**«, kein Fluch, sondern ein Berg, wie Tucholsky bemerkte, ist das einzige Wort, das der deutsche Satiriker vom Geografieunterricht über die Pyrenäen behalten konnte. Der Name kommt ursprünglich von *mala eta*, »die Höchste«, was von den Franzosen fälschlicherweise mit Monts Maudits (»verfluchte Berge«) übersetzt wurde. Diese falsche Übersetzung wurde dann von den Spaniern wieder zurückübersetzt in Montes Malditos. Damit alles historisch verankert ist, tauchte auch noch eine Legende auf. Kurzfassung: Das Massiv ist ein Gebirge mit saftigen Weiden. Als Jesus und Petrus durch das Gebiet wandern, werden sie von den Hirten nicht beherbergt, sondern ver-

jagt. Daraufhin verwünschen sie den Gebirgszug, der sogleich von einer Eisschicht überzogen wird. Menschen und Tiere verwandeln sich in Steine.

Lange dachte man, dass der Pico de la Maladeta der höchste Berg des Granitmassivs sei. Doch als der Deutsche Friedrich Parrot den Maladeta 1817 erstmals bestieg, bemerkte er, dass dieser Gipfel im Südosten vom Aneto an Höhe noch übertroffen wird. Die Berechnungen von Henri Reboul ergeben zur gleichen Zeit, dass nicht der Monte Perdido der höchste Berg der Pyrenäen ist, wie lange angenommen wurde, sondern der Aneto (3404 m), gefolgt vom Posets (3375 m). Erst an dritter Stelle kommt der Monte Perdido (3355 m) und danach der Pico Maldito (3350 m) und der Pico de la Maladeta (3308 m). Der berühmte Bergführer Pierre Barrau aus Luchon, der auch Parrot bei seiner Erstbesteigung begleitete, fiel 1824 bei der Besteigung des Pico de la Maladeta in eine Gletscherspalte. Seine Leiche wurde erst 1931, 107 Jahre später, weit unterhalb der Unfallstelle durch den Gletscher wieder freigegeben. Dieser Unfall hatte die Führer damals derart schockiert, dass die Erstbesteigung des Aneto dadurch um viele Jahre hinausgezögert wurde. Niemand wollte die »Menschenfresserin« herausfordern.

Vom Gipfel wandern wir auf derselben Route zum Port de Venasque zurück. Wir steigen von hier auf der spanischen Seite weiter ab. 5 Minuten später kommen wir zu einer Kreuzung. Links geht es zum Pòrt dera Picada und ins Val d'Aran, rechts zum Hospital de Benasque. Wir nehmen den breitesten Weg geradeaus. Dolinen, kleine Tümpel und weiße Felsen umsäumen den

Weg, der links an der Peña Blanca vorbeiführt. Nach einem kurzen Abstieg erreichen wir eine Wiesenebene auf halber
Höhe zwischen Grenzkamm und Talboden. Nach einem weiteren Tümpel, kurz
nach einer Abzweigung, die wir links liegen lassen, geht es in Kehren rechts hinunter. Achtung: Im Abstieg, auf 2080 Metern, biegen wir in einer Traverse nach
rechts, bei einem Steinmann links ab (kein
Wegweiser). Der Weg (keine Markierungen, einzelne Steinmännchen) quert den
Hang Richtung Südosten. Der Bestand an
Bergkiefern wird nun etwas dichter und
wir steigen nochmals eine Geländestufe
bis zu einem See (links des Weges) hinunter. Das klare Wasser des untersten der
Ibóns (See) de Vilamorta ladet zum Bade.
Man kann sich auch mit gutem Gewissen
ins Gras legen. Von hier bis zur Hütte dauert es keine Stunde mehr. Vom See folgen
wir Pfadspuren auf der linken Bachseite

▲ Von unten erscheint der
Aufstieg zum Pic de Sauvegarde steiler, als er wirklich ist.

◀ Der Gipfel des Pic de Sauvegarde (2738 m) wird von
einem Knochen gekrönt.

und erreichen in 10 Minuten den Parkplatz und die Snackbar bei **La Besurta** (1895 m). Von hier fährt sechsmal täglich ein Bus bis Benasque.

Von La Besurta nehmen wir den breiten, luxuriösen, gelb-weiß markierten Wanderweg Richtung La Renclusa. Nach 10 Minuten biegen wir bei einer Weggabelung rechts ab und steigen problemlos zum **Refugio de la Renclusa** (2140 m) auf.

Bereits die frühen Bezwinger des Pico de la Maladeta und des Aneto im 19. Jahrhundert benutzten hier eine Hütte als wichtiges Basislager. Die alte Hütte stand auf der anderen Seite des **Barranco de la Renclusa** an den Felsen gelehnt, an der Stelle, wo sich heute die kleine Kapelle befindet. Wer die Kapelle aufsucht, sollte auch noch wenige Meter den Bach hinuntergehen und unterhalb des Felsens den Ort seines Verschwindens bestaunen. Der mächtige Bach wird erst im Val d'Aran wieder auftauchen und von dort mit der Garonne in den Atlantik fließen. Die Leute von Benasque wollten den Verlust des Wassers nicht einfach hinnehmen und sprengten um

1930 links vom natürlichen Abfluss einen Tunnel in den Felsen, um das Wasser in ihr Tal zu leiten. Doch der Bach ließ sich nicht überlisten. Kurz hinter dem Wasserfall nach dem Tunnel versickert auch der umgeleitete Arm auf Nimmerwiedersehen. Als 1916 ein neues Refugio eingeweiht wird, mausert es sich schnell zur meistbesuchten Hütte der Pyrenäen. Seit im Juni 1842 der Russe Platón de Tchihatcheff und seine Begleiter aus Luchon den **Pico de Aneto** erstmals bestiegen haben, sind ihnen Tausende gefolgt. Aus Respekt vor den großen Gletschern machte die Gruppe der Erstbesteiger noch einen großen Umweg. Um den Eismassen auszuweichen, wandern sie von der Renclusa zuerst Richtung Westen, umrunden das Massiv im Norden und besteigen den Aneto von Südwesten. Auf dem Gipfel erkennen sie dann den einfachen Weg über den Aneto-Gletscher, die heutige Normalroute, die sie einige Tage später mit Erfolg gleich selbst ausprobieren.

Heute begeben sich ganze Massen, an schönen Tagen weit über 100 Personen, auf den höchsten Pyrenäengipfel. Die Hütte wird den heutigen Ansprüchen schon lange nicht mehr gerecht. 1991 wurde der Plan für die Modernisierung ausgearbeitet, doch erst 1997 begann man mit den Arbeiten. Seither ist die Hütte in ein Nebengebäude mit 42 Plätzen verlegt, und die sanitären Installationen sind prekär. Doch die Beiträge des Staates fließen nur sehr spärlich, sodass sich der Bau extrem in die Länge zieht. Der Einzug in das Hauptgebäude mit 96 Plätzen ist auf 2005 terminiert.

11.3 Ref. de la Renclusa–Ospitau de Vielha

Charakter: Eine der längsten und schwierigsten Etappen der ganzen Pyrenäendurchquerung, aber auch eine der schönsten. Eine hochalpine Landschaft mit Seen und viel geschliffenem Granit. Teilweise schwierige Orientierung.

Etappenort: Ospitau de Vielha siehe S. 53.

↗ 1110 m, ↘ 1630 m

Wanderzeit:
Refugio de la Renclusa–Forau dels Aigualluts: 1 Std.
Forau dels Aigualluts–Estanys de l'Escaleta: 1.30 Std.
Estanys de l'Escaleta–Estany Alt de l'Escaleta: 1 Std.
Estany Alt de l'Escaleta–Tuc de Molières: 1.10 Std.
Tuc de Molières–unterster Molières-See: 1.40 Std.
unterster Molières-See–Ospitau de Vielha: 2 Std.
Total: 8.20 Std.

▲ Aufbruch zur Besteigung des Aneto vor der alten Renclusa-Hütte (ca. 1910).

◀ In einer kleinen Kapelle beim Refugio de la Renclusa thront die Virgen de las Nieves, die Schutzheilige der Bergsteiger. Viele Alpinisten beten hier für das Gelingen ihrer Tour oder danken für eine erfolgreiche Besteigung. Unzählige Kopfbedeckungen oder Socken zeugen davon. Jedes Jahr am 5. August wird das Fest der Virgen de las Nieves mit einer Messe gefeiert.

Die heutige Etappe ist lang. Da trifft es sich gut, dass im **Refugio de la Renclusa** für die Besteiger des Pico de Aneto bereits sehr früh Tagwache ist (ab 5 Uhr gibts Frühstück).

63

Vom Refugio de la Renclusa gehen wir auf demselben Weg Richtung Tal, auf dem wir am Vorabend aufgestiegen sind. Nach 25 Minuten erreichen wir eine Weggabelung nahe dem Talboden, wo wir nach rechts abbiegen (Wegweiser Aigualluts, hellgrün-dunkelgrün markiert). Zuerst geht es durch einen kleinen Geländekessel berg-auf, anschließend über die weite Talebene bis **Forau dels Aigualluts** (2005 m). Wir sehen, wie der große Bach, der vom Aneto-Gletscher gespeist wird, in einem Loch auf sandigem Boden verschwindet. Der Bach wird erst wieder bei den Wasserfällen Güells de Joeu das Licht erblicken und von dort ins Val d'Aran und mit der Garonne in den Atlantik fließen. Der Bach unter-quert also die Wasserscheide zwischen At-lantik und Mittelmeer. Diese unterirdische Verbindung wurde erst 1932 durch den berühmten Höhlenforscher Norbert Caste-ret mit Hilfe einer fluoreszierenden Fär-bung des Wassers nachgewiesen, doch be-reits im 18. Jahrhundert hatte sie Ramond de Carbonnières wie ein Faktum beschrie-ben.

5 Minuten das Tal hinaufwandernd errei-chen wir einen Wasserfall und kurz darauf die weite Ebene Plan dels Aigualluts (ab hier keine Markierungen mehr, nur noch Steinmännchen). An ihrem östlichen Rand gehen wir der Ebene entlang. Hinter der Ebene türmt sich mächtig der Aneto auf. Wir folgen den Wegweisern zum Coll de Toro (auf der Alpina-Karte als Cóth deth Hóro bezeichnet) und überqueren am Ende der Ebene den Bach, der aus dem Bal-leta (Tal) de l'Escaleta kommt. Auf einem guten Weg steigen wir eine steilere Gelän-destufe hinauf und folgen danach dem Riu de l'Escaleta, der aber kurz darauf wieder

verschwindet. An Granit- und Kalkfelsen vorbei erreichen wir die Ebene, auf wel-cher der Weg zum Coll de Toro links ab-zweigt. Wir halten hier jedoch rechts und gehen rechts an einem Hügel vorbei, der inmitten der moorigen Ebene liegt. Auf der linken Seite eines kleinen Wasserfalls steigen wir nochmals eine Geländestufe hinauf. Auf einer natürlichen Felsbrücke (oder danach) überqueren wir den Bach und gehen auf der rechten Bachseite auf Pfadspuren weiter aufwärts. Vor uns er-hebt sich die Doppelspitze der Forcanada. Schon bald erreichen wir eine weitere moorige Ebene mit Seen. Über von Glet-schern geschliffene Felsen und später auf der linken Seite einer Schlucht (und nicht rechts, wie auf der Alpina-Karte einge-zeichnet) steigen wir auf. Achtung: Einige Spuren führen in die kleine Schlucht hi-nein, wir müssen an dieser Stelle etwas rechts halten und steil aufwärts steigen (Steinmännchen). Nach dieser Gelände-stufe erreichen wir wieder eine Ebene mit einem See. Nach jeder Steilstufe folgt wie-der eine Ebene. Das Tal (von Escalera, Treppe) wird seinem Namen gerecht. Nach dem See wechseln wir die Bachseite und kommen am Ende dieser Ebene zum »Doppelsee« **Estanys de l'Escaleta** (2330 m). Wir gehen links um den See herum und steigen auf der rechten Seite des Bachs, der mit vielen kleinen Wasserfällen dem Tal entgegenschießt, aufwärts. Auch nach dieser Geländestufe erreichen wir wieder einen See. Unmittelbar an seinem Ausfluss überqueren wir den Bach. Die Landschaft wird nun immer karger. Zuerst dominiert noch Geröll, doch schon bald gehen wir auf riesigen, vom Gletscher ge-schliffenen Granitplatten. Wir überqueren

den zweigeteilten Bach nochmals und erreichen auf diesem breiten Boulevard aus
Granit den obersten See des Tales, den **Estany Alt de l'Escaleta** (2632 m). Wie ein
schwarzes Auge liegt er inmitten der grau-
en, von Gletschern geformten Landschaft.
Wir lassen den See rechts liegen und gehen in Richtung des Tuc de Molières, ein
runder, unspektakulärer Gipfel. Wir überqueren wieder den Bach, halten ein wenig
rechts, um dann von einer kleinen Ebene
aus nach links, dem Grat nach, den Gipfel
zu besteigen. Es scheint vom oberen See
diverse Wege auf den Gipfel zu geben.
Steinmännchen gibt es in etwa überall.
Der Grat, der auf den Gipfel führt, besteht
am Anfang aus großen Felsblöcken, was
das Vorwärtskommen etwas erschwert.
Nachher wird der Grat etwas schuttiger
und einfacher. Auf dem breiten Gipfel des
Tuc de Molières (3010 m) erwartet uns an
einem Ende ein eisernes Kreuz, am ande-

▲ **Die Estanys de l'Escaleta
beim Aufstieg zum Tuc de
Molières.**

ren ein riesiger Steinmann. Der berühmte Pyrenäist Henri Russell besuchte den Gipfel im Jahr 1879 auf derselben Route wie wir. In seinen Reiseerinnerungen hält er fest, dass seine Begleiter während der 3-stündigen Gipfelrast einen Steinmann bauten, den man noch vom Port de Venasque aus mit bloßem Auge sehen konnte (!). Russell schildert lang und breit die Aussicht, im Westen auf den Aneto (ein wenig durch den Pic de Salenques verdeckt) und das Maladeta-Massiv, im Osten das Val de Molières hinunter und dahinter auf den Montardo und das Besiberri-Massiv. Auch unseren Gipfel vom Vortag, den Pic de Sauvegarde, können wir von hier aus erkennen. Russell beschreibt den Tuc de Molières als den Paradegipfel für ängstliche und heikle Bergsteiger, welche diese Schönheiten sehen wollen, ohne sich allzu sehr anzustrengen. Doch Russell ist auf demselben Weg zurückgekehrt, uns hingegen stehen beim Abstieg ins Molières-Tal noch Mühen bevor. Richtung Norden und leicht links vom Grat erreichen wir vom Gipfel in 10 Minuten den Coret (Pass) de Molières. Hier betreten wir zum ersten Mal Katalonien. Gegen das nördliche Ende des breiten Überganges beginnt der zu Beginn sehr steile Abstieg. 10 Meter voneinander entfernt gibt es zwei mögliche Einstiege in die Wand. Der nördliche scheint ein wenig einfacher zu sein. Die ersten 5 Meter Abstieg sind eine etwas heikle Kletterpassage mit jedoch guten Griffen, danach quert man zuerst auf Fels, danach auf einem Schuttband weiter Richtung Norden (Steinmännchen). Unerfahrene Berggänger oder Kinder müssen an dieser Stelle evtl. mit einem Seil gesichert werden. Der weitere Abstieg hinun-

ter auf ein Schnee- oder Geröllfeld (je nach Jahreszeit) ist dann einfacher. Auf dem Schuttfeld halten wir nach links auf eine Schulter zu (nicht direkt ins Tal absteigen). Auf der Schulter ist der Pfad wieder besser sichtbar. Auch danach dominiert noch Geröll, welches aber mehr und mehr mit Wiesenflächen durchsetzt ist. Weit oberhalb des Wasserspiegels gehen wir nördlich der Estanhols (Bergseen) de Molières entlang. Erst am Ende des **untersten Molières-Sees** (2340 m) erreichen wir das Wasser. Auf einer Kuppe nördlich des Sees steht eine einfache orangefarbene Schutzhütte aus Metall. Wir bleiben auf der linken Bachseite und steigen, links ausholend, steil in einen Bergkessel ab. Nach dem Talboden wird das Tal wieder enger und man muss für den Abstieg nochmals die Hände aus den Taschen nehmen. Der nächste Talboden bringt uns definitiv zurück in die belebte Natur. Durch blumenreiche Wiesen folgen wir dem Bach, an dessen Ufer einzelne Birken wachsen. Nach einer letzten, kleinen Geländestufe in einem Buchenwald folgen wir dem breiten Weg das Tal hinaus zum Hospiz. Die Gebäude des **Ospitau de Vielha** (1622 m) liegen genau auf dem Portal des Straßentunnels. Bereits seit 1192 soll es an dieser Stelle ein Hospiz geben.

Der 5240 Meter lange Tunnel wurde 1948 nach langer Bauzeit eröffnet. Damit konnte die franquistische Regierung das isolierte Val d'Aran näher an die Zentralgewalt binden. Auch heute noch ist er im Winter die einzige Verbindung vom Val d'Aran ins restliche Spanien. Das schwarze Loch ist einer der gefährlichsten Tunnels Europas, eng, dunkel und viel befahren. Um die Gefahr zu beheben, wird zurzeit an ei-

ner zweiten Röhre gebaut. Die Eröffnung wird frühestens im Jahr 2007 stattfinden. Ospitau de Vielha gehört politisch bereits zum **Val d'Aran.** Durch seine Abgeschiedenheit hat das Tal (auf der anderen Seite des Berges) eine eigenständige Kultur und insbesondere eine eigene Sprache bewahren können. Das Aranés ist eine okzitanische Sprache, die sich aus einer autochthonen baskischen Sprache und dem Latein entwickelt hat. Obwohl auf der Nordseite der Wasserscheide gelegen, gehörte das Val d'Aran nur während 5 Jahren unter Napoleon zu Frankreich. Das Tal mit seinen vielen romanischen Kirchen ist heute eine wichtige Tourismusdestination.

▲ Der Abstieg zum Ospitau de Vielha führt an den Estanhols de Molières vorbei.

Gesundes Wasser

BALNEARIO DE PANTICOSA

Seit der Römerzeit wusste man von der heilenden Wirkung der Thermalquellen in den Pyrenäen. Hannibal soll nach dem 2. Punischen Krieg (218–210 v. Chr.) seine verletzten und kranken Soldaten zur Heilung in die Pyrenäen geschickt haben. Der griechische Geograf Strabon lobte im Jahre 19 n. Chr. das exzellente Wasser von Onesiorum Thermae, dem heutigen Luchon. Die *Aquae Convenarum* befanden sich im heutige Capvern, und Bagnères-de-Bigorre, dessen antike Bäder man beim Bau der heutigen Thermalgebäude entdeckte, hieß Vicus Aquensis. Nach dem Niedergang des Römischen Reiches gerieten die Bäder für lange Zeit in Vergessenheit.

Im Mittelalter waren es Mönche, die in einigen Quellen vor allem Leprakranke zu heilen versuchten. Die Bäder von Ax-les-Thermes wurden im Jahre 1260 von Saint-Louis errichtet, um die heimkommenden Kreuzfahrer aufzunehmen, die an Lepra erkrankt waren. Die Bäder von Eaux-Bonnes erlebten einen Aufschwung, weil sich hier 1525 die verletzten Soldaten der Schlacht von Pavia pflegen ließen. In der Renaissance beehrten dann erste gekrönte Häupter die Pyrenäenbäder und auch der Philosoph Montaigne kam zur Kur.

Es waren Bäderführer, die im 18. Jahrhundert den Aufschwung der Thermalquellen einleiteten. Ihre große Blüte erlebten die Pyrenäenbäder im 19. Jahrhundert. Zählte man zu Beginn des Jahrhunderts noch ca. 15 000 Kurgäste pro Jahr (in allen Bädern auf der französischen Seite der Pyrenäen), stieg diese Zahl auf 30 000 im Jahr 1863 und auf 45 000 1881. Allein auf der französischen Seite gab es 110 Bade-Kurorte mit mehr als 500 Heilquellen. Auf der spanischen Seite sollen es noch mehr gewesen sein. Doch wurden hier nur sehr wenige (Panticosa, Benasque, Caldes de Boi) im großen Rahmen vermarktet. Es waren nicht mehr bloß Rheumatiker und Bleichsüchtige, welche die Kurorte aufsuchten. Immer mehr Gäste wurden von den Naturerlebnissen angezogen (und benutzten die Kur dabei manchmal als Vorwand). Die Pyrenäen waren en vogue, man musste sie einfach gesehen haben. Ein Graf Horace de Viel Castel beschrieb sie 1853 »als das von den Göttern geliebte Land, wo sich das übrige Frankreich einmal im Leben hinbegibt, so wie sich die Musulmanen nach Mekka begeben«. Um in dieser Blütezeit die wachsende Gästeschar aufzunehmen, entstanden in den Orten neue repräsentative Thermal- und Hotelbauten. Bauherren waren nicht mehr Einheimische, sondern große Gesellschaften mit Sitz in Bordeaux oder Paris. Die Gäste, meist Angehörige des Großbürgertums, kamen meist in Kutschen in den Kurorten an, wo sie von einer ganzen Horde von Hotelburschen bedrängt wurden. Nachdem sie sich in der Unterkunft eingerichtet hatten, suchten sie einen Kurarzt auf, um sich eine passende Kur verschreiben zu lassen. Einzelne Ärzte waren derart beliebt, dass sich vor der Praxis lange Schlangen bildeten, die man umgehen konnte, indem man einen Bergler für das Anstehen bezahlte. Danach wurde oft wochenlang gegurgelt, getrunken, gebadet und inhaliert. Die seriöseren Ärzte begleiteten die Kur mit einer speziellen Diät.

Ermöglicht wurde dieser Aufschwung durch die Erschließung der Bäder mit der Bahn und mit Straßen. 1859 fuhr der erste Zug, mit Napoleon III. als Fahrgast, im Bahnhof von Tarbes ein, was die Anreise von Paris her wesentlich verkürzte. Im selben Jahr entschloss man sich, die Route Thermale zu bauen. Mit dem Ausbau dieser Straße über die Pässe Aubisque, Soulour, Tourmalet, Aspin und Peyresourde wurde eine direkte Verbindung zwischen den wichtigsten Thermalzentren geschaffen. Wenn ein Gast mehrere Thermen aufsuchen wollte, musste er nun nicht mehr jedes Mal den Umweg über die Ebene machen. Nach ihrer Fertigstellung wurde die Straße selbst ein wichtiger Anziehungspunkt für Touristen, und in den Aufstiegen zu den Pässen spielten sich ab dem Beginn des 20. Jahrhunderts dramatische Szenen der Tour de France ab.

Der Ausbruch des Ersten Weltkrieges setzte der Blüte der pyrenäischen Bäderorte ein brüskes Ende. Erst nach dem Zweiten Weltkrieg folgte ein neuer Aufschwung, als sich mit der Einführung der Sozialversicherungen nun alle Bevölkerungsschichten einen Kuraufenthalt leisten konnten. 1993 zählte man in den französischen Pyrenäen 130 000 Kurgäste.

◄ Das Bad von Panticosa (Aragón) um 1902. Die Treppe gibt es heute noch, aber die Leute scheinen nicht mehr so viel Muße zu haben.

▼ Plakat für Luchon, vermutlich von Alphonse Mucha (Ende 19. Jahrhundert).

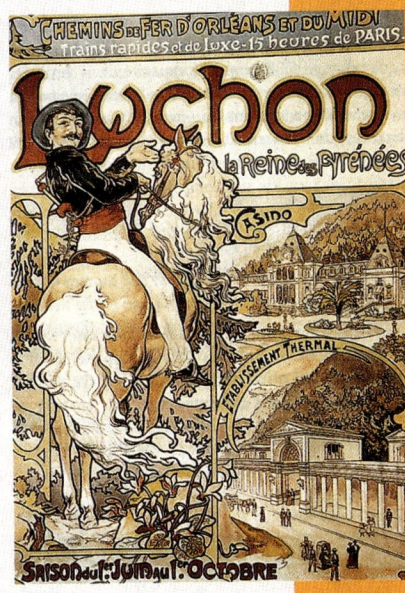

VIEL WASSER UND ROMANISCHE KIRCHEN

In drei Tagen vom Ospitau de Vielha nach Taüll

Auf dieser Wanderung entdecken wir die wasser-
reichste Region der Pyrenäen, den Nationalpark
Aigüestortes i Estany de Sant Maurici. Am Ende der
Etappe machen wir Halt beim Thermalbad Caldes
de Boí und wandern danach gemächlich über Boí nach
Taüll mit seinen sehenswerten romanischen Kirchen.

12

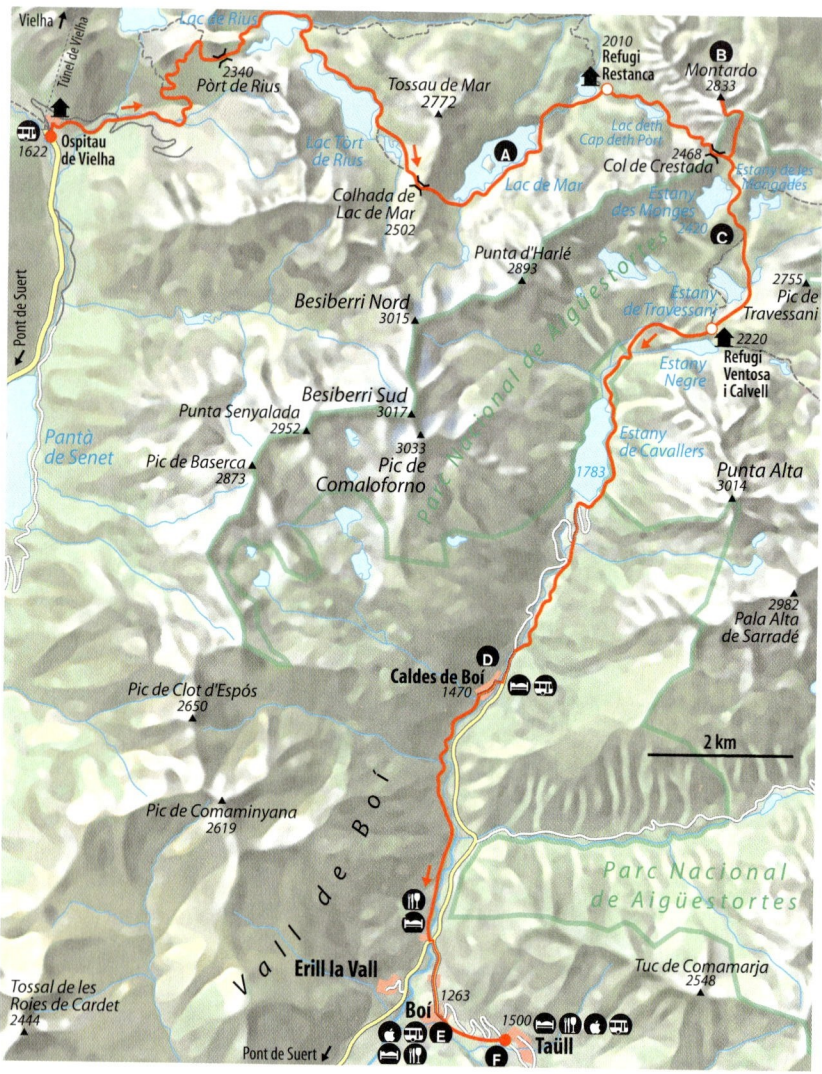

Sehenswertes:

A Lac de Mar

B Aussicht vom Montardo

C Die Seenplatte von Travessani

D Caldes de Boí

E Die romanische Kirche von Boí

F Taüll und seine romanischen Kirchen

Charakter: Wanderung im alpinen Gelände ohne spezielle Schwierigkeiten. Die Wege sind oft nur mit Steinmännchen markiert, doch die Orientierung ist einfach.

Varianten: Es gibt diverse Möglichkeiten, statt ins Boí-Tal abzusteigen, im Gebiet des Nationalparks zu bleiben.
• Vom Refugi Restanca kann man auf dem Trasse des GR11 (zu Beginn GR11.18) über den Port de Caldes zum Refugi de Colomèrs (bewartet, Tel. 973 25 30 08) gelangen (ca. 3.40 Std., mit der Besteigung des Montardo ca. 5.20 Std.). Vom Refugi Colomèrs erreicht man, immer noch auf dem GR11, in ca. 4.40 Std. das Refugi Ernest Mallafré (Etappe 13.2).
• Vom Refugi Ventosa i Calvell ist es möglich, in ca. 6 Std. auf der Route der Carros de Foc (siehe S. 78) über den Collet de Contraix zum Refugi d'Estany Long zu queren (anspruchsvoll, auf dem Collet de Contraix ist bis Mitte Juli mit Schnee zu rechnen).

Karten: Die gesamte Route *(12.1 bis 12.4)* ist mit der Karte Parc Nacional d'Aigüestortes i Estany de Sant Maurici vom Institut Cartogràfic de Catalunya (1:25000) oder der Mapa excursionista von Éditions Rando Pica d'Estats–Aneto (1:50000) abgedeckt. Mit Ausnahme des Aufstieges zum Pòrt de Rius (die ersten 2 Stunden der Etappe 12.1) ist die ganze Strecke auch auf der Karte Aigüestortes–Vall de Boí (1:25000) von Editorial Alpina zu finden. (Diese Karte wird zusammen mit einem anderen Blatt in der Box Parc Nacional d'Aigüestortes i Estany de Sant Maurici verkauft.)
Die Etappen *12.1* und *12.2* werden auch von der Alpina-Karte Val d'Aran (1:40000) abgedeckt.

Etappenort Taüll

Info: Touristeninformation für das ganze Tal (in Barruera), Tel. 973 69 40 00, www.vall-boi.com, www.ribagorca.com (zum Landkreis).

Einen Internetzugang gibt es im Souvenirshop oberhalb der Bar Malador bei der Kirche Sant Climent. Supermarkt am Eingang des Dorfes, nächster Geldautomat in Boí oder in Pla de l'Ermita, oberhalb von Taüll.

Anreise: Mit dem Bus von Barcelona (umsteigen in Pont de Suert). 2 Verbindungen täglich, aber nicht am Wochenende. Von Taüll einmal täglich auch direkte Verbindung nach Vielha (Val d'Aran), durch den Tunnel. Fahrplan unter www.alsinagraells.com, Tel. 973 27 44 70. Taxi: Tel. 973 69 63 14 oder 629 205 489.

Übernachten (Auswahl): Empfehlenswert sind das *Hotel Rantiner* mit Frühstücksbuffet, Tel. 973 69 61 84, DZ inkl Frühstück: 60 Euro (im August 72 Euro), www.vallboi.com/hotelelrantiner, sowie das *Hostal Rural Santa Maria* mit einem schönen Innenhof und einem gemütlichen Wohnzimmer mit Kamin, Tel. 973 69 61 70 oder 609 316 233, geöffnet Juli bis Mitte Oktober, DZ: 80–95 Euro (inkl. Frühstück), www.taull.com. In einem neuen Haus ist das *Xalet de Taüll* untergebracht, Tel. 629 022 167, DZ: 77–97 Euro (inkl. Frühstück, im August müssen mindestens 4 Nächte gebucht werden), geöffnet Juni bis September, www.vallboi.com/xalettaull. Billiger sind die Wohnungen in der *Casa Moneny,* die vom Spezialitätenladen hinter der Kirche Santa Maria vermietet werden, Tel. 973 69 60 15, DZ: 46 Euro. Am Dorfplatz gelegen, einfach und sympathisch, ist die *Casa Xep.* Eine Küche steht zur Verfügung. Der Vermieter ist auch Bergführer und gibt gerne Tipps für Ausflüge, Tel. 973 69 60 54, DZ: 30 Euro. Eines des billigsten Angebote sind die einfachen Zimmer in der *Casa Llobet,* im Dorfkern, wenig oberhalb der Kirche, Tel. 973 69 60 32, DZ: 24 Euro.

Essen: Gut isst man im Restaurant *El Caliu,* das in einem Neubau an der Umfahrungsstraße oberhalb des Dorfes gelegen ist. Etwas Besonderes: Der Käseflan als Nachspeise. Zahlreiche weitere Möglichkeiten.

12.1 Ospitau de Vielha–Ref. Restanca

Charakter: Wanderung im alpinen Gelände durch eine einsame Gegend. In der zweiten Tageshälfte nur mit Steinmännchen markiert. Steiler Abstieg vom Colhada de Lac de Mar.

Varianten: Nach dem Pòrt de Rius kann man auf dem GR11 auch direkt bis zum Refugi Restanca wandern (durchgehend rot-weiß markiert, Zeitersparnis: 1.30 Std.).

Übernachten: *Refugi Restanca*, bewartet, Tel. 608 03 65 59, geöffnet von Mitte Juni bis Ende September, Matratzenlager: 11.60 Euro, www.restanca.com.

↗ 940 m ↘ 560 m

Wanderzeit:
Ospitau de Vielha–Pòrt de Rius: 2.10 Std.
Pòrt de Rius–Colhada de Lac de Mar: 2.10 Std.
Colhada de Lac de Mar–Refugi Restanca: 2 Std.
Total: 6.20 Std.

Beim Refugi von **Ospitau de Vielha** zeigt uns ein Wegweiser den Weg zum Pòrt de Rius hinauf (bis zum Pass rot-weiß markiert). Nach 10 Minuten kreuzen wir einen Weg und steigen an einzelnen stolzen Buchen vorbei sanft aufwärts. Nochmals 10 Minuten später mündet unser Pfad in einen breiteren Weg, dem wir bis zu einer kleinen Brücke folgen. Wir queren den Bach jedoch nicht, sondern steigen auf seiner rechten Seite weiter bergan. Kurz danach überqueren wir einen Seitenbach. Die zu Beginn noch dominanten Buchen werden immer mehr von Kiefern und Tannen abgelöst. Auf der nördlichen Seite des weiten Talkessels steigen wir durch immer felsigeres Gelände Richtung Pass. Nach ca. 1.30 Std. biegen wir bei einer Abzweigung rechts ab. Danach sind es nur noch wenige

Höhenmeter bis zum **Pòrt de Rius** (2340 m), von wo wir eine weite Aussicht zurück zum Tuc de Molières und zum Aneto genießen können. Auf dem Pass überqueren wir nochmals die Wasserscheide Atlantik–Mittelmeer und treten in die Randzone des Nationalparks Aigüestortes i Estany de Sant Maurici ein. Hinter dem Pass senkt sich der Weg kaum, sondern führt schon bald links (nördlich) des Lac de Rius vorbei. Der See ist die meiste Zeit halbleer. Kein schöner Anblick. Das Wasser wird in einem Tunnel zum Lac de Mar geleitet. Unmittelbar am westlichen Ende des Sees, 30 Minuten nach dem Pass, biegen wir rechts ab und verlassen den GR11 (ab hier nicht mehr rot-weiß markiert). Steinmännchen weisen uns den Weg an Granitblöcken und kleinen Tümpeln voller Kaulquappen vorbei zum Lac Tòrt de Rius. Auch sein Wasser wird abgezapft und zum Lac de Mar geleitet. Die auf der Landkarte riesige Seefläche trennt sich in Realität meist in zwei Seen auf. Wir wandern der ganzen Länge des Sees entlang. An seinem Ende folgt ein weiterer See, der Estany dera Colhada, der seinen natürlichen Wasserspiegel behalten durfte. Idyllisch liegt er umgeben von abgeschliffenen Granitfelsen in einer kleinen moorigen Ebene. Wir umgehen auch ihn auf seiner westlichen Seite (ein anderer Weg führt rechts am See vorbei) und steigen zwischen großen Granitblöcken zum **Colhada de Lac de Mar** (2502 m) auf. Unter uns liegt der türkisfarbene Lac de Mar mit seiner Insel, im Hintergrund vom Montardo überragt, der am nächsten Tag auf dem Programm steht.

Ein kurzer steiler Abstieg führt uns auf einem kleinen Pfad in 25 Minuten zum Lac

▲ ▲ ▲ Der Lac de Mar (Etappe 12.1). Im Hintergrund der Montardo, der während der Etappe 12.2 bestiegen wird.

◄ Hinter dem Pòrt de Rius müssen wir nur wenige Meter zum Lac de Rius absteigen.

▼ Beim Colhada de Lac de Mar werden die spitzen Nadeln der Punta d'Harlé sichtbar.

de Mar hinunter. An heißen Tagen wird man sich ein Bad im klaren Wasser nicht entgehen lassen. Bereits 1867 empfiehlt Charles Packe in seinem Bergführer einen Ausflug an den Lac de Mar. Packe schreibt, dass der See, den er für einen der größten der Pyrenäen hält, ziemlich unbekannt scheint und dass er ihm den Namen Lac de l'Isle (»See der Insel«) gegeben hat. Ein Name, der sich offenbar nicht durchgesetzt hat. Am südlichen Ende des Sees überqueren wir einen Bach und folgen danach dem rechten Seeufer in stetigem Auf und Ab (Steinmännchen). Gegen Ende des Sees biegen wir rechts ab und entfernen uns leicht ansteigend vom Lac de Mar. Durch ein kleines Tälchen erreichen wir einen Aussichtspunkt, der uns einen letzten Blick auf den See ermöglicht. Nach wenigen Minuten Abstieg erblicken wir den Lac dera Restanca und an seinem Ufer die Hütte, unser Tagesziel. Der Weg ist mit gelben Strichen markiert. Kurz bevor wir eine kleine Ebene erreichen, gilt es einen größeren Bach zu überqueren. Den gleichen Bach queren wir weiter unten, am Rande der moorigen Ebene, gleich nochmals, diesmal auf einer kleinen Brücke. Von hier geht es über eine weitere Geländestufe, an pittoresken Kiefern vorbei, steil hinunter zum See, den wir auf seiner rechten Seite bis zum **Refugi Restanca** (2010 m) umrunden. Die sympathische Hütte mit 80 Plätzen und warmen Duschen wurde erst 1990 eingerichtet. Zuvor wurde das Gebäude von der Kraftwerksgesellschaft genutzt.

12.2 Ref. Restanca– Ref. Ventosa i Calvell

Charakter: Wanderung im alpinen Gelände. Streckenweise nur mit Steinmännchen markiert. Eine kurze Etappe, die viel Zeit für ausgedehnte Pausen auf dem Gipfel oder an den Seen lässt.

Varianten: Den Montardo auslassen (Zeitersparnis: 1.45 Std.). In diesem Fall kann man in einem Tag auch bis Caldes de Boí oder gar bis Taüll gehen.

Übernachten: *Refugi Ventosa i Calvell*, bewartet, Tel. 973 29 70 90, geöffnet von Anfang Juni bis Ende September, Matratzenlager: 11.50 Euro, www.refugiventosa.com. Das Refugi bietet auch Lunchpakete zum Mitnehmen an.

↗ 880 m, ↘ 680 m

Wanderzeit:
Refugi Restanca–Coll de Crestada: 1.30 Std.
Coll de Crestada–Montardo 1 Std.
Montardo–Estany des Monges: 1 Std.
Estany des Monges–Ref. Ventosa i Calvell: 1.10 Std.
Total: 4.40 Std.

Unmittelbar am **Refugi Restanca** weist uns ein Wegweiser den Weg zum Montardo. Ohne Probleme erreichen wir auf dem guten Weg (als eine Variante des GR11 rotweiß markiert) in 40 Minuten den Lac deth Cap deth Pòrt. Wir wandern links um den See herum und danach, zum Schluss hin steiler, zum **Coll de Crestada** (2475 m, auch Coret d'Oelhacrestada genannt) hinauf. Auf dem Pass rückt der Estany de Monges in unser Blickfeld, hinter dem sich die Punta Alta erhebt. Wir überschreiten hier zum letzten Mal die Wasserscheide und kehren definitv in das Einzugsbebiet des Mittelmeeres zurück.

Wir betreten an dieser Stelle den **Nationalpark Aigüestortes i Estany de Sant Maurici.** Der Park wurde 1955 gegründet und dann 1988 und 1996 von 9851 auf 14 119 Hektar vergrößert. Mit über 200

Seen und Feuchtebenen, die von den Bächen mit vielen Mäandern durchflossen
werden (daher der Name Aigüestortes – gewundene Wasser), spielt das Wasser im
Schutzgebiet ein wichtige Rolle. In der von
Gletschern geformten Granitlandschaft
wachsen auch hier in den unteren Lagen
Tannen und Waldkiefern, in den höheren
Lagen die anspruchslose Bergkiefer. Von
den Tieren ist am ehesten noch die Pyrenäengämse zu beobachten. Auerhahn,
Schneehuhn, Hermelin usw. gibt es zwar
auch, man bekommt diese scheuen Tiere
aber kaum zu Gesicht. Das häufigste Reptil
ist die giftige Aspisviper, von der aber keine große Gefahr ausgeht, da sie flieht, sobald sie einen Menschen sieht. Nähert sich
Ihnen eine Viper, so hat sie Sie noch nicht
bemerkt. Eine Bewegung genügt, um sie in
die Flucht zu schlagen.
Im Park ist es verboten zu zelten und
außerhalb der Hütten zu übernachten. Ba-

▲ **Morgenstimmung am Lac
deth Cap deth Pòrt. Im Hintergrund die Serra de Rius.**

den, fischen, Feuer machen oder nicht an-
geleinte Hunde mitzunehmen ist ebenfalls
nicht erlaubt. Besucherzentren des Nationalparks gibt es in Boí und Espot, Website:
www.parcsdecatalunya.net/aiguestortes.htm
(katalanisch) oder www.mma.es/parques/
lared/aigues (spanisch).

Vom Pass steigen wir nur wenig ab und
halten links Richtung Colomers (Wegweiser). 5 Minuten nach dem Pass biegen
wir am Ende einer moorigen Wiese links
auf eine deutlich sichtbare Pfadspur ab (ab
hier nicht mehr rot-weiß markiert, dafür
Steinmännchen). Wer will, kann hier den
Rucksack deponieren – beim Abstieg werden wir hier wieder vorbeikommen. Auf
dem Pfad steigen wir ohne Probleme zu einem Pass auf (2716 m). Erst hier sehen wir
den Gipfel, den wir zuerst flach, später
nochmals steil ansteigend über die östliche Flanke erreichen. Vom **Montardo**
(2833 m) genießen wir eine weite Rundsicht. Unter uns liegen im Norden das
Dorf Artiés und das Val d'Aran. Im Westen
sind das Maladeta-Massiv und die Gipfel,
die wir auf der 11. Etappe erklommen haben (Sauvegarde, Molières), sichtbar. Im
Osten und Süden wird die Sicht von den
Granitbergen des Aigüestortes-National-
parkes beherrscht. Ebenfalls im Osten bemerken wir die weite Ebene des Bonaigua-
Passes, der das Val d'Aran mit dem
restlichen Spanien verbindet. Der Montardo ist trotz seiner bescheidenen Höhe derart dominant, dass im 19. Jahrhundert
noch das ganze Massiv bis zu den Encantats nach ihm benannt wurde. Zu dieser
Zeit musste man noch über einen Gletscher zum Gipfel aufsteigen. Auf der Auf-
stiegsroute steigen wir wieder bis zum

GR11 ab. Wir folgen dem Weg nur wenige
Meter nach rechts Richtung Coll de Crestada und können dann links auf einen anderen Pfad abbiegen. Kurz darauf erreichen wir das Ufer des glasklaren **Estany
des Monges** (2420 m). Später verlassen wir
den See nach links und steigen an einem
kleinen See vorbei zum Estany des Manga-
des ab, den wir links liegen lassen (gelbe
Markierungen). Um zum Refugi Ventosa i
Calvell zu gelangen, gibt es danach verschiedene Möglichkeiten (auf der Karte
eingezeichnet). Wir wählen die linke Variante, die uns am Fuß der Travessani-Na-
deln an zwei weiteren Seen vorbei zum
Estany Clot führt, an dessen südlichem
Ende wir den Bach überqueren. Weit oberhalb des Estany de Travessani wandern wir
sanft abwärts, bis wir den Bach erreichen,
der den Travessani-See entwässert. Wir
überqueren an dieser Stelle den Bach
nicht, sondern halten nach links und queren bis zum **Refugi Ventosa i Calvell**
(2220 m). Die Hütte liegt aussichtsreich
oberhalb des Estany Negre. Bei vollem
Haus wird auch noch das Esszimmer in einen Schlafsaal umfunktioniert.
Das Refugi Ventosa i Calvell befindet sich
auf der Strecke der **Carros de Foc**, die alle
neun Hütten des Nationalparks unterein-
ander verbindet. So genannte *Sky Runners*
rennen die 60 Kilometer lange Strecke mit
9200 Metern Höhenunterschied zwischen
dem 30. August und dem 20. September
in weniger als 24 Stunden. Jeder startet
wann und wo er will. Für Wandernde, die
sich mehr Zeit gönnen mögen, gibt es
während der ganzen Sommersaison auch
eine »Open«-Kategorie. Bei jedem Refugi
bekommt man einen Stempel und zum
Schluss ein kleines Geschenk. Anmeldung

und Information www.carrosdefoc.com (hier auch Infos über alle Hütten des Parks).

▲ Einer der unzähligen Frösche, die sich in den unzähligen Seen des Nationalparks tummeln.

12.3 Refugi Ventosa i Calvell-Taüll

Charakter: Einfache Wanderung durch verschiedene Vegetationszonen das Tal hinunter.

Varianten: Man kann die Etappe auch in den Caldes de Boí für ein Bad oder einen Kuraufenthalt unterbrechen.

Übernachten/Essen: Caldes de Boí: Die gesamte Anlage ist nur von Anfang Juni bis Ende September geöffnet. Info zu Hotels und Bad: www.caldesdeboi.com. *Hotel Manantial,* modernes Gebäude mit großer Lounge und Balkon: Tel. 973 69 62 20, DZ: inkl. Halbpension: 85 Euro p. P. (im August 102.17 Euro). *Hotel Caldas,* im historischen Gebäude: Tel. 973 69 62 30, DZ: inkl. Halbpension: 65.65 Euro p. P. (im August 81.40 Euro). Beide Hotels haben ein Restaurant, wo aber bloß Tagesmenüs serviert werden. Den Kurgästen wird ein umfangreiches Unterhaltungsprogramm geboten.

Pont de Boí: *Hostal-Restaurant Pasqual:* Tel. 973 69 60 14, geöffnet von Ostern bis Ende September, DZ: 34–46 Euro.
Boí: (Supermarkt, Bank), diverse Übernachtungsmöglichkeiten, z. B. *Hotel Pey,* am Hauptplatz gelegen, Tel. 973 69 60 36, DZ: 58 Euro (im Hostal: 48 Euro).
Etappenort Taüll: siehe S. 73.

↗ 300 m, ↘ 1020 m

Wanderzeit:
Ref. Ventosa i Calvell–Staumauer Cavallers: 1.45 Std.
Staumauer Cavallers–Caldes de Boí: 1 Std.
Caldes de Boí–Boí: 1.30 Std.
Boí–Taüll: 0.45 Std.
Total: 5 Std.

Vom **Refugi Ventosa i Calvell** folgen wir dem Wegweiser Richtung Cavallers. Wir überqueren den Bach, der den Travessani-See entwässert, und steigen sanft abwärts. Der Weg (mit gelben Pfosten markiert) führt uns durch eine raue, wild romantische Landschaft mit vom Gletscher geschliffenen Granitfelsen, auf denen sich hartnäckig Kiefern behaupten. Nachdem wir über einen breiten Granitrücken abgestiegen sind, überqueren wir wenig oberhalb des Talbodens den Ausfluss des Estany Negre auf einer Holzbrücke. Kurz darauf lassen wir die Abzweigung zum Besiberri rechts liegen und wandern flach das Tal hinaus und anschließend dem Stausee Estany de Cavallers entlang bis zur mächtigen **Staumauer** (1783 m). Seit den 1950erJahren nutzt die Firma ENHER die Wasserkraft im Boí-Tal. Der Einzug der Kraftwerkbetreiber und der Bau der Straße von Pont de Suert bis zum Stausee hat das Leben im abgeschiedenen Tal stark verändert.
Bei der Staumauer folgen wir dem Weg noch für 100 Meter geradeaus und biegen dann rechts ab, auf einen Fußweg, der hinunterführt. Wir erreichen einen Parkplatz, auf dem wir nach rechts zur Staumauer zurückgehen. Am Ende des Parkplatzes können wir über eine Metalltreppe bis an den Fuß der Mauer hinuntersteigen. Über einen weiteren Parkplatz gelangen wir zur Straße, der wir, an den verlassenen Gebäuden der ENHER vorbei, bis zur ersten Haarnadelkurve folgen. Hier verlassen wir die Straße, steigen noch ca. 30 Meter ab, überqueren danach den Bach und erkennen auf der großen Wiese wieder den Fußpfad (wieder mit gelben Pfosten markiert). Der Weg folgt nun immer dem Noguera de Tor, der trotz Staumauer noch einen sehr lebendigen Eindruck macht. Kurz hinter einem Jugendcamp kommen wir zur Straße zurück. Hier steht ein kleines Info-Center der Parkverwaltung, welches zur Hauptsaison Informationen verteilt und Fragen beantwortet. Von hier wandern wir in wenigen Minuten auf der Straße bis zu den **Caldes de Boí** (1470 m). (Auf den Karten ist auch ein Weg auf der anderen Flussseite eingezeichnet, der jedoch nicht mehr begehbar ist.) Auch wer gleich weiter wandern möchte, sollte bei den Caldes de Boí den Fluss überqueren, um die Wanderung auf rechten Flussseite fortzuführen.

Die **Caldes de Boí,** vermutlich bereits von den Römern benutzt, sind heute ein nobles Thermalbad. Im 24 Hektar großen Park gibt es zwei Hotels. Das einfachere Hotel Caldes ist in einem historischen Gebäudekomplex aus dem 17. Jahrhundert untergebracht. Im selben Komplex, der von den Herren von Erill erbaut wurde, befindet sich auch die Kirche Mare de Déu de Caldes. Daneben steht das weitaus größere und moderne Viersternehotel El Manantial. Für die Hotelgäste stehen ein Freibad mit diversen Becken, ein Hallenbad, eine Minigolfanlage usw. zur Verfügung. Im öffentlich zugänglichen Park befinden sich gleich mehrere der insgesamt 37 Quellen, die eine Temperatur zwischen 4 und 56 Grad Celsius aufweisen. Auch das eigentliche Bad (geöffnet von 8 bis 13.30 und 17 bis 20 Uhr) steht Tagesbesuchern offen. Zum Beispiel kann man für die allgemeine

▼ Knorrige Kiefern behaupten sich in der rauen Landschaft oberhalb des Estany de Cavallers.

12
Ospitau de
Vielha–Taüll

Entspannung einen so genannten »Circuit Termalico« machen, in dem man durch Dampfbäder, Jacuzzis und diverse Duschen geschleust wird. Mehr Infos auf www.caldesdeboi.com.

Um auf den Weg Richtung Boí zu gelangen, muss man durch die Parkanlage gehen. An ihrem unteren Ende beginnt der breite Weg (Wegweiser Fonts Ferro). Kurz darauf weist uns eine Infotafel den Weg nach Erill la Vall. Unmittelbar bei dieser Tafel gehen wir links. Wir kommen ganz in der Nähe der Anlange vorbei, in der das Thermalwasser in Flaschen abgefüllt wird. Bei einer Abzweigung halten wir nach rechts und steigen einige Meter aufwärts (rote Markierungen). Auf einer Holzbrücke überqueren wir den Barranc de la Montanyeta, halten 100 Meter danach bei einer Abzweigung nach links und wandern durch einen Buchsbaumwald weiter das

Tal hinaus. Später kommen wir aus dem Wald heraus. Nach links wird der Blick frei ins Tal von Sant Nicolau. Unmittelbar nach einer Bachüberquerung gehen wir links hinunter (immer noch rot markiert) und folgen der Stromleitung. Beim Pont de Boí erreichen wir das Hostal-Restaurant Pasqual. Wir überqueren die Brücke und folgen danach der Straße nach rechts, auf der wir nach einer Viertelstunde **Boí** (1263 m, span. Bohi) erreichen. Der alte Dorfkern liegt gut versteckt hinter neueren Bauten. Dennoch sollte man hier einen kurzen Halt einlegen, um die neu eröffnete Casa del Parc und die romanische Kirche zu besuchen. Der Eingang zum Nationalparkhaus befindet sich hinter dem Stadttor in der kleinen Altstadt. Im Haus wird eine Ausstellung zu Flora und Fauna der Pyrenäen gezeigt, diverse Führer und Karten sind erhältlich. Das Personal gibt kompetent Auskunft.

Boí und das ganze Tal liegen im Landkreis (Comarca) **Alta Ribagorça**, mit einer Bevölkerungsdichte von bloß 8,5 Personen pro Quadratkilometer. Alle Dörfer des Tals sind zu einer politischen Gemeinde zusammengefasst (Vall de Boí), die rund 900 Einwohner zählt. Der Landkreis wurde zwar erst 1988 geschaffen, doch die Grafschaft Ribagorça ist seit dem 9. Jahrhundert bekannt, als das Gebiet unter die Fittiche des Grafen Wilhelm von Toulouse, eines Cousins von Karl dem Großen, kam. Als eine der wenigen Regionen Spaniens war das Gebiet nie von den Mauren besetzt, sondern bloß bis ins Jahr 806 für eine kurze Zeit tributpflichtig. Als der Einfluss der Frankenkönige zurückging, wurde die Grafschaft unabhängig und gehörte später abwechselnd zu Aragón, Navarra und zur Grafschaft Barcelona. Wie alte Namen belegen (z. B. der Berg Besiberri) war das Gebiet ursprünglich von einer baskisch-pyrenäischen Bevölkerung bewohnt, zu der sich aber immer mehr Siedler hispano-romanischen Ursprungs gesellten. Bis ins 11. Jahrhundert sprach man hier noch Baskisch.

Weiterhum bekannt ist das Tal für seine **romanischen Kirchen.** Es ist schon verwunderlich, wie in einem derart abgelegenen Tal derart viele herausragende Kunstwerke geschaffen werden konnten. Das Tal profitierte vom plötzlichen Reichtum, welcher der Grafschaft durch die Beteiligung an der aragonesischen Rückeroberung von Zaragoza und anderen Städten am Ebro zu Beginn des 12. Jahrhunderts zufiel. Bei den Kirchen handelt es sich zwar um relativ einfache Dorfkirchen aus dem 12. Jahrhundert, einer Zeit, in der dieser Baustil in anderen Gegenden bereits nicht mehr in Mode war, doch sind insbesondere die Fresken, die zu den bedeutendsten der ganzen Pyrenäen gehören und zu großen Teilen erhalten werden konnten, einzigartig. Man bekommt hier eine Vorstellung davon, wie romanische Kirchen aussahen, als sie noch bemalt waren. Neun der Kirchen sind seit dem Jahr 2000 von der UNESCO als Weltkulturerbe anerkannt. In Erill la Vall soll schon bald ein Besucherzentrum entstehen. Doch bereits heute bewirkt das UNESCO-Label stetig steigende Besucherzahlen.

Die **Kirche Sant Joan de Boí** (Eintritt) gehört zum Weltkulturerbe und beherbergt einige Fresken. Was heute sichtbar ist, sind jedoch Reproduktionen. Die Originale befinden sich, wie im Fall der Kirchen von

◄ Kurnächte in den Caldes de Boí.

▼ Die Kirche Sant Joan de Boí gehört zusammen mit den anderen Kirchen des Boí-Tales zum Weltkulturerbe der UNESCO.

12
Ospitau de Vielha–Taüll

Taüll, im Katalanischen Kunstmuseum in Barcelona. Die Farben, die in Boí verwendet wurden, hatten noch nicht die Qualität wie diejenigen in Taüll. Im Gegensatz zu den anderen Kirchen sind dafür hier auch noch Fresken an der Außenwand erhalten.

Vom Hauptplatz folgen wir noch wenige Meter der Hauptstraße, um danach links abzubiegen (bis Taüll rot-weiß markiert). Wir kreuzen im Dorf nochmals die Straße und gehen danach auf einem alten Fußweg bergan. Der Weg führt beim Aufstieg nochmals an der Straße vorbei, kürzt danach weitere Kehren ab und mündet erst kurz vor dem Dorf wieder auf die Straße. Hier folgen wir ihr nach rechts und gelangen kurz nach dem Campingplatz zur Kir-che San Climent de Taüll, die dem Dorf vorgelagert ist.

Sant Climent de Taüll (Eintritt) ist wohl die schönste und bekannteste aller Kirchen des Boí-Tales. Sie wurde am 10. Dezember 1123 geweiht und wird von ihrem schlanken, sechsstöckigen Turm überragt. Der Bau ist eine einfache, dreischiffige Basilika ohne Querschiff. Die Freske (bzw. die Kopie) in der Hauptapsis ist ein Höhepunkt der romanischen Malerei. Dargestellt wird ein Christus Pantokrator (»Allherrscher«). In seiner linken Hand trägt er ein Buch mit der Inschrift *Ego Sum Lux Mundi* (»Ich bin das Licht der Welt«). Rechts und links von ihm stehen die Buchstaben Alpha und Omega, Symbol dafür, dass Christus der Beginn und das

Ende aller Dinge ist. Die Farben von außerordentlicher Qualität wurden importiert. Um den besten Effekt zu erreichen, wurden sie in mehreren Schichten aufgetragen.

Von Sant Climent sind es nur noch wenige Meter bis ins Dorf **Taüll** (1500 m). Hier wurde in den vergangenen Jahren massiv investiert. Am Dorfrand stehen viele Neubauten, der alte Kern wurde zu großen Teilen renoviert.

Die Pfarrkirche **Santa Maria** wurde nur einen Tag nach Sant Climent, am 11. Dezember 1123, geweiht. Der Grundriss ist demjenigen von Sant Climent sehr ähnlich, doch war die Kirche lange Zeit mit barocken Seitenkapellen verstellt und die Fresken waren nicht sichtbar. Mit der Renovation wurde ihr ursprünglicher Zustand wiederhergestellt. Im Gegensatz zu anderen Kirchen, wo nur die Apsiden mit Fresken bemalt sind, waren hier anscheinend alle Wände und auch die Säulen bemalt. Vieles ist noch erhalten, unter anderem die Hauptapsis mit der Mutter Gottes und den drei Königen.

◄ **Dreieinigkeit in Taüll. Im Hintergrund die drei Apsiden der Kirche Sant Climent de Taüll.**

12
Ospitau de
Vielha–Taüll

Der fruchtbare Einfluss des Islams

Zu Beginn des 2. Jahrtausends n. Chr. war Europa im Aufbruch. Der Handel begann sich zu entwickeln, große Märkte fanden statt, Papst Gregor VII. führte Reformen durch und stärkte die römische Kirche, die sich 1054 definitiv von der byzantinischen Kirche trennte. Mit den Kreuzzügen wurde 1099 Jerusalem erobert, welches sich danach für beinahe 100 Jahre in christlicher Hand befand. Auf der Iberischen Halbinsel war die Reconquista, die (Rück-)Eroberung der islamisch besetzten Gebiete, in Gang.

Bereits am Ende des 8. Jahrhunderts entstand unter dem Schutz Karls des Großen am Südrand der östlichen Pyrenäen die Spanische Mark mit den Grafschaften Girona, Cerdanya und Urgell. Später wurde auch Barcelona von den Mauren befreit und das Gebiet 878 unter Wilfried dem Behaarten vereint. Nachdem Barcelona 985 ein letztes Mal durch die Mauren geplündert worden war, begann in dem Gebiet eine Zeit der politischen Stabilität und relativen Ruhe, in der die Wissenschaft eine Blüte erlebte, wobei die Klöster von Ripoll und Vic eine wichtige Rolle spielten. Die Nähe zur arabischen Welt und ihren Gelehrten war auf der Iberischen Halbinsel äußerst fruchtbar. In Ripoll wurden zahlreiche arabische Texte übersetzt, wodurch das große Wissen der Moslems für den rückständigen christlichen Kulturbereich nutzbar wurde. In der weit herum berühmten Bibliothek war neben theologischen Werken auch wissenschaftliche Literatur von arabischen, griechischen und hebräischen Gelehrten zu finden. Auch die Buchmalerei, in der Ripoll ebenfalls führend war, wurde von nordafrikanisch-koptischen sowie von mozarabischen Einflüssen geprägt (Mozaraber waren Christen, die unter der islamischen Herrschaft auf der Iberischen Halbinsel die Sprache und Schrift der Moslems übernahmen, aber ihre Religion beibehielten). Gerbert von Aurillac hatte das Glück, in jungen Jahren in Vic und Ripoll zu studieren. Er kam dort mit der arabischen Wissenschaft in Berührung und über sie mit der aristotelischen Logik, der Astronomie, Geometrie und Mathematik. Gerbert von Aurillac, 999 als Silvester II. zum Papst ernannt, führte in unserem Kulturkreis die arabischen Ziffern ein.

Auch das Denken und Werk des großen katalanischen Philosophen Ramón Llull wuchs an der Schnittstelle von Christentum und Islam. In der Mitte des 13. Jahrhunderts ließ sich Llull von einem freigelassenen früheren arabischen Sklaven, mit dem er 10 Jahre zurückgezogen lebte, unterrichten. Die arabische Sprache, die er bereits früher erlernt hatte, ermöglichte ihm den Zugang zum ara-

◄ Auch das Denken von Ramon Llull, einem der größten Philosophen des Mittelalters, wurde vom Islam beeinflusst. (Das Gemälde aus dem 15. Jahrhundert stammt von Pere Terrencs.)

▼ Die Klosterkirche Santa Maria de Ripoll war im Mittelalter das geistige Zentrum Altkataloniens und verfügte über eine berühmte Schreibschule. Das Portal der Kirche mit seinen vielen Szenen aus dem Alten und dem Neuen Testament bekam den Übernamen Steinerne Bibel.

bischen Wissen. Als er später über Erziehungsfragen schrieb, forderte er, dass alle Kinder des christlichen Abendlandes Einblick in die Welt des Islams und des Judentums erhalten sollten, denn die Augen des Menschen müssten aufgetan werden für die göttliche Schönheit anderer, fremder Welten. In seinem Werk *Der Heide und die drei Weisen* sind die drei Weisen (ein Jude, ein Christ und ein Moslem) vom gemeinsamen Wunsch beseelt, die Grundlage für eine universelle Religion zu finden, denn sie sind davon überzeugt, dass die Gestaltung des Gemeinwesens und die Beziehungen zwischen Staaten nur harmonisch sein können, wenn eine solche gemeinsame Grundlage gefunden wird.

Zu Beginn des 11. Jahrhunderts wurde die ganze Region von einem regelrechten Baufieber erfasst, und es wurden – vorangetrieben von den Klöstern – rund 2500 Kirchen im romanischen Baustil erbaut. In keiner anderen Gegend ist die Dichte an romanischen Bauwerken so groß wie in Katalonien. Selbst im kleinsten und entlegensten Bergdorf findet sich eine romanische Kirche aus dem 11. oder 12. Jahrhundert. Es galt, zerstörte Kirchen zu ersetzen oder für die wachsende Bevölkerung größere Gotteshäuser zu bauen. Auch mussten bestehende Gotteshäuser, in welchen früher die Messen mit der westgotischen oder mozarabischen Liturgie gefeiert worden waren, für die römische Liturgie, die eine größere Chorpartie erforderte, umgebaut werden. Ein wegweisender Bau war das Kloster von St.-Martin-du-Canigou (siehe auch Etappe 19), dessen Kirche bereits im Jahr 1009 geweiht und als erster Bau der Nachantike in Europa in allen Raumteilen vollständig eingewölbt wurde. Die Bauherrschaft übernahmen oft lombardische

Baumeister, die den ostromanischen Stil, der auch *premier art roman* genannt wurde, prägten. Typisch für diesen Stil, der in ganz Katalonien Verbreitung fand, waren glatte Wandflächen, kleine Blendarkaden unterhalb des Dachansatzes, sowie die dunkle Atmosphäre der Innenräume. Von Katalonien und nicht etwa direkt von Italien gelangte diese frühe Romanik bis in die Provence.

Den wichtigsten Beitrag zur europäischen Romanik steuerte Katalonien aber im Gebiet der Malerei bei. In keiner anderen Gegend Europas konnten so viele romanische Fresken erhalten werden. Die geretteten Malereien stammen meist aus kleinen, einfachen Dorfkirchen. Umso mehr erstaunt der große künstlerische Wert der Fresken, der seinesgleichen sucht. Der Stil war stark von der byzantinischen, zu einem geringeren Teil auch von der mozarabischen Kunst beeinflusst.

Über Jahrhunderte wurden die romanischen Kunstwerke in Katalonien kaum wahrgenommen. Viele von ihnen wurden im Rahmen von Erneuerungen überdeckt oder verfielen. Es war ein amerikanischer Kunsthändler, der zu Beginn des 20. Jahrhunderts für einen Spottpreis den halben Kreuzgang des Klosters von St.-Michel-de-Cuxa erwarb. 1924 wurde der Kreuzgang von St.-Génis-des-Fontaines an das Museum in Philadelphia verkauft. Die spanischen Katalanen reagierten auf diesen Ausverkauf am schnellsten. Das Kunstmuseum von Barcelona konnte die von einer internationalen Gruppe von Antiquitätenhändlern herausgearbeiteten Fresken der Kirchen im Boí-Tal 1920 erwerben und so das wichtige Kulturgut in katalanischem Besitz behalten. In den meisten Kirchen sind an den Wänden seither Kopien zu sehen. Die meisten romanischen Fresken Kataloniens sind heute im Museu Nacional d'Art de Catalunya in Barcelona zu bewundern. Leider werden die Malereien in einem Museum nie die gleiche Ausstrahlung erreichen wie an ihrem Originalstandort. Ein Besuch des Museums ist aber dennoch zu empfehlen. Weitere romanische Kunstwerke der Pyrenäen finden sich in den Museen von la Seu de Urgell, Vic und Jaca.

▼ Der Christus Pantokrator aus der Kirche Sant Climent de Taüll (geweiht 1123). Der Name des Malers ist unbekannt, doch wird angenommen, dass er aus dem Ausland, vermutlich aus Italien, stammte, wo er von der byzantinischen Tradition beeinflusst wurde.

EIN CHAOS AUS GRANIT UND BLAUEN PUNKTEN

In vier Tagen von Taüll nach Rialp

Während vier Tagen durchstreifen wir (nochmals) den Aigüestortes-Nationalpark. Auf dem Weg kommen wir an den »gewundenen Wassern« und am Estany de Sant Maurici vorbei, die dem Park seinen Namen gegeben haben. Am letzten Tag verlassen wir die steinreiche Gegend und wandern über weite Weiden ins Tal.

13

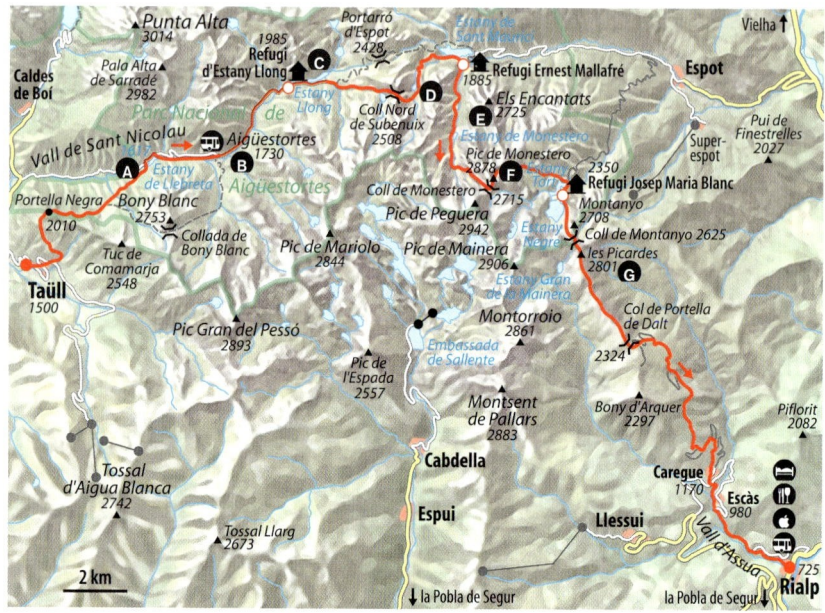

Sehenswertes:

A Estany de Llebreta
B Aigüestortes
C Estany Llong
D Estany Xic de Subenuix

E Die Encantats
F Sicht vom Pic de Monestero
G Sicht von les Picardes

Charakter: Anspruchsvolle Wanderung im alpinen Gelände. Oft auf unmarkierten Wegen oder weglos. Die Orientierung ist nicht immer einfach, doch die Szenerie fantastisch.

Varianten: Das Refugi Josep M. Blanc kann auch von Taüll (über den Port de Rus, als GR 11-20 rot-weiß markiert) oder vom Refugi d'Estany Llong (über Colladeta de Dellui) via die Colomina-Hütte (Tel. 973 25 20 00) erreicht werden.

Karten: Die (beinahe) gesamte Strecke *(13.1 bis 13.4)* wird von der Karte Parc Nacional d'Aigüestortes i Estany de Sant Maurici vom Institut Cartogràfic de Catalunya (1:25000) abgedeckt.
Für die Etappen *13.1 bis 13.3* eignen sich auch die Karten Aigüestortes–Vall de Boí und Estany de Sant Maurici–Encantats (1:25000) von Editorial Alpina. (Diese Karten werden zusammen in der Box Parc Nacional d'Aigüestortes i Estany de Sant Maurici verkauft.) Ebenfalls abgedeckt wird dieses Teilstück von der Mapa excursionista Pica d'Estats–Aneto (1:50000) von Éditions Rando.
Der letzte Teil der Etappe *13.4* wird bloß von der Mapa comarcal Pallars-Sobirà (1:50000, Institut Cartogràfic de Catalunya) abgedeckt, die aber nicht überall erhältlich ist. Mit etwas Orientierungsvermögen kann dieses Teilstück aber auch anhand der Beschreibung in diesem Buch gewandert werden.

Etappenort Rialp

Info: Touristeninformation für den ganzen Landkreis Pallars Sobirà in Sort, Tel. 973 62 10 02, www.noguerapallaresa.com (auch auf Englisch). Zum Dorf Rialp: http://rialp.ddl.net.

In Rialp gibt es eine Bank, diverse Lebensmittelläden, Apotheken usw.

Anreise: Täglich eine direkte Busverbindung nach und von Barcelona. Fahrplan unter www.alsinagraells.com, Tel. 973 27 44 70. Ebenfalls direkte Verbindungen nach Lleida, Tremp und im Sommer nach Vielha (über den Bonaigua-Pass). Von Sort (4 km von Rialp) zweimal täglich Querverbindung nach la Seu d'Urgell. Taxi: Tel. 973 62 02 77 oder Tel. 610 95 20 01.

Übernachten: *Hotel Victor,* direkt an der Straße, aber mit allem, was es braucht. Das Hotel hat ein paar 100 Meter entfernt gar ein eigenes Schwimmbad, Tel. 973 62 03 79, DZ: 52 Euro, www.spainmountains.com/hotelvictor. Etwas nobler und ziemlich groß ist das *Hotel Condes del Pallars* mit einem kleinen Park mit Schwimmbad und Tennisplatz. Großes Frühstücksbüffet, Tel. 973 62 03 50, DZ: inkl. Frühstück: 104 Euro, www.condesdelpallars.com/hcondes.

Essen: Diverse Restaurants. Empfehlenswert: *El Castell* im oberen Teil des alten Dorfkerns.

13
Taüll–Rialp

13.1 Taüll–Refugi d'Estany Llong

Charakter: Wanderung über Weiden, durch Wälder, an Bächen und einem See entlang. Teilweise schwierige Orientierung im Abstieg zum Estany de Llebreta.

Varianten:

- Bis nach Aigüestortes (oder auch nur bis zum Estany de Llebreta) kann man von Boí aus auch mit den Sammeltaxis vom Nationalpark fahren. Die Taxis fahren in regelmäßigen Abständen von 8 bis 19 Uhr (oder sobald der Wagen voll ist) ab Boí. 4 Euro p. P. für einen Weg. Tel. 973 69 63 14 oder 629 205 489.

- Um den Tag mit einer schönen Aussicht zu krönen, kann man beim Abstieg von der Portella Negra auch nach rechts abbiegen (siehe Vermerk im Text) und über den Collado del Bony Blanc den Bony Blanc (2753 m) besteigen. Die letzten Höhenmeter zum Pass sind steiles und steiniges Wiesengelände. Für die Besteigung des Gipfels leicht auf der Westseite des Grates ausholen. Der Abstieg vom Pass ist problemlos und folgt immer dem Canal Seca und später dem rechten Ufer des Barranc de Llacs. Die Tour ist unmarkiert und meist weglos. Eine gute Orientierungsfähigkeit im Gelände ist notwendig. Ca. 1.30 Std. länger als die beschriebene Variante.

- Eine viel versprechende Alternative (die wir nicht ausprobiert haben, die uns aber empfohlen wurde) ist es, die Ebene von Aigüestortes über den Estany Gran del Pessó und den Collado del Montanyó (2655 m) zu erreichen. Der Abstieg vom Pass führt zu Beginn über eine steile Geröllhalde.

Übernachten: Für alle Etappen gilt: Die Hütten im Nationalpark sind oft ausgebucht. Unbedingt frühzeitig reservieren! *Refugi d'Estany Llong*, bewartet, Tel. 00882 1650 1000 90 (Satellitentelefon in der Hütte. Die Übernachtung kann notfalls über andere Hütten reserviert werden. Außerhalb der Saison: Tel. 629 37 46 52), geöffnet von Anfang Juni bis Mitte Oktober, Matratzenlager: 6.10 Euro.

↗ 1230 m, ↘ 540 m

Wanderzeit:
Taüll–Portella Negra: 1.40 Std.
Portella Negra–Estany de Llebreta: 1.50 Std.
Estany de Llebreta–Aigüestortes: 0.50 Std.
Aigüestortes–Refugi d'Estany Llong: 1.10 Std.
Total: 5.30 Std.

Auf dem Dorfplatz in **Taüll** gehen wir rechts an der Bar de la Plaça vorbei und biegen nach 10 Metern (roter Hydrant) links ab (aufwärts). Kurz danach überqueren wir die Umfahrungsstraße und gehen auf der anderen Straßenseite auf einem rot-weiß markierten Pfad weiter bergan. Nach wenigen Minuten kreuzen wir die Straße bei einer Art Werkgebäude nochmals. Die Straße führt nach Pla de l'Ermita, einem neuen Ortsteil mit vielen Ferienwohnungen und Hotels, und weiter zum Skigebiet von Taüll. Auf der anderen Straßenseite zieht unser Weg zwischen zwei Mauern bergauf (Wegweiser Llebreta). Der Pfad hält nach rechts und führt in 15 Minuten zu einem kleinen Bach. Bei einer Steinmauer macht er eine scharfe Linkskurve, führt wieder vom Bach weg und sanft gegen Westen bergan. Bald darauf erreichen wir eine Anhöhe, die uns eine schöne Sicht nach Taüll hinunter erlaubt. Wir behalten die Richtung (der Weg ist – etwas sparsam – mit gelben Pfosten markiert), traversieren eine kleine Ebene, und gehen danach weiter sanft aufwärts. Achtung: Ca. 10 Minuten nach der kleinen Ebene müssen wir unmittelbar vor einem Rinnsal den Weg (auf dem ebenfalls Steinmännchen stehen) steil hinauf nach rechts verlassen. Kurz danach bestätigen uns gelbe Pfosten, dass wir auf dem richtigen Pfad sind. Der Weg steigt nun stärker an und führt uns bis zu einer markanten Schulter. Von hier geht es nach rechts, links des felsigen Grates, weiter bergauf. Wir überqueren den Grat nicht, sondern halten später nach links und wandern im Kiefernwald um den Bergrücken herum ins Tal von Sant Nicolau. Bei der **Portella Negra** (2100 m), einer Felsscharte, betre-

ten wir wieder das Gebiet des National-
parks (siehe S. 76 ff). Von hier geht es nun
auf einem angenehmen, von Rhododendren und Kiefern gesäumten Pfad sanft abwärts. Der Estany de Llebreta ist bereits
sichtbar. Gegen Nordwesten wird die Sicht
vom Besiberri-Massiv dominiert. Nach einem kleinen Wiesenpass gehen wir auf
eine grasige Ebene hinunter bis zu einem
Wegweiser. (Wer die Variante über den
Bony Blanc wandern möchte, muss hier
nach rechts abbiegen.) Wir gehen geradeaus auf einer schwach ausgeprägten Schulter, im rechten Winkel zum Tal, abwärts.
Der Pfad ist nun oft kaum sichtbar oder
überhaupt nicht vorhanden, es gilt deshalb konsequent den gelben Pfosten zu
folgen (und wenn man lange Zeit keinen
erblickt, kehrt man besser um). Der Kiefernbestand wird immer dichter. In einem
kurzen Flachstück halten wir stark nach
rechts (Steinmännchen) und gehen kurz

▲ ▲ ▲ Blick auf den Estany
Negre de Peguera beim Aufstieg zum Coll de Montanyo
(Etappe 13.4). Er ist mit 70
Metern der tiefste der über
200 Seen des Nationalparks
(und wäre auch ohne die kleinen Staumauern ein richtiger
See). Im Hintergrund in der
Mitte der Pic de Monestero,
der in der Etappe 13.3 bestiegen wird.

▲ ▲ Beim Aufstieg vom Estany de Llebreta nach Aigüestortes kommen wir an der
Cascada de Sant Esperit vorbei (Etappe 13.1).

▲ Das Becken des Estany de
Llebreta ist wie bei allen anderen Seen der Region durch
den Gletscher geschaffen worden. Der See weist eine reiche
Wasserflora auf und ist Heimat
vieler Wasservögel und
Amphibien.

darauf links oberhalb einer großen Doline vorbei. Achtung: 40 Meter nach der Doline biegen wir rechts ab und verlassen die größere Pfadspur (gelbe Pfosten). Wir queren den steilen Hang, meist im Wald, auf einem kleinen Pfad. Auch hier sind die gelben Pfosten wichtige Wegweiser. Nachdem wir den Wald verlassen haben, lassen uns die Pfosten jedoch im Stich. Nach einer ersten Schulter suchen wir uns einen Weg über die Wiese abwärts. Im Tal gehen wir auf einem breiten Weg bis zum **Estany de Llebreta** (1617 m). Am unteren Ende des Sees überqueren wir den Riu de Sant Nicolau, um auf der Straße auf der rechten Seeseite ins Tal hineinzuwandern. Auf der Schattenseite des Sees steht einer der schönsten Mischwälder des Parkes. Am Ende des Sees biegt der nun mit gelben

Pfosten sehr gut markierte und klare Weg rechts ab. Nach einer ersten Geländestufe erreichen wir einen Wasserfall, die Cascada de Sant Esperit, die über mehrere Stufen das Tal hinunterstürzt. Über geschliffene Felsen, manchmal die Straße streifend oder querend, geht es hinauf bis zum kleinen Infopavillon von **Aigüestortes** (1730 m). Vom Infopavillon lohnt sich ein kurzer Abstecher zum Mirador (Aussichtspunkt) de Sant Esperit.

Bis hierhin fahren auch die Sammeltaxis von Boí. Die privaten Wagen müssen zum Glück bereits viel weiter unten im Tal abgestellt werden. Die Behörden möchten die **Beschränkungen im Nationalpark** in Zukunft noch weiter ausdehnen. Die Taxidienste sollen bestehen bleiben, aber

Mountainbikes sollen nur noch auf der Straße und nur bis zu diesem Parkplatz und im Westen des Parkes auf der Straße bis zum Estany de Sant Maurici erlaubt sein. Schneeschuh- und Skitouren werden nur noch außerhalb der Wälder in der Talebene gestattet. Snowboardtouren und die Eröffnung neuer Kletterrouten werden ganz untersagt. Ebenfalls verboten bleibt das Zelten und Biwakieren im Park. Der katalanische Bergsportverein (FEEC), der im Park mehrere Hütten führt, hat sich lautstark gegen die Restriktionen und die Ungleichbehandlung ausgesprochen.

Der Weg zum Refugi folgt nun dem breiten, ungeteerten Fahrweg. Bald nach dem Infopavillon erreichen wir die Ebene von Aigüestortes (»gewundene Wasser«), die dem Nationalpark seinen Namen gab. In weiten Mäandern fließt der Fluss durch die mit Schwarzkiefern bestandene Ebene. Ein schöner Ort, der sich auf einem Bretterweg, der nach rechts vom Fahrweg abzweigt, noch besser genießen lässt (der Weg mündet weiter vorne wieder in den Fahrweg, ca. 10 Minuten länger). Nach der Einmündung des Bretterweges gibt es die Möglichkeit, bei einer Quelle die Wasserflasche aufzufüllen. Bei einer weiteren Ebene überqueren wir den Bach und steigen danach, meist dem Fahrweg nach, im nun wieder enger werdenden Tal bis zum **Refugi d'Estany Llong** (1985 m).

◄ Beim Mirador de Sant Esperit wird der Blick frei ins Tal von Ribera de Llacs, an dessen Ende der Bony del Graller thront.

▼ Ein Bretterweg erlaubt uns, die Ebene von Aigüestortes, die dem Nationalpark seinen Namen gab, noch besser zu erkunden.

13.2 Ref. d'Estany Llong–Ref. Ernest Mallafré

Charakter: Wanderung im alpinen Gelände, zum Teil über steile Wiesenpartien. Teilweise weglos und unmarkiert.

Varianten: Einfacher ist es, das Refugi Ernest Mallafré auf dem breiten Weg über den Portarró d'Espot zu erreichen (markiert, 40 Min. Zeitersparnis).

Übernachten: *Refugi Ernest Mallafré,* bewartet, Tel. 973 25 01 18 (außerhalb der Saison: 973 25 01 05), geöffnet von Anfang Juni bis Ende Oktober, Matratzenlager 10.90 Euro. Von Espot bis zum Parkplatz am Estany de Sant Maurici (20 Minuten von der Hütte) gibt es einen Dienst mit Sammeltaxis (4 Euro p. P.), Tel. 973 62 41 05.

↗ 550 m, ↘ 650 m

Wanderzeit:
Ref. d'Estany Llong–Coll Nord de Subenuix: 2 Std.
C. Nord de Subenuix–Est. Xic de Subenuix: 0.35 Std.
Est. Xic de Subenuix–Ref. Ernest Mallafré: 1.05 Std.
Total: 3.40 Std.

Vom **Refugi d'Estany Llong** sind es bloß 5 Minuten bis zum klaren Estany Long, der wie eine Banane zwischen den Bergen liegt. Wir folgen unmittelbar dem Seeufer, das von Schwarzkiefern gesäumt wird. Nach ca. 15 Minuten halten wir bei einer Abzweigung geradeaus (und gehen nicht nach links weiter dem Seeufer nach). Kurz darauf überqueren wir auf einer Holzbrücke den Bach und folgen dem breiten Weg Richtung Portarró d'Espot. Beim weiteren Aufstieg lockt uns ein Wegweiser zu einem *Arbre Monumental.* In 3 Minuten erreicht man die große, allein stehende Kiefer, Pi de Peixerani mit Namen, die leider nicht mehr allzu gesund aussieht. Zurück auf dem Weg kommen wir an einer kleinen Schäferhütte vorbei (Cabana del Portarró, rechts des Weges). Danach machen wir auf dem Weg nochmals eine Haarnadelkurve nach rechts und eine nach links. Ca. 250 Meter nach der Haarnadelkurve nach links biegen verlassen wir in einer Linkskurve den Weg, der auf den Portarró d'Espot führt (siehe Varianten). Auf Pfadspuren gehen wir über eine Weide geradeaus (wenige Steinmännchen). Die Orientierung ist nicht allzu schwierig, da der Pass, den wir queren wollen, bereits sichtbar ist. Der Pfad führt in die Nähe eines Baches, dem wir auf seiner (orografisch) rechten Seite aufwärts folgen. Nach einer kleinen Ebene gehen wir links durch eine Scharte und folgen dem kleinen Seitenbach auf seiner linken Seite. Der Bach führt uns nochmals auf eine Ebene mit einem kleinen Tümpel (etwas abseits des Weges). Von hier halten wir wieder links und gehen durch ein enges Tälchen hinauf zum stillen Estany Nere (2294 m). Um Richtung Pass zu gehen, steigen wir vom Ausfluss des Sees am linken Hang (nördlich des Sees) bergan und umgehen ein Geröllfeld etwas oberhalb. Schwache Pfadspuren unterhalb der Felsen führen am Hang bergan, der steiler scheint, als er ist. Zum Schluss rechts ausholend über die Wiese oder direkt über ein gut begehbares Schuttfeld zum **Coll Nord de Subenuix** (2508 m). Vom Pass sehen wir erstmals die Doppelspitze der Els Encantats, aber auch der Blick zurück zum Estany Llong hat seinen Reiz.

Vom Pass folgen wir einer zu Beginn deutlichen Pfadspur für 150 Meter nach rechts (Richtung des kleineren Sees) und stechen dann links hinunter, um in einem Wiesencouloir abzusteigen. Am unteren Ende weist das Couloir etwas mehr Schutt auf. Wir halten hier nach links, steigen zu einem kleinen Tümpel ab, um dann noch-

◀ **Der spiegelglatte Estany Llong am frühen Morgen.**

▼ **Es gibt kaum etwas Schöneres, als nach einem langen Wandertag auf der Tischplatte des Refugi Ernest Mallafré ein Schläfchen zu machen.**

13
Taüll–Rialp

1946, erst 24-jährig, im Monestero-Massiv in einer Lawine umkam.

Nach der kurzen Etappe lohnt sich ein kurzer Abendspaziergang zum Estany de Sant Maurici, von wo man den eindrücklichen Doppelgipfel der Els Encantats im Abendlicht in seiner ganzen Größe bewundern kann. In einigen Publikationen wird das ganze Schutzgebiet nach dem Gipfel benannt.

13.3 Ref. Ernest Mallafré– Ref. Josep M. Blanc

Charakter: Anspruchsvolle Wanderung im alpinen Gelände. Das letzte Stück auf den Monestero und der Abstieg sind weglos und unmarkiert.

Varianten: Den Monestero-Gipfel auslassen und via den Estany Negre direkt zum Refugi absteigen (einfacher, Zeitersparnis: 50 Min.).

Übernachten: *Refugi Josep M. Blanc*, bewartet, Tel. 973 25 01 08 (außerhalb der Saison: 934 23 23 45, www.jmblanc.com), geöffnet von Anfang Juni bis Ende September (kleiner Winterraum mit Kochmöglichkeit), Matratzenlager: 11.50 Euro. Das Refugi verkauft auch Lunchpakete.

↗ 1020 m, ↘ 550 m

Wanderzeit:
Refugi Ernest Mallafré–Estany de Monestero: 1 Std.
Estany de Monestero–Coll de Monestero: 1.45 Std.
Coll de Monestero–Pic de Monestero: 0.40 Std.
Pic de Monestero–Refugi Josep M. Blanc: 1.45 Std.
Total: 5.10 Std.

mals wenige Meter nach rechts (Osten) aufzusteigen. Hinter einem großen, charakteristischen Felsen versteckt sich der **Estany Xic de Subenuix** (2774 m). Der See, umgeben von Alpenrosen, einzelnen Kiefern und Felsblöcken ist ein wahres Kleinod zuhinterst im Subenuix-Tal.

Wir überqueren den Ausfluss des Sees, folgen dem Ufer für ca. 20 Meter, halten dann nach links und gelangen auf einen deutlichen Fußpfad, auf dem wir das Tal hinunterwandern (Steinmännchen, später auch wieder gelbe Pfosten). Durch eine unberührte Landschaft ziehen wir oberhalb des (größeren) Subenuix-Sees vorbei, bis unser Pfad in den Portarró-Weg mündet. Nun ist es ein weiterer See, der große Estany de Sant Maurici, der unseren Blick fesselt. Oberhalb seines südlichen Ufers wandern wir durch den Wald. Kurz vor dem Refugi kommen wir an der Abzweigung ins Monastero-Tal vorbei, die wir rechts liegen lassen. Wenige Minuten später sind wir beim **Refugi Ernest Mallafré** (1885 m). Die kleine Hütte mit 24 Schlafplätzen bekam ihren Namen vom Katalanen Ernest Mallafré, der diverse Bergsportvereine in Barcelona mitbegründete und

Vom **Refugi Ernest Mallafré** gehen wir auf dem breiten Weg aufwärts, wobei wir die Abzweigung zum Estany de Sant Maurici rechts liegen lassen. Nach 5 Minuten erreichen wir die Weggabelung, wo wir nach links Richtung Monestero abbiegen (Wegweiser). Durch den lichten Kiefernwald ziehen wir dem Bach nach ins Tal hinein. Auf Bretterstegen wechseln wir in einer moorigen Ebene für kurze Zeit das

Bachufer. Danach geht es über mehrere Geländestufen, die immer wieder von kleinen Ebenen unterbrochen werden, bergan. Der **Estany de Monestero** (2172 m) gehört zu jenen Seen, die mit beträchtlichen Schwankungen des Wasserspiegels zu kämpfen haben. Als die Gebrüder Cadier, fünf Geschwister, die in den ersten Jahren des 20. Jahrhunderts die Pyrenäen durchwanderten, am See vorbeikamen, schien er in gutem Zustand. Sie sahen noch »Wellen, so blau wie der morgendliche Himmel«. Sie hatten wohl einen guten Tag erwischt. Bei niedrigem Wasserstand verliert der See viel von seinem Reiz. Dann ist von Wellen, geschweige denn von blauen, nichts zu sehen.

Auf der Ebene nach dem See halten wir bei einem Wegweiser nach links. Der Weg ist nun wieder mit gelben Pfosten markiert. Wir überqueren den Bach und wandern bis zum abschließenden Talkessel. Von hier führt der Weg die mit Rhododendren bewachsene linke Talflanke hinauf. 50 Minuten nach dem See gibt es eine weitere Verzweigung, wo wir links Richtung Coll de Monestero abbiegen (ab hier nur noch Steinmännchen). Nach einem steileren Stück kommen wir in einen kargen Gebirgskessel. Vor uns sehen wir nun den Pass und links davon den Pic de Monestero. Auf der rechten Seite des Kessels geht es zuerst über Felsen und Geröll, zum Schluss über Schutt bis zum **Coll de Monestero** (2715 m).

Der direkteste Weg zur Hütte führt am unter uns liegenden Estany Gran de Peguera vorbei (siehe Varianten). Die Besteigung des Pic de Monestero verspricht aber eine weite Aussicht und einen ebenso attraktiven Abstieg.

◄ Der Legende nach sind die Encantats zwei verzauberte Jäger, welche die Sonntagsmesse schwänzten, um auf die Jagd zu gehen. Zur Strafe wurden sie von Gott in die zwei Felsnadeln verwandelt. Die Tourismusverantwortlichen sind ihm dafür dankbar. Die Encantats gehören heute zu den meistfotografierten Sujets des Nationalparks.

▼ Das letzte Wegstück vor dem Coll de Monestero führt durch ein trockenes Tälchen mit viel Schutt.

Vom Pass gehen wir auf Pfadspuren dem Grat entlang nach links Richtung Nordosten. Beim ersten steileren Aufschwung weichen wir etwas nach rechts auf den Südhang aus, um dann den Steinmännchen nach steil weiter aufzusteigen. Die Route überquert danach den Ostgrat, um dahinter problemlos den Gipfel des **Pic de Monestero** (2878 m) zu erreichen. Noch einmal haben wir einen weiten Blick auf das Granitchaos des Aigüestortes-Nationalparks. An schönen Tagen reicht der Blick vom Maladeta-Massiv mit seinen Gletschern bis zur Sierra de Cadí im Südosten. Unter uns die unzähligen Seen im Peguera-Tal. Franz Schrader, einer der Ersten, die das Massiv erforschten, denn lange Zeit wurde es von den Pyrenäisten kaum besucht, schrieb 1881 in einem Brief, dass

sich die Region am besten mit einer stürmischen Flut von schneidenden Klingen, Säbeln, Schwertern und spitzigen Messern, die sich gegen den Himmel strecken, vergleichen lasse.

Vom Gipfel steigen wir auf der rechten Seite des Nordgrates ab (keinerlei Markierung). Bald schon erleichtert ein Wiesenband zwischen den Granitblöcken das Gehen. Wo der Grat flacher wird, halten wir nach links und kommen in ein kleines Tälchen, durch das wir abwärts gehen. Auf halber Höhe zwischen dem Coll de la Valleta Seca und dem Estany Amagat treffen wir auf die Pfadspur, die vom Pass kommt. Wir folgen dem Pfad (Steinmännchen), der nördlich oberhalb des Amagat-Sees vorbeiführt. Kurz darauf lassen wir einen weiteren See rechts liegen. 100 Meter nach diesem zweiten See möchten uns Steinmännchen nach rechts weglocken, wir folgen aber weiter dem kleinen Bach, den wir kurz darauf ebenfalls überqueren (auch hier gibt es Steinmännchen). Wir gehen die Wiese hinunter, gehen auf einem kleinen Hügel am rechten Rand einer moorigen Ebene (auf der Karte als See eingezeichnet) vorbei und steigen danach bis zu einem Doppelsee hinunter, den wir rechts, wenige Meter unter uns, liegen lassen. Wir behalten dann die Höhe, halten leicht links und gelangen in ein steiles Seitental, in dem wir bis zum Nordufer des Estany de la Cabana absteigen. Wir überqueren am Ende des Sees den Bach und folgen den Steinmännchen auf der rechten Bachseite zuerst wenige Meter aufwärts. Beim Abstieg überqueren wir einen kleinen Wasserkanal und haben gleich danach eine wundervolle Aussicht auf den Estany Tort de Peguera und die Hütte, die auf einer kleinen Halbinsel liegt. Der Weg führt nachher ans Ufer des Sees, den wir auf seiner Nordseite teilweise unmittelbar unterhalb oder auch auf den kleinen Staumäuerchen umgehen. Kurz darauf erreichen wir das **Refugi Josep M. Blanc** (2350 m). Im Winter 2003/04 wurde die Hütte vergrößert. Insbesondere die Verbesserung der sanitären Anlagen war vonnöten – im Sommer 2003 gab es weder Toiletten noch Wascheinrichtungen.

◄ Der Aufstieg zum Pic de Monestero verläuft abseits der gängigen Wanderrouten.

▼ Kiefer und Granit (zwischen dem Estany de la Cabana und dem Estany Tort).

13.4 Refugi Josep M. Blanc–Rialp

Charakter: Lange Wanderung im vorerst alpinen Gelände; nachher über Weiden. Langer Abstieg! Unmarkiert, meist weglos.

Varianten:
- Auf dem markierten Weg nach Espot hinunter und auf dem GR11 weiter bis nach Guingueta d'Aneu wandern (hier hält auch der Talbus). Wanderzeit ca. 5 Std.
- Wer in Caregue genug hat, kann hier ein Taxi bestellen. Taxi in Caregue 656 80 44 98 oder 973 25 00 80.

Etappenort Rialp: siehe S. 93.

↗ 520 m, ↘ 2150 m

Wanderzeit:
Refugi Josep M. Blanc–Coll de Montanyo: 1.20 Std.
Coll de Montanyo–Les Picardes: 0.25 Std.
Les Picardes–Coll de la Portella de Dalt: 1 Std.
Coll de la Portella de Dalt–Caregue: 2.30 Std.
Caregue–Escàs: 0.45 Std.
Escàs–Rialp: 1 Std.
Total: 7 Std.

Vom **Refugi Josep M. Blanc** gehen wir zurück auf den Fahrweg, dem wir nach rechts bis zur Staumauer des Estany Negre folgen. 20 Meter vor der Staumauer biegen wir vom Weg nach links ab (schwache Pfadspuren, Steinmännchen). Auf einer Kuppe umgehen wir den See auf seiner östlichen Seite. Am Ende der Kuppe steigen wir wenige Meter ab und sehen am Hang im Südosten des Sees bereits die Pfadspur, auf der wir wieder aufsteigen werden. Zunächst müssen wir ein Geröllfeld traversieren. Danach geht es unterhalb der Felsen stetig aufwärts. Wir genießen nochmals die Aussicht auf den Estany Negre de Peguera. Der Pfad biegt dann in das Tal ein – ein trockenes Tal voller Geröll –, in dem wir, nun etwas sanfter, weiter ansteigen. Gegen Ende des Tales gehen wir links, steil aufwärts, zum **Coll de Montanyo** (2625 m). Hier verlassen wir den Aigüestortes-Nationalpark. Im Tal gegen Osten sehen wir die Bergstation des Skigebietes von Super-espot.

Vom Pass halten wir nach rechts und steigen leicht links vom Grat durch Schotter zu einem weiteren Pass auf. Auf dem oberen (namenlosen) Pass, den Kotspuren nach ein äußerst beliebter Weideplatz der Schafe, ändert das Landschaftsbild schlagartig. Die Granitzacken des Nationalparkes haben wir hinter uns gelassen, vor uns liegen die kahlen Weidehänge des Mainera-Tales und die beiden Mainera-Seen. Wir steigen von hier gegen Süden noch die wenigen Meter über die Krete zum Gipfel **les Picardes** (2801 m) auf. Ein guter Ort, um die Weite der Landschaft zu genießen.

Vom Gipfel gehen wir immer dem Grat nach Richtung Süden. Nach 10 Minuten geht es etwas steiler abwärts. Zwei flache Erhebungen des Grates können wir auf Schafspuren rechts umgehen und treffen danach auf den **Coll de la Portella de Dalt** (2324 m), zu dem von rechts eine deutliche Pfadspur hinaufführt. Wir gehen hier aber nach links und steigen vom Pass, schiefrige Platten umgehend, gegen Südosten ab. Kurz darauf treffen wir auf einen Fahrweg, den wir bloß kreuzen, um über die schwach ausgeprägte Schulter geradeaus weiter nach unten zu ziehen. Den Fahrweg kreuzen wir noch zwei weitere Male. Wenn wir zum vierten Mal auf den Fahrweg treffen, folgen wir ihm nach rechts. Kurz darauf können wir eine weite Linkskurve abschneiden. Beim ersten Haus gibt es die Möglichkeit, eine weite Kehre abzukürzen: Auf Schafspuren queren wir zu einem Bach, dem wir bis zu einer weiteren Haarnadelkurve des Fahrweges abwärts

◄ **Immer dem Grat nach Richtung Süden. Vor uns, irgendwo am Horizont, die spanische Ebene.**

folgen. Nun bleiben wir für rund 30 Minuten auf dem Fahrweg. Ca. 200 Meter nachdem wir aus einem Kiefernbestand hinausgetreten sind, bemerken wir links des Weges ein paar Ruinen von Alphütten. Hier können wir wieder nach links querfeldein abkürzen. Zweimal streift man den Fahrweg in Haarnadelkurven, geht aber weiter über die trockenen Hänge abwärts. Wieder auf der Straße halten wir nach links und versuchen nach einer Runse nochmals nach rechts abzukürzen. Man muss sich den Weg diesmal zwischen Beerensträuchern und über Trockenmauern etwas suchen. Es scheint lange her, dass diese Hänge noch bewirtschaftet wurden. (All diese Abkürzungen sind bloß Empfehlungen. Man kann auch immer dem Fahrweg bis nach Caregue folgen.) Auf der Straße zurück, folgen wir ihr nach rechts. Bei der nächsten Haarnadelkurve nach links folgen wir einem Weg, der geradeaus weiterführt. Nach 10 Minuten treffen wir auf einen weiteren Weg, folgen diesem für 30 Meter nach links, biegen dann rechts ab und erreichen einen Weg, dem wir nach rechts bis nach **Caregue** (1170 m, 21 Einw.) folgen.

Ein Restaurant, eine Bar oder zumindest ein Lebensmittelladen wären nach dem langen Abstieg ganz nett, all dies gibt es in Caregue jedoch nicht. Das ganze Àssua-Tal ist von der Abwanderung betroffen. Hatten im 19. Jahrhundert die Talgemeinden insgesamt noch 1000 Einwohner, sank diese Zahl auf 659 (1960) und 256 (1991). Dies sind weniger als im 15. Jahrhundert. In Caregue, mit überraschend vielen renovierten Häusern, kommen wir an der Kirche vorbei und gehen auf der Straße aus dem Dorf hinaus. 100 Meter nach der Kir-

che gibt es bei einer Linkskurve die Möglichkeit, Wasser aufzufüllen. Der Straße folgen wir bis zu einer Abzweigung, wo wir nach links Richtung Escàs halten. Nach 150 Metern (wo die Leitplanke unterbrochen ist) zieht rechts der alte Weg nach Escàs weg. Wir nehmen diesen Weg, der leider seit dem Bau der Straße nicht mehr begangen wird und langsam zerfällt. (Als Alternative kann man auch der Straße folgen.) Nach wenigen Metern kommen wir an eine Verzweigung, wo wir nach links abbiegen. Der Weg ist danach zu Beginn etwas mit stachligen Sträuchern verwachsen. Im unteren Teil wird der Zustand des Weges, der von hohen Stützmauern getragen wird, wieder besser. Kurz bevor wir den Bach erreichen, überqueren wir einen Bewässerungskanal (eine der wenigen schattigen Stellen des heutigen Tages). Den Riu de Caregue überqueren wir auf einer Betonbrücke, folgen dem Bach auf seiner linken Seite abwärts und biegen nach 250 Metern auf einen Erdweg, dem wir aufwärts bis nach **Escàs** (980 m, 22 Einw.) folgen. Wie Caregue gehört der kleine Weiler politisch bereits zur Gemeinde Rialp. Von den untersten Häusern des Dorfes führt die alte Straße das Tal hinaus. Nach 10 Minuten erreichen wir die »richtige« Straße. Gut eine halbe Stunde müssen wir ihr, zum Schluss leicht ansteigend, folgen. Wenn wir die Höhe eines Hofes (links der Straße) erreichen, können wir kurz nach einer Linkskurve auf einen Fußweg abbiegen (markiert mit einem gelben Kreis um einen schwarzen Punkt). Wir folgen immer dem markierten, alten Weg bis nach **Rialp** (725 m, 439 Einw.) und zur Hauptstraße. Hier geht es links zur Bushaltestelle und zum Hotel Victor, nach rechts zum

Hotel Condes del Pallars, welches im neuen Stadtteil liegt.

Allzu viel gibt es in **Rialp** nicht zu sehen, aber ein Gang durch die alte Gasse der Altstadt (Career del Mig) oder ein Spaziergang zur verfallenen Ruine oberhalb der Stadt gibt einen Eindruck, wie es hier vor dem automobilen Zeitalter ausgesehen haben mag. Das kleine Dorf mit dem Kastell, welches den Eingang zum Àssua-Tal und die Durchfahrt zum oberen Teil des heutigen Landkreises Pallars Sobirà kontrollierte, gehörte ab der Mitte des 15. Jahrhunderts dem Grafen von Foix und Castellbò, der es in das Vescomtat von Castellbò integrierte (siehe S. 120f). Was heute Touristen nach Rialp lockt, ist das Skigebiet Port Ainé und die Wassersportaktivitäten (Rafting, Kanu, Kayak) auf der Noguera Pallaresa. Das Büro des Rafting-Anbieters Aiguadiccio (Tel. 973 62 14 17, www.aiguadicciorialp.com) liegt im Dorf an der Hauptstraße Richtung Llavorsi.

Eine ganz besondere Anziehung übt im lottofiebrigen Spanien das nahe gelegene **Sort** aus. Tausende pilgern in den Ort, um in »Glück«, so lautet der Ortsname auf Deutsch, ein Lotterielos zu kaufen. 2002 hat die Lottostelle allein für die Weihnachtslotterie über eine Million Lose verkauft und macht mittlerweile einen Umsatz von über 60 Millionen Franken. Und der Gewinn ließ nicht auf sich warten, zumindest für den Besitzer der Lottostelle, der seinen 25 Quadratmeter großen Laden 2004 auf 500 Quadratmeter vergrößern und für die Schlangenstehenden Unterhaltungsshows anbieten möchte.

▼ Die ruhige Altstadt von Rialp kontrastiert stark zu den Neubauten an der Hauptstraße.

Die wiedergefundene Sprache

Das Katalanische ist eine eigenständige Sprache, selbst wenn spanische Nationalisten das Gegenteil behaupten. Über lange Jahre wollte man die Sprache, den wohl wichtigsten Pfeiler der katalanischen Identität und ein wichtiges Argument für die Forderung nach mehr Autonomie und Unabhängigkeit (siehe S. 148ff), unterdrücken und verbieten. Heute ist sie so stark in der Gesellschaft verankert, wie seit Hunderten von Jahren nicht mehr. Katalanisch wird heute im Principat Katalonien, im País Valencià, in einem kleinen Streifen Aragoniens, in Andorra (wo es die offizielle Amtssprache ist), im französischen Roussillon und in Alghero, einer Stadt auf Sardinien, von rund 6 Millionen Menschen gesprochen. Somit ist Katalanisch etwa so verbreitet wie Dänisch, Norwegisch oder Finnisch.

Katalanisch entstand im 10. und 11. Jahrhundert aus dem Lateinischen und vermutlich alten regionalen Sprachen wie dem Iberischen. Im 12. Jahrhundert wurden die ersten religiösen und juristischen Texte geschrieben, und im 13. Jahrhundert war es die Amtssprache des Königreichs Katalonien und besaß eine eigene Grammatik (eine der ältesten eines modernen Idioms). Der berühmte Philosoph und Literat Ramon Llull (siehe auch S. 86ff) brach mit der Tradition, philosophische Texte in Latein abzufassen, und veröffentlichte seine Werke auf Katalanisch. Von der steigenden politischen und wirtschaftlichen Bedeutung Kataloniens in den folgenden Jahrhunderten profitierte auch die katalanische Sprache. In Sardinien wurde es 1323 zur offiziellen Sprache (und blieb es bis zum Ende des 18. Jahrhunderts).

Die wohl meistgelesene Geschichte des 15. Jahrhunderts in Europa, *Tirant lo Blanc*, schrieb Juan Martorell von 1456 bis 1465 ebenfalls auf Katalanisch. Miguel de Cervantes lässt den Geistlichen Pedro Pérez im *Don Quijote* sagen, dass Martorells Rittergeschichte das beste Buch dieser Art auf der Welt sei, und zwar weil »die Ritter essen, in ihren Betten schlafen und ihr Testament machen und diese Dinge in den üblichen Büchern dieser Art nicht erscheinen«. (Unter dem Titel *Der Roman vom weißen Ritter Tirant lo Blanc* hat der S. Fischer Verlag das erste Drittel des Werkes auf Deutsch herausgegeben.)

Mit dem wirtschaftlichen Niedergang des Königreichs und dem Zusammenschluss mit Kastilien 1479 schwand auch der Gebrauch des Katalanischen und das Spanische gewann immer mehr an Bedeutung. Als die Bourbonen mit Felipe V. nach dem Erbfolgekrieg gegen den katalanischen Widerstand den Thron bestiegen, wurde Spanisch 1716 zur alleinigen Amts- und Gerichtssprache erhoben. Das Verbot des Katalanischen als Kirchen- und Unterrichtssprache folgte ein halbes Jahrhundert später. Doch bereits 1833 läutete der Autor Bonaventura Carles Aribau mit seiner *Ode an das Vaterland* die so genannte »Renaixença« (Wiedergeburt), die Wiederbelebung der katalanischen Sprache, ein. Später war der Priester Jacint Verdaguer ein wichtiger Vertreter der katalonischen Literatur. 1907 wurde eine Sprachreform durchgeführt und ein Wörterbuch veröffentlicht, in dem das Katalanische vereinheitlicht und von spanischen Beimischungen gereinigt wurde. Während der Zweiten

Republik (1931–1939), als Katalonien einen Autonomiestatus innehatte, wurde Katalanisch für kurze Zeit wieder zur offiziellen Sprache ernannt.

Doch auf die kurze Blüte folgte ein tiefer Fall. Unter der Franco-Diktatur wurde die Sprache verboten. Wer sich auf Katalanisch unterhielt, galt als Staatsfeind. Die Zensur wachte darüber, dass keine öffentlichen Bekanntmachungen, keine Zeitungen, keine Theateraufführungen, auf Katalanisch waren. Die Post wurde zensuriert und Briefe auf Katalanisch vernichtet. Selbst in der Kirche durfte man nur auf Spanisch beichten, neu geborene Kinder durften nicht mit katalani-

▼ Titelblatt der Erstausgabe von *Tirant lo Blanc* von Juan Martorell, erschienen 1490 in Valencia.

13
Taüll–Rialp

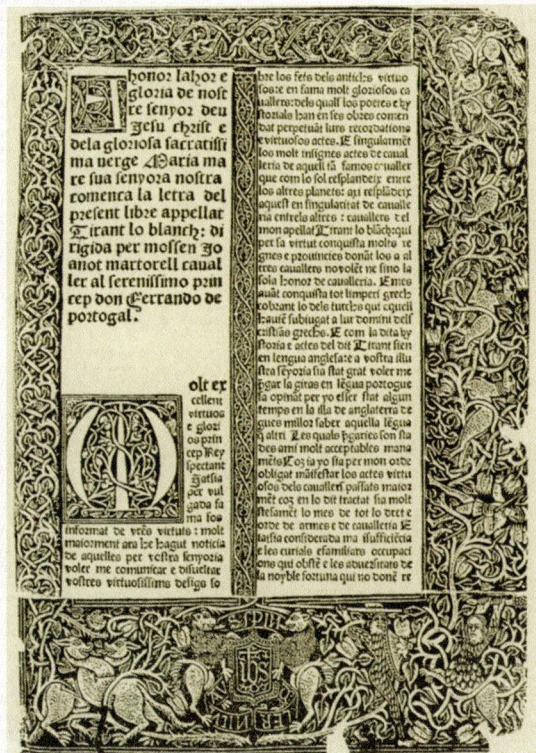

gesehen. Anderen ging selbst die Förderung des Katalanischen zu weit. Doch die Welle war nicht mehr aufzuhalten. 1983 verabschiedete das Katalanische Parlament einstimmig das Gesetz zur »sprachlichen Normalisierung«. Das Gesetz sollte die Sprache überall wieder verankern, wo sie gewaltsam verdrängt worden war, insbesondere in der Schule, in der öffentlichen Verwaltung und den Medien. Für die Schule wurde nicht ein zweigleisiges System errichtet, in dem die Schüler entweder auf Spanisch oder Katalanisch unterrichtet werden, sondern ein System, das von allen Schülerinnen und Schülern Zweisprachigkeit verlangt. Der größte Teil des Unterrichts findet heute jedoch auf Katalanisch statt, und auch in den Hochschulen dominiert diese Sprache. Alle offiziellen Dokumente werden heute nur auf Katalanisch oder zweisprachig publiziert.

Die Anstrengungen zur Förderung der eigenen Sprache schlagen sich in Zahlen nieder. Die Zahl der Katalanen, welche die Sprache verstehen, stieg von 1975 bis 1996 von 80 auf 95 Prozent, bei den Minderjährigen sind es über 99 Prozent. Andere Indikatoren zeigen ein nicht ganz so rosiges Bild. 1996 konnten nur 75 Prozent der Einwohner die Sprache sprechen, 72 Prozent konnten sie lesen und bloß 46 Prozent konnten sie schreiben. Insbesondere im Justizbereich und im Wirtschaftsleben herrscht beim schriftlichen Verkehr noch klar das Spanische vor.

Wer als Tourist Katalonien bereist und Französisch und/oder Spanisch spricht, wird vieles aus dem Katalanischen, zumindest in der geschriebenen Form, verstehen. Die Sprache befindet sich ziemlich genau in der Mitte zwischen dem Französischen und dem Spa-

schen Namen registriert werden und katalanische Familiennamen wurden hispanisiert. Die große Befreiung kam erst, als Katalonien nach der Diktatur seine Autonomie zurückerhielt. Die jahrzehntelange Repression ging nicht spurlos vorüber. Der Prozentsatz von Katalanisch Sprechenden sank von 75 Prozent (1930) auf 52 Prozent (1979).

Das vom spanischen Parlament 1979 gutgeheißene Katalanische Autonomiestatut befasst sich auch mit der Sprache. Nach langen Verhandlungen einigte man sich auf folgende Formulierung: »Katalanisch ist die offizielle Sprache Kataloniens, so wie Spanisch die offizielle Sprache des ganzen Spanischen Staates ist.« Da Katalonien ein Teil Spaniens ist, hatte man somit zwei gleichberechtigte offizielle Sprachen eingeführt. Katalanische Nationalisten hätten das Katalanische gerne als einzige offizielle Sprache

nischen und ist eng mit dem Okzitanischen verwandt.

Wer Katalanisch improvisieren möchte, kann zuerst mal die Endungen weglassen. Aus dem Spanischen *muro* (»Mauer«) wird *mur;* aus *verde* (»grün«) wird *verd* und aus *camino* (»Weg«) wird *cami*. Eine sonderbare Transformation entsteht bei einigen Wörtern durch die Endung *eu,* wie z.B bei *peu* (franz. *pied,* »Fuß«) oder *deu* (franz. *dix,* »zehn«). Ein typisches Merkmal des Katalanischen ist die Schreibweise des Doppel-L, welches mit einem Punkt unterbrochen und wie das englische Ball ausgesprochen wird, z. B. beim Wort *col·leció*.

◄ Die Renaissance der katalanischen Sprache wurde in der zweiten Hälfte des 19. Jahrhunderts auch durch Dichterwettbewerbe *(Jocs Florals,* »Blumenspiele«) vorangetrieben.

▼ Casteil (französisch) oder Castell (katalanisch). An dieser Frage erhitzen sich auch im französischen Teil Kataloniens die Gemüter.

DURCH DEN WALD
NACH LA SEU D'URGELL

In zwei Tagen von Rialp nach la Seu d'Urgell

Die Zweitageswanderung durch weite Wälder und über trockene Südhänge liegt abseits der großen Tourismusrouten und bietet keine großen Attraktionen. Interessant ist das Dorf Castellbò, dessen gleichnamige Adelsfamilie einst den Katharern Asyl gab und lange mit den Herren in la Seu d'Urgell auf Kriegsfuß stand.

14

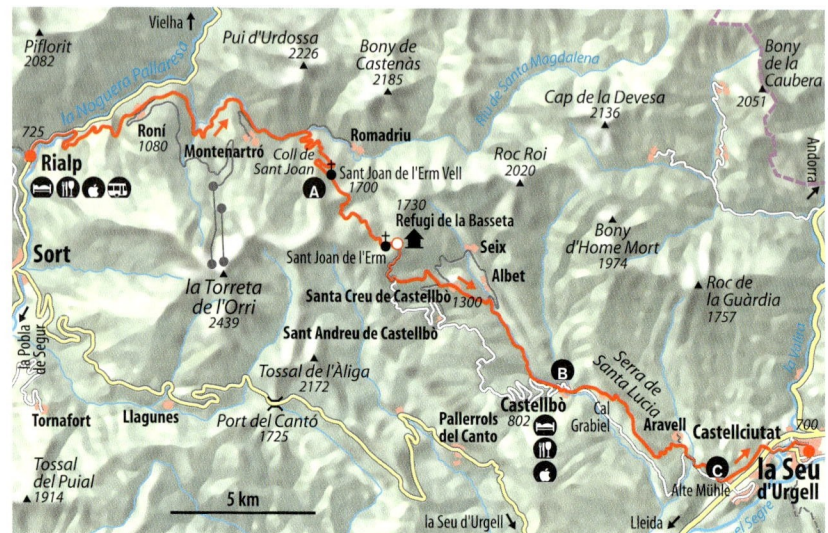

Sehenswertes:

A Die Ruinen von Sant Joan de l'Erm Vell

B Das Dorf Castellbò

C Mühlenmuseum

Charakter: Wanderung in tiefen Lagen, mehrheitlich durch Wälder. Zu Beginn ein längeres Straßenstück. Orientierung nicht immer einfach (keine Markierungen und keine Wegweiser).

Varianten: Mit Umsteigen in Sort kann man la Seu d'Urgell von Rialp aus auch mit dem Bus erreichen.

Karten: *14.1. und 14.2:* Am besten eignet sich die Mapa Comarcal de Catalunya, Alt Urgell, 1:50 000 (Institut Cartogràfic de Catalunya). Das Gebiet wird auch von der Karte Sant Joan de l'Erm (Editorial Alpina, 1:40 000) abgedeckt (mit Ausnahme von wenigen Metern zu Beginn der Etappe).

Etappenort la Seu d'Urgell: siehe S. 128ff.

14.1 Rialp– Sant Joan de l'Erm

Charakter: Einfache Etappe, zu Beginn ein längeres Straßenstück. Im Wald ist die Orientierung nicht immer einfach, und die Wege sind zum Teil überwuchert.

Varianten: Den Asphalt vermeiden, indem man mit dem Taxi bis Roni (Zeitersparnis: 1.40 Std.) oder gar bis Sant Joan de l'Erm Vell fährt (Zeitersparnis: 5.10 Std.). Taxi in Rialp: Tel. 973 62 02 77.

Übernachten: Sant Joan de l'Erm: *Refugi Basseta*, bewartet, Tel. 973 29 80 15, 4er-Zimmer: 14 Euro p. P., Matratzenlager: 9 Euro, großer *Campingplatz*.

↗ 1120 m, ↘ 130 m

Wanderzeit:
Rialp–Roni: 1.40 Std.
Roni–Riu de Santa Magdalena (Brücke): 1.30 Std.
Riu de Santa Magdalena (Brücke)–Sant Joan de l'Erm Vell: 2 Std.
Sant Joan de l'Erm Vell–Sant Joan de l'Erm (Refugi de la Basseta): 1 Std.
Total: 6.10 Std.

Von **Rialp** gehen wir auf der Hauptstraße Richtung Llavorsi (Norden). Beim Hotel Victor können wir nach rechts in eine Nebengasse (Career Raval) einbiegen. Am Ausgang des Dorfes halten wir bei einem Brunnen nach rechts und gelangen später, bei einem leer stehenden Fabrikgebäude, wieder auf die Hauptstraße. Am Rand der Straße wandern wir in 20 Minuten bis zur Brücke über die Noguera Pallaresa. Der Fluss ist seit jeher die Lebensader der Region. Früher wurden auf ihm die geschlagenen Bäume ins Tal geflößt. Im 20. Jahrhundert gab die Nutzung der Wasserkraft der Region Wachstumsimpulse. Heute sind es die Anbieter von Abenteuersportarten (Rafting, Kanu, usw.), die in Rialp und Llavorsi Arbeitsplätze schaffen. Während des Spanischen Bürgerkrieges bildete die Noguera Pallaresa einen hart umkämpften Frontabschnitt zwischen den Republikanern und den Faschisten.

Unmittelbar nach der Brücke verlassen wir die Hauptstraße und folgen der Nebenstraße Richtung Roni (Wegweiser) nach rechts. Eine Abzweigung nach Berani lassen wir später rechts liegen und folgen der Straße weiter geradeaus. Nur die Brombeeren am Straßenrand vermögen die etwas monotone Strecke aufzuwerten. Wenige 100 Meter vor Roni, das Dorf ist bereits in Sichtweite, können wir nach links in einen Feldweg abbiegen. Der Weg führt uns in den unteren Dorfteil von **Roni** (1080 m, 61 Einw.). Im Dorf selber halten wir nach links. Vom kleinen Dorfplatz geht es auf einem Feldweg wiederum nach links, um unmittelbar oberhalb eines Strommasten das Dorf zu verlassen. Der Weg mündet später in einen größeren Fahrweg. Wir gehen immer geradeaus (eine Abzweigung ins Tal lassen wir links liegen). Unser Weg zieht in das Tal von Santa Magdalena hinein, dessen rechtes Ufer trocken und bloß mit Macchia bedeckt ist, während sich auf der linken Seite bis weit hinauf Wälder ausdehnen. 1.10 Std. nach Roni und ca. 500 Meter nachdem wir zwei Hochspannungsleitungen unterquert haben, biegen wir nach links in einen Feldweg ab (Fahrverbot). Unser Weg führt, die Höhe haltend zum **Riu de Santa Magdalena**, den wir bei einem kleinen Kraftwerk auf einer **Brücke** (ca. 1160 m) überqueren. Bei der nächsten Brücke wechseln wir die Seite des Flusses wieder.

Der folgende Aufstieg bis zum Pass befindet sich im Gebiet des **Naturparks Alt Pirineu**, der sich bis zur französischen Grenze erstreckt und auf 69 850 Hektar kostbare

Waldbestände und die größte Auerhahn-population der Pyrenäen schützt. Eine nachhaltige Bewirtschaftung des Waldes wird aber auch in Zukunft noch erlaubt sein. Der Park wurde am 1. August 2003 gegründet, die notwendigen Institutionen befinden sich noch im Aufbau.

Von der Brücke gehen wir auf dem Weg 70 Meter wieder das Tal hinaus. Dann müssen wir links 5 Meter auf einer kaum sichtbaren Spur einen erdigen Hang hinaufsteigen. Danach wird der (alte) Weg, der ein wenig verwachsen ist, wieder besser sichtbar. Auf moosigem Untergrund ziehen wir wieder ins Tal hinein. Nach ca. 5 Minuten lassen wir eine (schwache) Pfadspur links liegen, biegen aber 40 Meter später im spitzen Winkel rechts ab (bergauf). Nach weiteren 5 Minuten erreichen wir einen größeren Weg, auch er wird von der Natur langsam zurückerobert, und folgen diesem nach links. Wiederum 7 Minuten später biegen wir bei einer (etwas überwachsenen) Abzweigung wieder nach rechts ab. In mehreren Kehren zieht der Weg durch den Mischwald aufwärts. 1.20 Std. nach der ersten Brücke mündet unser Weg auf einer Schulter auf eine Forststraße. (Diese Stelle ist etwas einfacher auch mit einem Umweg über Romadriu erreichbar). Wir schreiten in engen Kehren weiter bergan bis zu einer Schranke. Hier gibt es die Möglichkeit, links abzubiegen und auf einem (nach wenigen Metern) gelb markierten Weg bis zum Refugi de la Basseta zu gelangen. Diese Variante führt durch einen schönen Waldbestand, aber nicht an den Ruinen von Sant Joan de l'Erm Vell vorbei. Wir gehen bei der Schranke geradeaus weiter und gelangen 10 Minuten spä-

▲ ▲ ▲ Bei Aravell kommen wir zurück in die Zivilisation mit ihren Golfplätzen und ihrem Straßenverkehr.

▲ ▲ Abstieg durch den lichten Kiefernwald von Sant Joan de l'Erm nach Santa Creu de Castellbò.

▼ Prächtige Kiefer unterhalb von Sant Joan de l'Erm Vell.

14
Rialp–la Seu d'Urgell

ter zum Coll de Sant Joan. Hier nach links gehend, erreichen wir auf der ungeteerten Straße in 10 weiteren Minuten die Ruinen von **Sant Joan de l'Erm Vell** (1700 m). Links der Straße stehen die Mauern der ehemaligen Kirche.

Das Sanktuarium von **Sant Joan de l'Erm Vell** wird erstmals im Jahr 994 erwähnt, als es aufgrund von Schenkungen der Herren von Castellbò am alten Weg zwischen Alt Urgell und Pallars Sobirà erbaut wurde. Eingang in die Weltgeschichte der Mythen findet es im Jahr 1208, als Arnau de Castellbò hier den Heiligen Gral (den Kelch des letzten Abendmahls Christi) versteckt haben soll. Von der Reise des Heiligen Grals gibt es unzählige Geschichten und Legenden. Diese Version ist eine der weniger bekannten. Eine gewisse Verbindung zur Realität gibt es, da Arnau de Castellbò selbst Katharer war und vielen Katharern Zuflucht bot. Die Katharer werden in vielen Quellen als die Hüter des Heiligen Grals bezeichnet. Kirche und Hospiz wurden im 17. Jahrhundert neu erbaut. Damals wurden an diesem abgelegenen Ort wahrscheinlich Leute mit Tuberkulose oder Tollwut gepflegt.

Von den Ruinen wandern wir auf der breiten Straße weiter. Die Terrassen, die hier früher noch kultiviert wurden, sind vom Wald zurückerobert worden. Nach einer halben Stunde biegen wir bei einer Abzweigung links ab. Unmittelbar nachdem wir in einer Linkskurve ein Rinnsal überquert haben, gibt es zwei Abzweigungen nach rechts. Wir nehmen die zweite, die uns durch ein schönes Stück Wald, am Ende nochmals ansteigend, zur Waldlich-

tung von **Sant Joan de l'Erm** und zum Refugi de la Basseta (1730 m) führt.

Sant Joan de l'Erm ist ein beliebtes Langlaufzentrum. Über 50 Kilometer Loipen werden im Winter präpariert. Im Sommer tummeln sich hier Mountainbiker und Moto-Cross-Fahrer; im Herbst ist es ein Paradies für Pilzsammler. Als Schlafmöglichkeit steht auf dem Basseta-Pass neben dem Refugi auch ein großer Campingplatz zur Verfügung.

14.2 Sant Joan de l'Erm– la Seu d'Urgell

Charakter: Einfache Wanderung in südlichen Gefilden. Im Sommer kann es heiß werden.

↗ 420 m, ↘ 1440 m

Übernachten: *Camping, Bar, Restaurant* in **Castellbò**, Tel. 973 35 21 55. Von den Besitzern werden auch DZ (20 Euro) und Wohnungen für vier Personen angeboten.

Etappenort la Seu d'Urgell: siehe S. 128ff.

Wanderzeit:
Sant Joan de l'Erm (Refugi de la Basseta)–Santa Creu de Castellbò: 1 Std.
Santa Creu de Castellbò–Castellbò: 1.30 Std.
Castellbò–alte Mühle: 2.20 Std.
Alte Mühle–la Seu d'Urgell: 1.10 Std.
Total: 6 Std.

In **Sant Joan de l'Erm** nehmen wir die breite Forststraße Richtung Castellbò (Wegweiser). Nach 200 Metern kommen wir an der neuen Kirche von Sant Joan de l'Erm vorbei (meist abgeschlossen). Sie wurde 1959 als Ersatz für das niedergebrannte Sanktuarium von Sant Joan de l'Erm Vell erbaut. Wir folgen weiter der Straße. Nach ca. 20 Minuten, in der ersten Rechtskurve, nachdem die Straße eine Haarnadelkurve nach links und eine nach

rechts gemacht hat, biegen wir links auf einen Fußweg ab (die Leitplanke ist an dieser Stelle unterbrochen). Durch den Kiefernwald schreiten wir abwärts. Nach 4 Minuten halten wir bei einer Weggabelung nach rechts abwärts. Wir treten aus dem Wald und sehen vor uns den Weiler Santa Creu, der schön auf einer Bergschulter liegt. Auf der Straße halten wir nach links, um kurz darauf rechts nach **Santa Creu de Castellbò** (1300 m) abzubiegen. Bei den Waschbecken vor dem Weiler gehen wir rechts und treten durch einen Durchgang ins Dorf hinein. Dorf ist viel gesagt, ein paar letzte Seelen wohnen noch da. Dabei kann Santa Creu auf eine lange Geschichte zurückblicken. Das Dorf wurde bereits im Jahr 839 in der Weiheakte der Kathedrale von Urgell erwähnt. 1860 lebten hier noch über 100 Familien. Seither ging die Bevölkerungszahl, wie im ganzen Tal, rapide zurück. Die Weiler Sen-

▲ 1901 und 1936 wurden die Kirche und die anderen Bauten von Sant Joan de l'Erm Vell ein Raub der Flammen. Nach der zweiten Feuersbrunst wurden sie nicht mehr aufgebaut.

des, Sallent und Solanell, die von der Straße nicht erschlossen wurden, sind heute gar ganz verlassen.

100 Meter nach dem Durchgang, bei einem weißen Haus, nehmen wir einen Pfad rechts hinunter (dieser Weg ist auf den Karten nicht eingezeichnet). 50 Meter später halten wir nochmals rechts. Ein kurzes Stück gehen wir auf einer Mauer. Danach senkt sich der Weg zu einem größeren Feldweg, dem wir geradeaus für 10 Meter folgen, um nachher wieder nach rechts auf den alten Weg einzuschwenken. Nach 15 Minuten kreuzen wir nochmals einen Weg. Nah dem Talboden erreichen wir eine Wiese. Dahinter überqueren wir auf einer kleinen Brücke den Bach und wandern auf der Straße nach rechts das Tal hinunter bis nach **Castellbò** (802 m, 89 Einw.). Kurz vor dem Dorf treffen wir auf eine größere Straße. Hier halten wir nach links. Am Dorfeingang nehmen wir die erste Straße nach rechts und gelangen über eine Treppe zum Dorfplatz mit der Stiftskirche Santa Maria. Die Kirche (Baujahr 1436) ist leider geschlossen, doch auch das Portal mit den Armierungseisen ist eindrücklich. Vom Platz führt eine Treppe zur Ruine des alten Kastells der Herren von Castellbò.

Hier war einst Sitz der mächtigen Familie der **Vescomtes de Castellbò**. Die Vescomtes von Urgell, die im Jahr 989 die Ländereien im Tal von Castellbò erwarben, nannten sich ab der Mitte des 12. Jahrhunderts Vescomtes de Castellbò. Zu dieser Zeit hatten sie bereits das Castell de Ciutat (Castellciutat) erworben und besaßen Besitzungen bis in die Cerdagne und in das Conflent. Durch Heirat von Arnau I. von Castellbò mit Arnaldeta de Caboet wurden 1185 die Täler von Andorra in den Besitz integriert. Die Heirat von Arnaus Tochter Ermessenda mit dem Grafen von Foix vereinigte die beiden mächtigen Adelshäuser. Arnau und Ermessenda unterstützten die Katharer und gehörten selbst diesem Glauben an (siehe S. 124 ff). Was von ihren Gebeinen noch übrig geblieben war, wurde deshalb 1261 im Rahmen der Inquisition ausgegraben und verstreut. In Gedenken an diese Zeit findet in Castellbò alljährlich Mitte August ein Katharer-Markt mit Konzerten, Diskussionsforen und mittelalterlichen Reitturnieren statt. 1196 plünderten die Truppen von Foix und Castellbò la Seu d'Urgell. Der lang andauernde Zwist mit dem Bischof von la Seu wurde erst beigelegt, als 1288 das Abkommen zwischen dem Grafen von Foix und dem Bischof von Urgell über die gemeinsame Verwaltung von Andorra unterzeichnet wurde. Doch die territoriale Ausbreitung des Vescomtats von Castellbò ging weiter und erreichte im 15. Jahrhundert mit 1100 Quadratkilometern seine größte Ausbreitung. Damals gehörten auch große Teile von Pallars Sobirà (unter anderem Rialp) zum Haus. Als im Jahr 1548 die Besitzungen in das Königreich Katalonien-Aragón integriert werden, endet die Geschichte des unabhängigen Vescomtats. 1970 wurde Castellbò gar mit der Talgemeinde Montferrer fusioniert und verlor seine Eigenständigkeit. Der einst stolze Herrschaftssitz wird heute von der Gemeindeverwaltung

◀ Das Foto aus dem Jahr 1895 zeigt eine Straßenszene aus Castellbò.

▼ Das Creu de Pal am Dorfausgang von Castellbò wurde im Spanischen Bürgerkrieg zerstört und danach mit einer Kopie ersetzt.

14
Rialp–la Seu d'Urgell

in Montferrer verwaltet. Das Dorf wurde erst 1935 mit einer Straße erschlossen. Auf einen geteerten Belag für die Zufahrtsstraße musste man bis 1980 warten.

Von der Kirche gehen wir geradeaus das Dorf hinunter und überqueren die alte Bogenbrücke. Auf der anderen Seite gibt es eine Bar, ein Restaurant und einen kleinen Laden.

Nach der Brücke gehen wir nach links bis zur Hauptstraße, der wir nach rechts folgen. 200 Meter später, kurz nach dem alten Kreuz, dem Creu de Pal, biegen wir links auf einen kleinen Pfad ab (Hinweistafel: Ruta de Serra-Seca). Der Name trifft zu: Der südexponierte Hang ist wirklich trocken. Bei einer ersten Abzweigung nach links gehen wir geradeaus, weiter das Tal hinaus. 5 Minuten später halten wir bei einer Eisenstange nach rechts. Kurz vor dem Hof Cal Grabiel treten wir aus dem Hain mit immergrünen Eichen auf eine Weide hinaus. Oberhalb des Hauses treffen wir auf einen breiteren Weg, auf dem wir weiter aufwärts gehen. Wir überqueren den Grat und halten anschließend bei einer Abzweigung auf einem breiteren Weg nach rechts. Vor uns öffnet sich das weite Segre-Tal, hinter dem sich die Sierra de Cadí erhebt. 5 Minuten nachdem wir die Krete überschritten haben, macht der Weg eine scharfe Linkskurve. Wir gehen an dieser Stelle geradeaus und folgen immer dem Grat (nach 150 Metern treffen wir auf einen klareren Weg). Nach ca. einer halben Stunde auf diesem Weg, der uns durch eine mediterrane Vegetation führt, biegen wir bei der ersten deutlichen Abzweigung links ab und gehen mit vielen Kehren ins Tal hinunter. Bald sehen wir vor uns, neben dem hellen Grün eines 18-Loch-Golfplatzes, die Häuser und die Kirche von Arravell. Unterhalb des Dorfes erreichen wir die Straße, der wir nach rechts folgen. Kurz darauf treffen wir auf eine größere Straße. Hier halten wir links, überqueren den Bach und nehmen anschließend einen Weg, der nach links den Hang hinaufführt. Wir gehen bis zum flachen Grat hinauf, wo wir rechts an einem Sandsteinfelsen vorbeigehen. Hier halten wir nach rechts und gehen weglos über die Wiese bis zu einem anderen Weg, der uns zur Straße auf der anderen Seite der Kuppe hinunterführt. Auf der Straße schreiten wir nach rechts. Wo diese Straße auf eine größere trifft, nach links. Bei der ersten großen Rechtskurve gehen wir geradeaus und erreichen kurz darauf die **alte Mühle** (700 m). Die Mühle, 1911 erbaut, ist seit 1963 nicht mehr in Betrieb. Sie wurde vor wenigen Jahren in ein Mühlenmuseum umgewandelt (geöffnet täglich von 10 bis 13 Uhr, www.alturgell.org/ Farinera.html) Unmittelbar vor dem Museum müssen wir links hinauf und auf einem schmalen Pfad weiter dem Grat nach bergan (weiß-gelb markiert), bis wir 5 Minuten später bei einem großen Betonquader einen breiteren Fußweg erreichen. Wir folgen diesem Weg, welcher der Höhenlinie nach einem (unterirdischen) Bewässerungskanal folgt (auf der Karte ist ein anderer Kanal am Hangfuß eingezeichnet, der aber nicht begehbar ist). Nach einem Steinquader geht es abwärts und auf einem Weg zwischen Steinmäuerchen bis zur Hauptstraße. Wir überqueren die Straße und gehen auf der anderen Seite auf dem Cami de l'Hortal ins Dorf Castellciutat hinauf. Im Dorf biegen wir vor dem Hostal Fransol links ab und gehen auf der Straße bis zur Brücke über die Valira hinunter. Die Valira hat ihren Ursprung im nahe gelegenen Andorra und mündet kurz unterhalb der Brücke in den Segre. Wir gehen bei der Brücke links und spazieren durch den Valira-Park dem Fluss entlang. Wir verlassen den Park bei einem Brunnen. Links an der Jugendherberge vorbei halten wir bei der nächsten Abzweigung nach links und gehen dann immer geradeaus durch die Einbahnstraße bis zum Hotel Avenida. Hier nach rechts haltend, sind wir nach wenigen Minuten an der Plaça de Catalunya, dem Zentrum von **la Seu d'Urgell** (700 m, 11 000 Einw.). Informationen zu la Seu siehe S. 128 ff.

▼ Armierungseisen und Schloss der Stiftskirche Santa Maria in Castellbò.

Die guten Menschen

Am Ende des 12. und zu Beginn des 13. Jahrhunderts regierte in Okzitanien, dem heutigen Languedoc im Süden Frankreichs, Raymond VI., Graf von Toulouse. Im Jahr 1204 heiratete er die Schwester von Pedro II., König von Aragón. Auf diese Weise entstand ein verbündetes Herrschaftsgebiet von Valencia bis zu den Alpen, welches durch seine hohe Kultur und das starke Bürgertum hervorstach. Dies war der Boden, auf dem sich die Glaubensrichtung der Katharer (von *katharos,* »rein«) entfalten konnte.

Die Katharer waren Christen und das neue Testament, insbesondere das Johannes-Evangelium, war das Fundament ihres Glaubens. Doch sie lasen und interpretierten die Heilige Schrift anders als die Katholiken und der Papst in Rom. Während die katholische Kirche nur den einen und allmächtigen Gott kennt, schufen die Katharer ein duales Glaubenssystem mit dem guten Gott des Geistes und der Liebe und dem Gott des Bösen. Sie argumentierten, dass all das Böse auf der Welt unmöglich das Werk eines guten Gottes sein konnte, und schlossen daraus, dass die materielle Welt das Werk Satans sei. Der Kampf der zwei Mächte widerspiegelte sich auch im Menschen selbst. Der Körper war des Teufels, die Seele gehörte zum Reich des guten Gottes. Der Dualismus war nichts Neues in der Religionsgeschichte. Vorgänger der Katharer waren seit dem 3. Jahrhundert die Manichäer (genannt nach dem Religionsstifter Mani), deren Zentrum im oströmischen Reich war, und ab dem 9. Jahrhundert die Bogomilen auf dem Balkan. Im Gegensatz zu anderen Christen glaubten die Katharer, ähnlich wie im Hinduismus, an die Wanderung der Seele von einem Körper in den anderen. Diese Wanderung konnte mit Hilfe eines Sakraments, des *consolamentum,* das die Gläubigen beim Herannahen des Todes empfingen, beendet werden. Die Seele konnte dann in den Himmel zurückkehren. Dieses Sakrament konnte nur von den »Reinen«, den Priestern der Katharer, gespendet werden. Diese geistlichen Führer, Männer und Frauen, wurden auch *bonshommes,* »gute Menschen«, genannt und lebten in völliger Askese, auch wenn sie vor ihrer Zeit als Priester in vielen Fällen eine Familie hatten. An das Sakrament der Ehe glaubten die Katharer nicht. Sex betrachteten sie als etwas Böses, aber Notwendiges, da dank ihm die Seele auf ihrem Weg zur Reinheit in einen anderen Körper übergehen konnte. Die Gläubigen lebten nach klaren Richtlinien. Sie lebten streng vegetarisch, aßen weder Fleisch noch Eier noch Käse, da all dies durch einen Geschlechtsakt erzeugt wurde. Diese Diät stand auch im Einklang mit der konsequenten Befolgung des Gebotes »Du sollst nicht töten«. Nur der Fisch entging dieser Regel, da man glaubte, dass er spontan aus dem Wasser geboren werde. Kathedralen oder Kirchen erbauten die Katharer keine: Ihrem Glauben folgend, der das Materielle verdammte, feierten sie ihre Messen in okzitanischer Sprache (nochmals ein großer Affront gegen die katholische Kirche) an irgendeinem beliebigen Ort, im Wald, in einer Höhle oder in einem Haus.

Die Geschichte der Katharer ist die Geschichte ihrer Verfolgung. Obwohl sie unter den Grafen von Toulouse und im Königreich Aragón-Katalonien geduldet oder gar geschätzt wurden – viele Herrschaftshäuser ließen ihrer Kinder durch Katharer ausbilden oder gehörten selbst dem Glauben an –, war ihnen nur eine kurze Zeit des Friedens vergönnt. Papst Innozenz III. betrachtete die Katharer als die größte Gefahr für den katholischen Glauben. Zusammen mit dem König von Frankreich, der ein großes Interesse daran hatte, sein Reich bis ans Mittelmeer auszuweiten, unternahmen seine Truppen im Jahre 1209 einen Kreuzzug gegen die Ketzer und die Herren, die ihnen Schutz boten. Der Kreuzzug, nach der Stadt Albi – ein Zentrum der Katharer – auch Albigenser-Kreuzzug genannt, dauerte 20 Jahre und hinterließ in der Region eine Spur des Grauens und der Verwüstung. Die entscheidende Schlacht war jene von Muret im Jahre 1213, als die Koalition von Aragón, Katalonien und Okzitanien eine überraschende Niederlage hinnehmen musste. Mit dieser Niederlage verlor Aragón-Katalonien seinen Einfluss auf Okzitanien und die Könige von Frankreich über-

◄ Der Bischof Jacques Fournier, der später als Papst Benedict XII. das Oberhaupt der katholischen Kirche wurde, hat als Inquisitor Tausende Katharer in den Tod geschickt.

nahmen dort die Macht. Nach dem ersten Kreuzzug folgte sogleich ein zweiter, während welchem die Inquisition die Andersgläubigen verhörte und zu Tausenden auf den Scheiterhaufen führte. Eine letzte Bastion von Katharern konnte sich 1243 auf der Burg von Montsegur halten. Über ein Jahr wurden sie belagert, bis sie sich schließlich, völlig ausgehungert, der militärischen Übermacht des Gegners beugen mussten. 215 Katharer, Männer, Frauen und Kinder, ergaben sich, stiegen vom Felsen hinunter und wurden allesamt auf dem Scheiterhaufen, mit 24 auf 12 Meter wohl einer der größten der Geschichte, verbrannt. Mehrere Tage soll es gedauert haben, bis die Glut des Feuers erlosch und der Rauch aus dem Tal abzog.

Während der grausamen Kreuzzüge flohen viele Katharer nach Katalonien, insbesondere nach Cerdanya, Berguedà und Alt Urgell. Sie wurden in ihrer neuen Heimat, zumindest zu Beginn, warm empfangen, auch weil sie oft viel Geld mit sich brachten und im Kampf gegen die Muselmanen eine willkommene Verstärkung waren. Zentren des Katharertums waren Josa, Gósol und Castellbò, wo die lokalen Herren demselben Glauben angehörten und den Verfolgten ihre volle Unterstützung gewährten. Im Süden Frankreichs flammte das Katharertum ab 1300 nochmals für kurze Zeit auf, als die Gebrüder Autier als Prediger durch die Lande zogen, doch auch sie landeten nach 10 Jahren auf dem Scheiterhaufen. Der wohl letzte der *bonshommes* wurde 1321 bei Castellbò erwischt und ebenfalls verbrannt, genauso wie die letzten vier Katharer, die 1329 in Carcassone verurteilt wurden.

Das Katharertum bildet seit seinem Verschwinden eine wahre Inspirationsquelle für Esoteriker und Mythen. Die Katharer wurden auch immer wieder mit dem Heiligen Gral in Verbindung gebracht. Im Rahmen seiner Arbeit für den Parsifal besuchte Richard Wagner Montsegur. Am selben Ort führten die Nazis im Zweiten Weltkrieg Ausgrabungen durch. Heute bildet die Geschichte dieser verfolgten Christen, eine Sekte würde man sie heute wohl nennen, eine willkommene Attraktion für den Tourismus.

▼ Castellbò (Etappe 14.2) war ein Zentrum der Katharer in Katalonien.

EIN PAAR TAGE IN
LA SEU D'URGELL

In der ruhigen Provinzstadt, seit weit über 1000 Jahren Sitz des mächtigen Bistums von Urgell, lohnt sich der Besuch der romanischen Kathedrale Santa Maria. Die Arkaden in den Gassen der Altstadt laden zum Bummeln ein. Wer den Trubel sucht, erreicht von hier in 40 Minuten das Shoppingparadies Andorra.

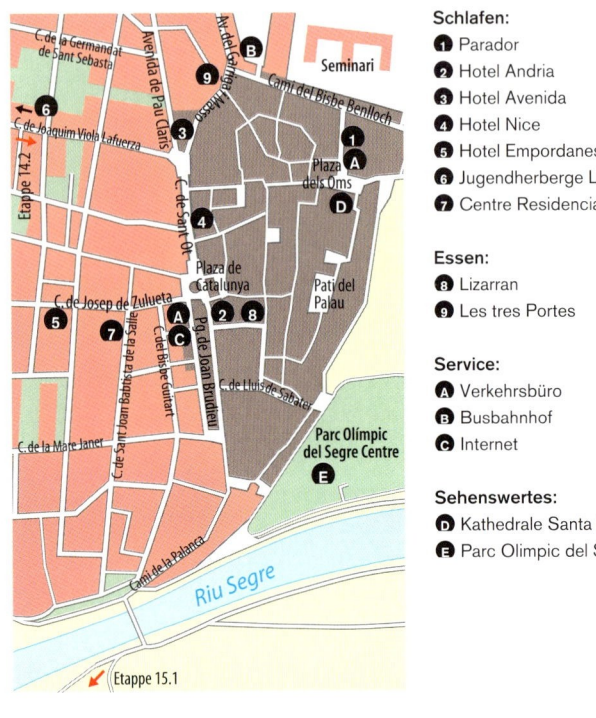

Schlafen:
- ❶ Parador
- ❷ Hotel Andria
- ❸ Hotel Avenida
- ❹ Hotel Nice
- ❺ Hotel Empordanesa
- ❻ Jugendherberge La Valira
- ❼ Centre Residencial i de Serveis

Essen:
- ❽ Lizarran
- ❾ Les tres Portes

Service:
- Ⓐ Verkehrsbüro
- Ⓑ Busbahnhof
- Ⓒ Internet

Sehenswertes:
- Ⓓ Kathedrale Santa Maria
- Ⓔ Parc Olimpic del Segre

Info: Die Touristeninformation von la Seu befindet sich vis-à-vis der Kathedrale in der ehemaligen Kirche von Sant Domènec, Tel. 973 35 15 11, www.laseu.org.
Der Landkreis (Comarca) Alt Urgell hat eine Touristeninformation am Passeig Joan Brudieu 15 (der Allee), die eigene Informationsbroschüren zur Stadt und zur Umgebung herausgibt, Tel. 973 35 31 12, www.alturgell.org.

Anreise: Der Busbahnhof liegt nördlich der Altstadt. Von hier gibt es viermal täglich Verbindungen (2.5 Std.) von und nach Barcelona (zwei via Cadi-Tunnel und Berga, zwei via Organyà-Schlucht und Ponts). Dreimal täglich fährt ein Bus nach Puigcerdà, von wo die Weiterfahrt nach Frankreich möglich ist. Vier Verbindungen täglich nach Lleida. Fahrpläne: www.alsinagraells.com.

Übernachten (Auswahl – vollständige Liste bei der Touristeninformation):
Das nobelste Hotel der Stadt und gleichzeitig das einzige im alten Stadtkern ist der *Parador von la Seu (1).* Als Bausubstanz diente zum Teil ein ehemaliges Kloster. Nach Renovationsarbeiten wurde es im Frühling 2004 wiedereröffnet, Tel. 973 35 20 00, DZ: 110 Euro, www.paradores-spain.com/spain/pseurgel.html. Das schönste Haus am Platz ist sicherlich das *Hotel Andria (2).* Zentral gelegen, mit einer eindrücklichen Veranda und einem guten Gartenrestaurant, Tel. 973 35 03 00, DZ: 75 Euro. Ebenfalls an der Hauptstraße im Westen der Altstadt liegen das große und günstige *Hotel Avenida (3)* (oder Avinguda auf Katalanisch), Tel. 973 35 01 04, DZ: 48 Euro, www.avenhotel.com, und das etwas bessere *Hotel Nice (4)* (Tel. 973 35 21 00, DZ: 72 Euro, www.hotelnice.net), beide in nicht sehr schönen Neubauten und etwas dunkel. Das kleine *Hotel l'Empordanesa (5)* liegt nicht weit von der Plaça de Catalunya (Tel. 973 35 10 28, DZ:

50 Euro) an der C. de Llorenç Tomàs i Costa 43. Ganz in der Nähe steht das riesige **Centre Residencial i de Serveis (7)** mit 225 Betten. Die ehemalige Olympiaunterkunft hat ein wenig die Ambiance einer Kaserne, doch die Preise für ein DZ sind unschlagbar (Tel. 973 35 38 16, DZ: 13 Euro). Unmittelbar am Valira-Park, am Rande der Stadt, liegt die **Jugendherberge La Valira.** Der Neubau versprüht eine etwas kalte Atmosphäre (Tel. 973 35 38 97, Matratzenlager: 20 Euro).

Im nahe gelegenen **Castellciutat** ist das **Hostal Glorieta** mit schöner Aussicht und einem kleinen Schwimmbad (Tel. 973 35 10 45, DZ:72 Euro) eine Alternative zu den Hotels in la Seu. Wer es ganz gediegen mag (und über das nötige Kleingeld verfügt), wird sich im **Hotel El Castel de Ciutat** verwöhnen lassen (Tel. 973 35 07 04, DZ: 165 bis 200 Euro, www.relaischateaux.com/site/us/rc_elcastell.html).

Essen: In der Nähe der Kathedrale gibt es mehrere Cafés, wo man unter den Arkaden frühstücken kann. Für Tapas oder Raciones geht man am besten ins **Lizarran (8)** an der Calle Mayor 74. Das beste Lokal für ein gutes Abendessen (mit etwas gehobenen Preisen) ist das **Les tres Portes (9)** auf dem Weg zum Busbahnhof. An einem warmen Abend sitzt man auch gerne im Gartenrestaurant des **Hotel Andria (2),** in dem lokale Spezialitäten serviert werden.

Diverse weitere Restaurants und Pizzerien.

Einkaufen: Immer dienstags und samstags findet in den Gassen der Altstadt ein Markt statt. Lebensmittel aus der Region, aber auch Kleider, Schuhe und vieles mehr werden angeboten.

In der Calle Mayor 58 findet man unter den Arkaden in der Formatgeria Eugene eine große Auswahl an köstlichen lokalen Käsespezialitäten. Gleich nebenan führt die Metzgerei Pere Tor ein reiches Sortiment an Würsten.

la Seu d'Urgell

Ein wenig Geschichte

Die Anfänge von la Seu d'Urgell liegen im nahe gelegenen Castellciutat. Hier gab es bereits prähistorische Siedlungen, und der strategische Hügel, der die Verkehrswege nach Andorra und in die Cerdagne überblickt, war auch zur Römerzeit bewohnt. Bereits zur Zeit der Westgoten, zwischen 516 und 527, wurde hier, im alten Orgellia, das Bistum von Urgell gegründet. Ein Bistum, das bis heute Bestand hat und die Entwicklung der Stadt entscheidend geprägt hat. 793 vom Sarazenenheer Abdelmelichs überrannt und zerstört, wurde es 795 in die spanische Mark Karls des Großen integriert. Dieser Schutz vor Überfällen der Mauren gab die notwendige Sicherheit, um die neue Stadt in der Ebene aufzubauen. Im Jahr 839 wird am heutigen Standort die Kathedrale Santa Maria geweiht. Um sie herum entsteht die neue Stadt, die von ihr auch den Namen erhält: la Seu (die Kathedrale) d'Urgell. Der Bischof St. Ermengol lässt zu Beginn des 11. Jahrhunderts am selben Ort eine neue Kathedrale sowie weitere Kirchen (von der heute nur diejenige von St. Miquel erhalten ist) und Steinbrücken über den Segre und die Valira bauen. In dieser Zeit ist la Seu bereits ein berühmter Marktplatz und ein Knotenpunkt internationaler Handelsstraßen.

Der Reichtum der Stadt ermöglichte es bereits 1116, den Bau einer neuen Kathedrale, die heute noch steht, in Angriff zu nehmen. Für deren Bau wurde durch Bischof St. Odon ein effizientes Fundraising aufgezogen. Gegen einen jährlichen Beitrag wurden einem zwei Drittel der Sündenstrafen erlassen. Spendete man dazu noch Getreide, konnte man sich auch das letzte Drittel sparen. Trotzdem zog sich der Bau in die Länge, und als sich die Kassen aufgrund des Bürgerkrieges mit den Herren von Castellbò und Foix (siehe S. 121) endgültig leerten, wurde auf die Vollendung der Kirche verzichtet. Deshalb fehlt der großen Kathedrale bis heute ein richtiger Kirchturm.

Im Jahr 1288 einigte man sich mit den Grafen von Foix auf eine gemeinsame Verwaltung des Fürstentums Andorra. Das Abkommen hatte bis 1993 Bestand, und auch heute noch ist der Bischof von Urgell der Ko-Fürst von Andorra, auch wenn er in dem konstitutionellen Fürstentum fast nur noch repräsentative Aufgaben übernimmt. Für kurze Zeit wurde die ruhige Stadt 1992 wieder von der Öffentlichkeit wahrgenommen, als hier die Wildwasserwettbewerbe der Olympischen Spiele von Barcelona ausgetragen wurden.

Ein Gang durch die Stadt

Die Besichtigung von la Seu, der Hauptstadt des Landkreises Alt Urgell, beginnt man am besten auf dem Platz vor der Kathedrale, wo sich auch die städtische Touristeninformation befindet. Diese bietet mehrmals täglich empfehlenswerte Führungen in die Kathedrale und das Diözesanmuseum an.

Bevor man in die **Kathedrale Santa Maria** eintritt, lohnt es sich, vom kleinen Park her auch die bemerkenswerte Ostfassade mit dem Bogengang zu bewundern. Der

▲ ▲ ▲ Markttag in der Altstadt von la Seu d'Urgell.

▲ ▲ Die Plaça Patalin im Festtagskleid.

◀ ▼ Ostfassade (links) und Kreuzgang der Kathedrale Santa Maria.

la Seu d'Urgell

Baustil zeugt von einem starken lombardischen Einfluss. Die wehrhaften Türme unterstreichen den Festungscharakter. Das Innere der Kathedrale ist sehr schlicht gehalten. Der hohe Raum ist kühl und dunkel. Im benachbarten **Kreuzgang** sind noch drei der ursprünglichen Bogenreihen erhalten. Die Granitkapitelle werden von unzähligen Fabelwesen und Musikern geschmückt. Auf der gegenüberliegenden Seite des Kreuzganges steht die kleine **Kirche Sant Miquel** aus dem 11. Jahrhundert, das älteste Gebäude der Stadt. Am Kreuzgang ist auch der Eingang zum **Diözesanmuseum** (geöffnet von 10 bis 13 und von 16 bis 19 Uhr, So nur morgens). Unter den vielen religiösen Kunstgegenständen sticht besonders eine Beatus-Handschrift aus dem 10. Jahrhundert hervor.

Beim Bummel durch die gepflasterten Gassen der **Altstadt** sollte man neben der zentralen Achse, der Carrer Major mit ihren noblen Häusern, auch die älteste Gasse der Stadt, die engere Carrer dels Canonges, besuchen. Beide Straßen führen ans südliche Ende der Altstadt, von wo eine Treppe zum Park am Segre hinunterführt. Der **Parc Olimpic del Segre** wurde für die Olympischen Winterspiele von 1992 erstellt. Hier wurden im künstlich angelegten Kanal die Wildwasserwettbewerbe durchgeführt. Der Park ist ein beliebter Ausflugsort, er dient aber auch heute noch als Trainings- und Wettkampfstätte für Kanu und Kajak. Für Fahrten auf dem künstlichen See kann Material geliehen werden. Rafting und Hydrospeed auf dem Wildwasserkanal kann man mit Hilfe eines Instruktors versuchen. Es können auch Mountainbikes gemietet werden. Mehr Infos: www.parcolimpic.com.

Am westlichen Rand der Altstadt befinden sich die Plaça de Catalunya und der **Passeig de Joan Brudieu.** Die Allee ist der Lebensnerv und Treffpunkt des modernen Seu d'Urgell.

Ausflüge von la Seu d'Urgell

In der Touristeninformation der Comarca von Alt Urgell (siehe Info) gibt es handliche Faltblätter für Wanderungen und Mountainbiketouren in der näheren und weiteren Umgebung. Mountainbikes können im Parc Olimpic gemietet werden (wobei viele der Fahrräder nicht im besten Zustand sind).

Andorra ist von la Seu d'Urgell stündlich (am So weniger oft) mit dem Bus erreichbar. Die 40-minütige Busfahrt führt uns direkt ins größte Shoppingcenter der Pyrenäen. Geschäftig geht es im engen Bergtal zu und her. Man frönt dem Konsumrausch.

Andorra, seit dem 13. Jahrhundert unter der gemeinsamen Herrschaft des Bischofs von Urgell und des Grafen von Foix (später seiner Rechtsnachfolger, des französischen Königs und des französischen Präsidenten), ist erst seit 1993 ein unabhängiger Staat. Diese besondere Geschichte mag für viele bereits Grund genug sein, um dem kleinen Fürstentum einen Besuch abzustatten. Durch den Status eines Zollfreigebietes hat sich Andorra in ein riesiges Shoppingcenter verwandelt, in dem sich Einkaufszentrum an Einkaufszentrum reiht. Aber Achtung: An der Grenze gibt es einen richtigen Zoll und die Ausfuhr von Waren ist nur in einem begrenzten Umfang erlaubt (siehe unten stehende Website). Von harten Shoppingtouren kann man sich im riesigen, modernen Thermalbad Escaldes erholen. Im Winter zieht es die Touristen (viele Engländer) in die diversen Retorten-Skiorte. Will man weder shoppen, Ski fahren noch baden, kann man Andorra auch getrost links liegen lassen. Weitere Informationen: Tel. 00376 82 02 14, www.turisme.ad.

◄ Riverrafting modern: Im Parc Olimpic del Segre werden die Schlauchboote nach der rasanten Fahrt auf dem künstlichen Fluss mit einem Lift zurück an den Start gebracht.

▼ Das futuristische Thermalbad Escaldes in Andorra.

la Seu d'Urgell

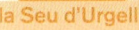

DÖRFER IM SCHUTZ DER SERRA DE CADÍ

In zwei Tagen von la Seu d'Urgell nach Gósol

Die Wanderung führt uns im Westen um die markante Serra de Cadí herum zu den kleinen Dörfern Fórnols, Tuixén und Gósol. In Tuixén erzählt uns ein Museum die Geschichte der Kräutersammlerinnen. Über Gósol wacht eine verlassene Stadt.

15

Sehenswertes:

Ⓐ Gesteinsformationen beim Coll de Creus

Ⓑ Das Dorf Fórnols

Ⓒ Trementinaires-Museum in Tuixén

Ⓓ Das Kastell in Gósol

Charakter: Einfache Wanderung zu kleinen Dörfern der Vorpyrenäen. Durchgängig markiert.

Variante: Allenfalls den ersten Tag verlängern und in Tuixén übernachten.

Karten: *Etappen 15.1 und 15.2:* Am besten eignet sich die Mapa excursionista Andorra-Cadí (1:50000), Éditions Rando. Ebenfalls brauchbar ist die Mapa comarcal de Catalunya, Alt Urgell (1:50000); ab dem Coll de Creus wird die Strecke auch von Editorial Alpina, Serra del Cadí–Pedraforca (1:25000), abgedeckt.

Etappenort Gósol

Info: Im Centre de Muntanya, beim Schwimmbad im Osten des Dorfes, gibt es viel Informationsmaterial. Das Personal gibt gerne Auskunft über mögliche Wanderungen: Tel. 973 37 00 16, meist nur von 10 bis 14 und von 17 bis 19 Uhr geöffnet, Mo geschlossen.

Kleiner Lebensmittelladen und Bäckerei vorhanden.

15
la Seu
d'Urgell–Gósol

Anreise: Mit dem Bus von Berga (zweimal täglich). Berga weist sehr gute Busverbindungen von und nach Barcelona auf, ist aber auch von Puigcerdà oder la Seu d'Urgell direkt erreichbar. Fahrplan unter www.alsinagraells.com, Tel. 93 821 04 85.

Übernachten: *Casa Rural Cal Fusté* an der Plaça Mayor (unmittelbar links von der Post): Tel. 973 37 00 83, DZ: 35 Euro. Ebenfalls am Hauptplatz liegt das *Hostal Cal Triuet:* Tel. 937 37 00 72, DZ: 40 Euro. 300 Meter außerhalb des Dorfes liegt das *Hostal Cal Franciscó* mit einfachen Zimmern: Tel. 973 37 00 75, DZ: 40 Euro.

Essen: Sehr gut isst man im *Restaurant Cal Puxica,* östlich des Hauptplatzes. Leider hat das Puxica nur zum Mittagessen geöffnet und ist Do und Fr geschlossen. Eine Alternative ist das *El Forn* mit vielen Grillgerichten (westlich des Hauptplatzes).

15.1 La Seu d'Urgell–Molí de Fórnols

Charakter: Einfache, aber lange Wanderung auf durchwegs markierten Wegen.

Übernachten/Essen: Fórnols: *Hostal Cal Ton* (nur Restaurant, keine Zimmer). Busverbindung nach la Seu und Tuixén (siehe 143).
Molí de Fórnols: *Casa Rural*, Restaurant, Camping, Tel. 973 37 00 21, Halbpension im modernen DZ: 39 Euro p. P., das Schwimmbad des Campingplatzes kann von den Gästen der Casa Rural mitbenutzt werden.

↗ 1040 m, ↘ 740 m

Wanderzeit:
La Seu d'Urgell–Turó de Porredon: 1.45 Std.
Turó de Porredon–Coll de Creus: 1.55 Std.
Coll de Creus–Coll de Bancs: 1.20 Std.
Coll de Bancs–Fórnols: 0.45 Std.
Fórnols–Molí de Fórnols: 0.35 Std.
Total: 6.20 Std.

Von der Plaça de Catalunya in **la Seu d'Urgell** gehen wir auf der großen Allee Richtung Süden. Immer geradeaus kommen wir zur Brücke, auf der wir den Segre überqueren. Nach der Brücke halten wir nach rechts. Von hier an weisen uns die rot-weißen Markierungen den ganzen Tag den Weg. Die heutige Route ist eine Teilstrecke von zwei Weitwanderwegen: Der GR7, der älteste Weitwanderweg Spaniens, führt von Andorra bis zur Südspitze des Landes in Andalusien. Er ist Teil des Europäischen Fernwanderweges E4, der von Spanien zum Bodensee und von dort via Budapest nach Griechenland zieht.

10 Minuten nach der Brücke nehmen wir eine Abzweigung nach links. Nach der Überquerung eines Baches biegen wir wieder nach links in ein kleines Tal ein. Im Wald überschreiten wir den Bach nochmals und steigen gleich danach links aufwärts. Nachdem wir einen kleinen Wasserkanal überquert haben, verlassen wir den Feldweg und steigen nach links, nun etwas steiler, aufwärts. Buchsbäume, Eichen und später auch Kiefern säumen den Weg. Bald schon weitet sich der Blick auf das Segre-Tal und zurück nach la Seu d'Urgell. Immer dem Grat folgend erreichen wir eine erste Erhebung und gehen von hier nochmals wenige Meter hinunter, um gleich wieder zum **Turó de Porredon** aufzusteigen (1123 m). Stolz erhebt sich vor uns die steil abfallende Nordseite der Serra de Cadí. Danach bleibt der Weg zuerst auf dem Grat, weicht dann aber bald auf die östliche Flanke aus. Bei einem verschrotteten Citroën nehmen wir von drei möglichen Wegen den mittleren, der in etwa der Höhenlinie folgt und später den Grat überschreitet. Immer mehr gehen wir auf nackter roter Erde, in der seltsam aufgerichtete Felsen stecken. Der Weg wird hier etwas unübersichtlich, die rot-weiße Mar-

kierung (teilweise weiße Pfeile aus Karton) erweisen uns gute Dienste. Auch auf dem **Coll de Creus** (1430 m) werden von der roten Erde und kleinen Steinen eigenartige Bänder geformt. Hinter dem Pass ändert sich das Landschaftsbild. Die trockenen Hänge und Wälder werden von Weiden abgelöst. Bald mündet unser Pfad in einen Feldweg, den wir nach 10 Minuten, auf der Höhe eines Hofes, wieder nach links verlassen. Durch den Wald ziehen wir weiter Richtung Süden. Kurz nachdem wir oberhalb einer Ruine vorbeigekommen sind, gehen wir, wo der Weg eine starke Linkskurve macht, geradeaus. Wir queren einen größeren Weg und kurz danach den Riu de Bona. 5 Minuten später erreichen wir einen kleinen Pfad, dem wir nach links folgen. Nach 10 Metern mündet der Pfad auf einen größeren Waldweg, der uns mit vielen Kehren zum **Coll de Bancs** (1379 m) hinaufführt.

▲ ▲ ▲ **Das Dorf Tuixén am Fuße des Roca de Santaló.**

▲ ▲ **Blick vom Friedhof des Kastells von Gósol zur Serra d'Ensija.**

▲ **Beim Aufstieg zum Coll de Creus wird das Landschaftsbild immer mehr von der roten Erde beherrscht, welche eindrücklich mit dem Grün der Kiefer kontrastiert.**

◄ **Was für eine Besitzung sich hinter solchen Toren versteckt, lässt sich nur erahnen.**

besteht, gehörte lange Zeit dem Bischof von Urgell. Nur das Dorf Adraén gehörte dem Vescomte de Castellbò. Heute haben die neun Dörfer gesamthaft 184 Einwohner. Der Tourismus steckt, im Gegensatz zu einigen Nachbargemeinden, noch in den Kinderschuhen. Die Landwirtschaft ist mit Abstand der wichtigste Erwerbszweig, wobei sich einige Bauern auf den biologischen Anbau von Medizinalpflanzen und aromatischen Kräutern spezialisiert haben.

Um weiter zu wandern, gehen wir oben ins Dorf hinein und gleich danach links eine Gasse hinunter. Unterhalb des Dorfes gelangen wir über eine Treppe auf einen Feldweg, dem wir nach links und bei der nächsten Kreuzung geradeaus folgen. Kurz darauf kann eine große Kehre abgekürzt werden. Wir verlassen den Feldweg später wieder, um auf einer Schulter direkt ins Tal abzusteigen. Kurz vor dem Talboden gelangen wir auf den Feldweg zurück, halten nach links und erreichen in wenigen Minuten **Molí de Fórnols** (1000 m). Die Mühle, die bis in die 1960er-Jahre in Betrieb war, gibt es nicht mehr. Sie wurde 1982 bei einem großen Unwetter weggespült. Aber auch das Haus, in dem die Gästezimmer der Casa Rural und das Restaurant untergebracht sind, kann ein wenig Geschichte aufweisen, schon seit 90 Jahren wird hier gewirtet.

Vom Pass gehen wir ca. 150 Meter auf der Straße Richtung la Seu d'Urgell, um dann bei einer Steinmauer rechts abzubiegen. Der Weg führt uns zur Straße zurück, die wir nach 200 Metern wieder nach rechts verlassen. Kurz vor **Fórnols** (1292 m) biegen wir links ab, um das Dorf von oben zu erreichen. Am Dorfeingang erwartet uns ein Brunnen. Die erste Möglichkeit am heutigen Tag, um Wasser nachzufüllen. Eine größere Auswahl an Getränken gibt es im Hostal Cal Ton im Dorf.

Die Gemeinde **La Vansa i Fórnols**, die aus einer Vielzahl von Dörfern und Weilern

15.2 Molí de Fórnols–Gósol

Charakter: Einfache Wanderung, bei der man für den Besuch von Tuixén ein wenig Zeit einberechnen sollte. Der Weg ist durchgängig markiert, doch nach Tuixén nicht ganz einfach zu finden.

Übernachten/Essen: Tuixén: Die Touristeninformation befindet sich im Trementinaires-Museum. Tel. 973 37 00 30, tuixent.ddl.net. Von la Seu d'Urgell nach Tuixén gibt es von Mo bis Sa eine Busverbindung (14 Uhr ab la Seu, mit Halt bei Fórnols). Tel. 689 96 77 59. In Tuixén gibt es einen Laden und zahlreiche Übernachtungsmöglichkeiten: *Hostal Custodi:* Tel. 973 37 00 33, DZ (viele mit Aussicht) inkl. Halbpension: 38 Euro p. P.; *Casa Rural Can Farragetes* mit Balkon und schönem Garten, Tel. 973 37 00 34, DZ inkl. Halbpension: 35 Euro; *Casa Rural Cal Gabriel* (auch Taxidienst und Fahrradvermietung), Tel. 973 37 01 42 oder 608 07 46 88, DZ inkl. Halbpension: 34 Euro; *Alberg Can Cortina,* Tel. 973 37 02 24, Matratzenlager: 11 Euro. Diverse Restaurants.

Etappenort Gósol: siehe S. 139.

↗ 1000 m, ↘ 580 m

Wanderzeit:
Molí de Fórnols–Tuixén: 1.15 Std.
Tuixén–Pla del Prat: 2 Std.
Pla del Prat–Coll de Mola: 0.50 Std.
Coll de Mola–Santa Margarida: 0.35 Std.
Santa Margarida–Gósol: 0.30 Std.
Total: 5.10 Std.

◀ Wind und Wetter haben am Coll de Creus aus der roten Erde eine Unzahl Bänder und Terrassen geformt.

▼ Die Sattelschrecke ist in den Wäldern am Fuß der Serra de Cadí ein oft gesehenes Insekt. Man erkennt sie einfach am Sattel, der auf dem Hals liegt. Unterhalb des Sattels lugen die zurückgebildeten Flügel hervor. Zum Fliegen taugen sie nicht mehr, doch kann die Sattelschrecke sie durch Übereinanderreiben zum Erklingen bringen.

Bei der Casa Rural **Molí de Fórnols** überqueren wir den Fluss. Beim Eingang zum Zeltplatz biegen wir nach rechts ab. Der breite Fahrweg macht eine große Linkskurve und führt danach geradewegs nach Tuixén (immer noch rot-weiß markiert). Kurz vor dem Dorf überqueren wir auf einer Brücke ein Bachbett. Unmittelbar anschließend gehen wir bei einer Kreuzung geradeaus und biegen nach 100 Metern auf einen Pfad ab, der uns zur Straße hinaufführt. Wir folgen der Straße nach rechts. Die zweite Straße nach links führt

uns danach ins Dorf **Tuixén** (1205 m, 120 Einw., ausgesprochen: Tuschén) hinauf. Wenn man beim ersten Platz (Plaça Mayor, Laden) links vom Brunnen hinaufgeht kommt man zum Platz mit dem kleinen, sehenswerten Trementinaires-Museum. Zuoberst im Dorf befindet sich die romanische Kirche Sant Esteve, die leider, wie viele andere auch, abgeschlossen ist.

Auch **Tuixén** gehörte über Jahrhunderte zu den Ländereien des Bischofs von la Seu d'Urgell. Im Nachbardorf Josa hingegen, mit dem Tuixén heute gemeinsam eine politische Gemeinde bildet, residierte der Ritter Ramón de Josa, der mit den Herren von Castellbò verbündet war. Wie diese wurde auch er wegen der Ausübung des Katharertums im 13. Jahrhundert verurteilt (siehe auch S. 124 ff). Tuixén war einst

viel größer. Hatte es 1860 noch 822 Einwohner, sind es heute noch wenig über 100. Hoffnung auf neue Arbeitsplätze besteht dank dem Tourismus im Naturpark Cadí-Moixeró und dem Langlaufzentrum Tuixén-la Vansa.

Ab Mitte des 19. Jahrhunderts war das Tal von Tuixén das Zentrum der **Trementinaires**, der Kräutersammlerinnen. In dieser wirtschaftlich schwierigen Zeit ging der größte Teil der weiblichen Talbevölkerung dieser Beschäftigung nach. Das Wort *trementinaires* kommt von *trementina,* auf Deutsch »Terpentin« (nicht zu verwechseln mit Terpentinöl, welches unter anderem für die Reinigung von Pinseln verwendet wird und ein Destillat des Terpentins ist). Die Frauen gewannen das Terpentin aus dem gereinigten Harz der Kiefer. Als Pflaster oder auf Umschlägen half es bei Schmerzen, Prellungen und Zerrungen, aber auch bei Spinnen- oder Schlangenbissen und entzündeten Pickeln. Neben dem Terpentin hatten die Kräutersammlerinnen, die über ein großes, mündlich überliefertes Wissen verfügten, noch viele weitere Kräuter und Öle im Sortiment. Aus der endemischen *Ramonda myconi* stellten sie einen Tee gegen Hämorrhoiden, Husten und Erkältungen her, aus dem Pyrenäensteinbrech ein Abtreibungsmittel für Mensch und Tier, aus dem Steinbrech-Leimkraut einen Tee gegen Nierensteine und aus Wacholder ein Wurmmittel. Salbei verwendeten sie als blutreinigendes und und wundheilendes Allheilmittel. Eine große Nachfrage bestand während Epidemien nach dem Typhusöl, einem Gemisch aus vielerlei Bestandteilen. Um ihre Produkte zu verkaufen, zogen die Frauen ein- bis zweimal im Jahr in die Ebenen im Landes-

innern und an die Küsten Kataloniens. Bis zu vier Monate waren sie jeweils zu Fuß auf ihren festen Routen unterwegs. Die letzte Reise dieser Art unternahm im Jahr 1982 Sofia de Ossera. Seit 1998 ist das Wirken dieser Frauen im Trementinaires-Museum in Tuixén dokumentiert. (Geöffnet in der Osterwoche und von Mitte Juli bis Mitte September täglich von 11 bis 14 und 17 bis 20 Uhr, im restlichen Jahr zu denselben Zeiten, aber nur am Wochenende.)

Vom Platz vor dem Museum gehen wir auf der Zufahrtstraße nach Norden und danach nach Westen zum Dorf hinaus. Bei einer ersten Abzweigung halten wir geradeaus und biegen 50 Meter später links ab (markiert weiß-rot). Der Weg, der mit weiten Kehren aufwärts führt, ist ein wenig überwachsen. Achtung: ca. 150 Meter nach der zweiten Haarnadelkurve nach rechts biegt die markierte Route links von

▲ Kurz vor dem Pla del Prat wird der Kiefernwald lichter und das Gelände flacher.

◄ Zwei Kräutersammlerinnen aus Tuixén (historische Fotografie).

145

der Forststraße ab (wer geradeaus weiter-läuft, wird kurz danach links des Weges ein paar Ruinen und einen Weg, der kaum noch begehbar ist, vorfinden). Unser kaum sichtbarer Pfad führt den Hang hinauf. Nach 10 Minuten treffen wir wieder auf einen größeren Weg, dem wir nach rechts folgen. Ca. 400 Meter später biegen wir stark nach links in einen anderen Weg ab. Auch diesen Weg verlassen wir an einer Stelle (nach ca. 10 Min.), die leicht verpasst werden kann: Wo auf der rechten Seite des Weges ein Baum doppelt markiert (weiß-rot-weiß-rot) ist, geht unser kleiner Pfad links ab. Sehr steil führt uns die schmale (immer noch markierte) Spur durch den Kiefernwald aufwärts. Erst wenige Meter vor dem **Pla del Prat** (1793 m) wird das Gelände flacher. Wir befinden uns bereits im Naturpark Cadí-Moixeró (siehe S. 156f), den wir in den nächsten Tagen ausgiebig durchstreifen werden. Die Waldlichtung auf dem Pass überqueren wir auf ihrer nördlichen Seite und stoßen dahinter auf einen Feldweg, auf dem wir sanft absteigen. Eine Abzweigung nach links lassen wir unbeachtet. 20 Minuten hinter dem Pass erreichen wir bei einer Schranke eine Forststraße, der wir nach links bis hinauf zum **Coll de Mola** (1819 m) folgen, der auch von einer Hochspannungsleitung überquert wird. Kurz vor dem Pass haben wir die Provinz Lleida und die Comarca (Landkreis) Alt Urgell verlassen und sind in die Provinz Barcelona (Comarca Berguedà) eingetreten. Vor uns erblicken wir den imposanten Doppelgipfel der Pedraforca. Auf dem Pass können wir einen kleinen Weg nehmen, der ein wenig unterhalb parallel des Fahrweges verläuft (markiert). Unser Weg kreuzt mehre-re Male die Straße. (Beim zweiten Mal beginnt die Fortsetzung 5 Meter weiter rechts, beim dritten Mal 20 Meter weiter links.) Der gute Weg führt uns zur Ermita (Einsiedelei) **Santa Margarida** (1150 m). Alljährlich wird hier am 20. Juli eine Messe gefeiert, bei der die Felder des Tales gesegnet werden. Kurz unterhalb der Kirche erreichen wir die Straße. Bei der ersten Haarnadelkurve nach rechts gehen wir geradeaus eine Treppe hinunter und kommen später wieder auf die (ungeteerte) Straße, der wir nach links folgen. Bald schon erhebt sich vor uns das Kastell von Gósol, das Dorf jedoch versteckt sich hinter dem Hügel. Bei der nächsten scharfen Rechtskurve gehen wir wieder auf einem Feldweg geradeaus und wandern um den Hügel nach **Gósol** (1426 m, 220 Einw.) hinein. Wer in Gósol einen Halt einlegt, sollte es nicht verpassen, zum alten Kastell und der verlassenen Stadt auf dem Dorfhügel hinaufzuwandern. Der alte Turm des Kastells kann bestiegen werden. Auch einige Mauern der alten Kirche stehen noch. Im kleinen Dorfmuseum (geöffnet im Sommer von 12 bis 14 Uhr) am Hauptplatz gibt es einen Saal mit alten Gebrauchsgegenständen für Hof und Haushalt und ein Picasso-Zimmer.

Das alte Dorf Gósol, besser bekannt als das **Kastell**, steht auf dem Hügel El Tossal im Süden des Dorfes. Das Kastell entstand im 10. Jahrhundert. Die Mauern schützten die Bewohner vor Räuberbanden oder kriegerischen Übergriffen. So wurden z. B. während der Karlistenkriege viele Häuser außerhalb der Kastellmauern in Brand gesteckt. Die Häuser innerhalb der Mauern blieben verschont. Am Ende des 19. Jahrhunderts verließen die Einwohner das alte Dorf und ließen sich am Fuße des Hügels nieder.

Im Sommer 1906 zogen der 24-jährige **Picasso** und seine Freundin Fernande Olivier von Guardiola de Berguedá mit 5 Maultieren, die das Gepäck trugen, nach Gósol hinauf. (Eine befahrbare Straße nach Gósol gibt es erst seit 1942.) Drei Wochen verbrachte das Paar im kleinen Bergdorf, in dem Picasso rund 100 Bilder malte. Fernande stand ihm Modell, aber er malte auch die Dorfbevölkerung, die Kühe und Pferde und das Dorf. In allen Bildern dominiert das Ockerfarbene. In einem Saal des kleinen Dorfmuseums werden heute Reproduktionen von ein paar Bildern aus Picassos Gósol-Zeit ausgestellt. Für die Statue auf dem Dorfplatz diente ein Bild Picassos als Vorlage. Wer in Gósol länger verweilt, dem sei eine Wanderung ins kleine, intakte Dorf Josa empfohlen (rot-weiß markiert).

▼ Ansicht von Gósol, gemalt von Picasso während seines Aufenthalts im Sommer 1906.

Autonom, souverän oder unabhängig?

Die Katalanen gelten als die größte »nationale Minderheit« Westeuropas. Die allermeisten Katalanen, 6,3 Millionen Menschen, leben in der Region Katalonien, das auch als Principat (Fürstentum) bezeichnet wird. Mit einer Fläche von 31 895 Quadratkilometern ist Katalonien etwa gleich gross wie Belgien. Seit Jahrhunderten steht Katalonien mit den Obrigkeiten Spaniens im Konflikt. Streitpunkt ist immer wieder der Grad der Autonomie, welcher der Region zugestanden werden soll. Die Auseinandersetzung verläuft im Vergleich zur baskischen Frage weit weniger blutig, ist aber ebenfalls wohl noch lange nicht beendet.

Das Gebiet Kataloniens wurde der Reihe nach von Iberern, Griechen, Römern, Westgoten und Arabern besiedelt. Um 790 konnte Karl der Große die Mauren aus einem Grenzgebiet südlich der Pyrenäen (nördlich des Llobregat) vertreiben und gründete die Spanische Mark. Wilfried der Behaarte vereinigte im Jahr 878 fünf der neun Grafschaften der Spanischen Mark (von Barcelona bis Urgell) und gilt deswegen als der eigentliche Begründer des katalanischen Staates. Als 985 die Mauren nochmals Barcelona eroberten und zerstörten, die Frankenkönige der Grafschaft aber nicht zu Hilfe kamen, kündigte 988 Graf Borell II. seine Lehenspflicht gegenüber den Franken. Katalonien war erstmals unabhängig. 1988 wurde deshalb der 1000. Jahrestag Kataloniens begangen. Durch die Heirat des Grafen von Barcelona und der Kronerbin Petronilla von Aragón stand im Jahr 1137 die Katalanisch-Aragonesische Konföderation, in welcher beide Länder ihre politisch-juristische Eigenständigkeit behielten. Dieses Bündnis bildete die Grundlage für eine Eroberungs- und Machtpolitik im ganzen Mittelmeerraum. Zu Beginn des 14. Jahrhunderts unterstanden der Konföderation Mallorca, Valencia, Korsika, Sardinien, Sizilien, Neapel (und ganz Süditalien) und ab 1387 auch Athen. Das Reich wurde mit Hilfe der Corts (Versammlungen) regiert, in denen der Adel, der Klerus und das Großbürgertum vertreten waren. Ab 1413 gab der König gar die politische, finanzielle und juristische Exekutivgwalt an die so genannte Generalitat ab. Dieses Organisationsmodell wurde bis zum Beginn des 18. Jahrhunderts beibehalten.

Doch bereits im 15. Jahrhundert begann der Niedergang des Reiches. Wirtschaftlich kann dies mit der Entdeckung Amerikas begründet werden: Das Mittelmeer, wo die Katalanen eine Machtposition innehatten, war nun nicht mehr das Zentrum der Welt. Politisch mit der Heirat von Ferdinand II. von Aragonien mit der kastilischen Thronerbin Isabella II., die 1469 die Einheit der iberischen Königreiche begründete, für die sich immer mehr der Name Spanien einbürgerte. Im Rahmen des Dreißigjährigen Krieges versuchte Katalonien 1640 unter dem Schutz Frankreichs nochmals den Weg in die Unabhängigkeit, jedoch erfolglos. Als nach dem Erbfolgekrieg der Bourbone Philippe von Anjou (Felipe V.) gestützt durch den Friedensvertrag der Großmächte den spanischen Thron besteigt, verliert Katalonien 1713 den Rest seiner Souveränität. Die Katalanen lehnen den Vertrag zwar ab und wehren sich verzweifelt gegen das neue Regime, doch fällt Barcelona nach langer Belagerung am 11. September 1714. Der 11. September ist seither der katalanische Nationalfeiertag.

Felipe V. integriert Katalonien in den zentralistischen Spanischen Nationalstaat. Die vorhandenen Institutionen (Corts, Generalitat unter anderem) werden abgeschafft.

Erst in der Mitte des 19. Jahrhunderts beginnt mit der Renaixença das katalanische Nationalbewusstsein wieder zu erwachen. Die Bewegung fokussiert sich vorerst auf die Kultur und die Sprache. 1873 fordert das Provinzparlament von Barcelona erstmals die Schaffung eines katalanischen Staates als Teil einer spanischen Föderation – erfolglos. 1913 erlaubte der König die Zu-

▼ **Die Belagerung von Barcelona durch Felipe V. dauerte vom Juli 1713 bis zum 11. September 1714. Der Stich von Martin Engelbrecht zeigt die Stürmung der Bollwerke durch die von den Mineuren geschlagenen Breschen.**

Attaque de deux Bastions les breches faites par le Mineur.

Der Angriff zweyer Bollwerke nach denen von den Mineuren gemachten Breichen.

sammenfassung verschiedener Provinzen. Die vier katalanischen Provinzen machten von dieser Möglichkeit sogleich Gebrauch und bildeten eine gemeinsame Regierung, die Mancomunitat de Catalunya. Die Mancomunitat förderte die katalanische Sprache in Schule, Kultur und Verwaltung. Unter der Diktatur Primo de Riveras (1923–1930) wurde diese sehr beschränkte Art der Autonomie wieder aufgehoben. Als König Alfons der XIII. nach dem Sieg der Republikaner bei den Gemeindewahlen das Land 1931 verlässt und auf den Thron verzichtet, wird in Katalonien am 14. April 1931 die Katalanische Republik als Mitgliedstaat der Iberischen Föderation ausgerufen. Nach Verhandlungen mit der neuen republikanischen Regierung in Madrid müssen die Katalanen zwar ein wenig zurückbuchstabieren und dürfen sich nicht als Staat, sondern bloß als Region definieren, doch erreichen sie mit der Wiedereinführung der Generalitat wieder ein Maß an Selbstbestimmung, welches sie seit 1714 nicht mehr gekannt haben. Als 1933 die Konservativen die Macht in Madrid zurückgewannen, kündigte Katalonien gegenüber der Zentralregierung den Gehorsam auf und rief 1934 nochmals eine Katalanische Republik aus. Doch die Erhebung wurde in wenigen Stunden niedergeschlagen

und die Regierung verhaftet. 1936 wendete sich das Blatt nochmals. Die Republikaner gewannen in Spanien wieder die Mehrheit und Katalonien erhielt die Autonomie zurück. Doch auch diesmal währte das Glück nicht lange. Noch im selben Jahr putschte General Franco, und der Spanische Bürgerkrieg begann. 1939 war auch Katalonien besiegt und Franco errichtete sein Regime. Die wichtigsten politischen und intellektuellen Köpfe Kataloniens flohen ins Ausland. Innert 6 Tagen wurden 266 Menschen durch ein Kriegsgericht verurteilt und exekutiert. Insgesamt dürften der Rachejustiz über 1000 Menschen in Katalonien zum Opfer gefallen sein. Die anschließende Zeit der Franco-Diktatur war durch eine starke Repression der katalanischen Sprache (siehe auch S. 108f) geprägt.

Die katalanische Bewegung gewann bereits gegen Ende der Diktatur immer mehr an Gewicht, die endgültige Befreiung folgte mit dem Tod Francos 1975. 1977 wurde die Generalitat in Katalonien wieder eingeführt, 1978 wurde die neue spanische Verfassung verabschiedet. In der Verfassung wurde zwar keine Föderation verankert, wie dies von vielen Katalanen gewünscht wurde, doch alle Regionen erhielten ein Maß an Autonomie, das mit jenem von deutschen Bundesländern oder Schweizer Kantonen vergleichbar ist.

Bei den ersten Wahlen für das katalanische Parlament schwang die Partei Convergència i Unió (CiU) des militanten Jordi Pujol obenauf und Pujol wurde erster Präsident der Generalitat. Pujol erreichte auch bei den nachfolgenden fünf Wahlen die Mehrheit und hatte das Amt des Regierungspräsidenten bis 2003 inne. Bei den Wahlen im November 2003 verlor CiU erstmals die Mehrheit.

Seither bildet eine Koalition der Sozialisten, der Grünen und der Linksrepublikaner (Esquerra Republicana, die sich für eine Abspaltung Kataloniens stark macht) die Regierung. Die separatistischen Tendenzen in Katalonien bereiteten der spanischen Regierung unter dem Konservativen José María Aznar einiges Kopfzerbrechen, denn sie versuchte jegliche Diskussion über eine Revision der Autonomieregelung zu unterbinden. Eine Politik, die eher zu einer Verschärfung des Konfliktes geführt hat, wie die aktuelle Situation in Katalonien und im Baskenland (siehe Band *Der Westen*) zeigt. Vielleicht wird hier die neue spanische Regierung von José Luis Rodríguez Zapatero eine Beruhigung herbeiführen können. Die Autonomiebestrebungen im Baskenland und in Katalonien sind nicht vergleichbar. In Katalonien wurde der Kampf seit Franco nie mit Gewalt geführt. Ein Kommentator verglich einst die katalanischen und die baskischen Nationalisten, indem er sagte, dass die Basken Spanien verlassen, die Katalanen aber Spanien regieren wollen.

In einer Umfrage haben 1996 36,5 Prozent der Katalanen ausgesagt, dass sie sich genauso stark als Katalanen fühlen wie als Spanier. 25,7 Prozent fühlten sich eher als Katalanen, 11,5 Prozent eher als Spanier. Rund 12 Prozent fühlten sich nur als Spanier oder nur als Katalanen.

◄ Jordi Pujol war 23 Jahre Regierungspräsident von Katalonien. Das Bild zeigt ihn bei seiner Antrittsrede 1980.

▼ Zwei Tage nach dem Sieg der Republikaner bei den Gemeindewahlen in Spanien ruft Francesc Macià am 14. April 1931 in Barcelona die Katalanische Republik aus.

15
la Seu
d'Urgell–Gósol

AUF DEM DACH DES CADÍ-MOIXERÓ-NATURPARKS

In vier Tagen von Gósol nach la Pobla de Lillet

Auf einer aussichtsreichen Höhenwanderung durchqueren wir den Naturpark Cadí-Moixeró. Die Kraxelei
auf die mythische Pedraforca bildet einen Höhepunkt,
der uns viele Schweißtropfen kostet und ein wenig
Mut erfordert. Das Etappenziel ist das Industriedorf la
Pobla de Lillet, das seine Blüte vor 100 Jahren erlebte.

16

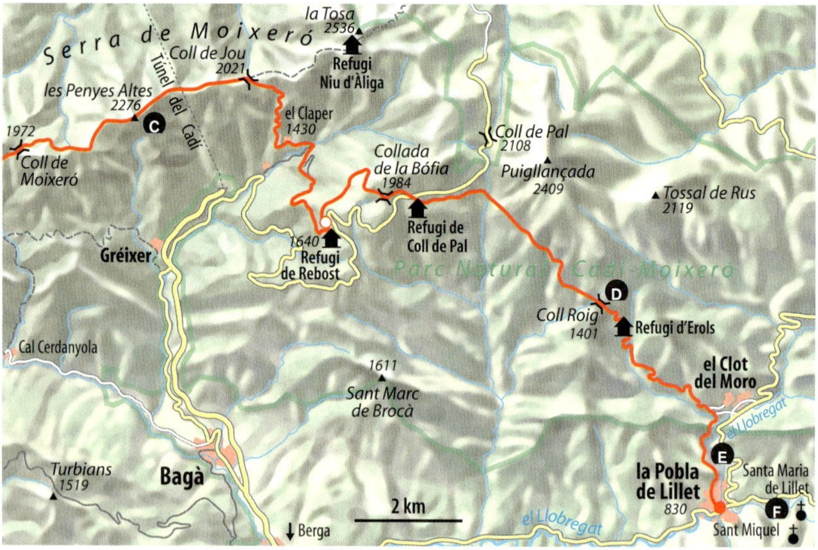

Sehenswertes:

A Aufstieg und Aussicht von der Pedraforca

B Aussicht vom Comabona

C Aussicht von den Penyes Altes de Moixeró

D Die Gesteinsformationen beim Coll Roig

E Die Artigas-Gärten bei la Pobla de Lillet

F Sta. Maria und St. Miquel bei la Pobla de Lillet

Charakter: Anspruchsvolle Wanderung im alpinen Gelände. Meist markiert.

Varianten:

- Es ist möglich, das Teilstück 16.1 mit der Pedraforca auszulassen und von Gósol direkt zum Pass el Collel aufzusteigen (ab dort siehe Wegbeschreibung 16.2). Wanderzeit für die Strecke Gósol–Refugi Sant Jordi: 7.15 Std.
- Anstatt beim Coll de Jou (Etappe 16.3) ins Tal abzusteigen, kann man die Gratwanderung auch verlängern und nicht im Refugi Rebost, sondern im etwas klotzigen Refugi Niu de l'Àliga (das ganze Jahr bewartet, Tel. 608 19 48 33 oder 972 89 21 76) übernachten. Am nächsten Tag erreicht man über den Coll de Pal wieder die Route der Etappe 16.4 (Zeitersparnis 1. Tag: 0.30 Std.; 2. Tag: 0.20 Std.) Der Abstieg nach Pobla de Lillet summiert sich bei dieser Variante auf beinahe 2000 Höhenmeter!
- Es sollte möglich sein, vom Refugi Rebost via Coll de Pal, Puigllançada und Coll de la Bassa in einem Tag direkt nach Castellar de n'Hug (Etappe 17.1) zu queren (nicht ausprobiert).

Karten: Am besten eignet sich die Mapa excursionista Andorra–Cadí (1:50000, Éditions Rando), welche die *Etappen 16.1 bis 16.3* abdeckt. Für *16.4* braucht man die Karte Puigmal–Costabona aus derselben Reihe.
Noch genauer sind die 1:25000 Karten von Editorial Alpina: *16.1:* Serra del Cadí–Pedraforca *16.2:* Serra del Cadí–Pedraforca und Moixeró–La Tosa *16.3* Moixeró–La Tosa *16.4* Moixeró–La Tosa und Montgrony Fonts del Llobregat. Als Alternative gibt es die Karte Cavalls del Vent (1:30000), welche die Etappen *16.2 und 16.3* vollständig und die Etappen *16.1 und 16.4* zum größeren Teil abdeckt.

Etappenort la Pobla de Lillet

Info: Touristeninformation, direkt bei der Brücke am Fluss, Tel. 938 23 61 46, geöffnet von 10 bis 14 und von 17 bis 20 Uhr.

Diverse Geldautomaten, keine Wäscherei. Zugang zum Internet gibt es in der Bibliothek (in der C. Cisneros gelegen – eine Gasse, die vom Fluss zur Kirche führt) von 18 bis 20 Uhr.

Anreise: Mit dem Zug (Renfe) oder mit dem Bus (Alsina-Graells, Tel. 93 821 04 85) bis Manresa und dann mit dem Bus weiter bis la Pobla de Lillet (zweimal täglich). Fahrplan auf www.alsinagraells.com. Jeden Abend Busverbindung nach Castellar de n'Hug.

Übernachten: *Hostal Pericas:* Direkt am Fluss gelegen, Zimmer mit dem üblichen Komfort, Tel.93 823 61 62 oder 93 823 64 11, DZ: 37 Euro. Die *Fonda Cerdanya,* wo man früher auch übernachten konnte, wurde geschlossen.

Essen: Im *Pericas* oder im *El Verger.* Tapas auch in der Bar El Flor de Neu.

Einkaufen: Die größte Auswahl gibts bei Murcarols, einem kleinen Supermarkt mit angeschlossener Bodega. Daneben mehrere andere Bäckereien, Metzgereien usw. Der Wochenmarkt findet am Samstag statt.

16.1 Gósol–Refugi Lluís Estasen

Charakter: Anspruchsvolle Wanderung im alpinen Gelände mit einfachen Kletterstellen (zweiter Grad) auf den Gipfel der Pedraforca. Der Gipfel kann auch auf einem einfacheren Weg erreicht werden (siehe Varianten).

Varianten:
• Den letzten Aufstieg auf die Pedraforca auslassen und vom Collada del Verdet direkt zum Refugi Lluís Estasen absteigen (markiert, Zeitersparnis: ca. 1.40 Std.).
• Der Pollegó Superior der Pedraforca kann von seiner Südseite um einiges einfacher bestiegen werden als von der Nordseite. Vom Südende (kurz vor dem Kreisel) von Gósol auf dem markierten Weg zur Enforcadura aufsteigen und von dort einfach zum Gipfel (Steinmännchen). Wanderzeit für den Aufstieg: 2.40 Std. Abstieg zur Hütte auf der beschriebenen Route.

Übernachten: *Refugi Lluís Estasen,* bewartet, Tel. 608 31 53 12, geöffnet von Anfang Juni bis Ende September, die übrige Zeit am Wochenende, Matratzenlager: 11.60 Euro. Kochmöglichkeit. Ein Winterraum mit 30 Betten ist ständig geöffnet.

↗ 1150 m, ↘ 900 m

Zeit:
Gósol–Collada del Teuler: 1.30 Std.
Collada del Teuler–Collada del Verdet: 1 Std.
Collada del Verdet–Pollegó Superior: 1.15 Std.
Pollegó Superior–Refugi Lluis Estasen: 1.45 Std.
Total: 5.30 Std.

Am Hauptplatz in **Gósol** nehmen wir die Carrer Picasso Richtung Westen. Kurz darauf folgen wir dem Wegweiser nach El Collel. Zu Beginn wandern wir auf dem GR107, dem Cami del Bons Homes. Der Weg ist rot-weiß markiert. Am Dorfrand erreichen wir einen Feldweg, dem wir für 100 Meter folgen, um dann nach rechts abzuzweigen. An Buchsbäumen, Wacholder und Ginster vorbei steigen wir durch ein karstiges Gebiet zur Font Terrers auf. Leute aus der Umgebung fahren mit dem Autor hier hinauf, um bei der gefassten

Quelle mitgebrachte Flaschen aufzufüllen. Für alle, die die weite Aussicht etwas länger genießen wollen, stehen Picknicktische und Grillplätze zur Verfügung.

Die nächsten vier Tage werden wir ständig im **Naturpark Cadí-Moixeró** unterwegs sein. Seit 1932 gab es Pläne, das geologisch hoch interessante Gebiet mit der Serra de Cadí und der Serra de Moixeró, die beide zusammen eine 30 Kilometer lange Bergbarriere bilden, sowie der Pedraforca unter Schutz zu stellen. 1966 wurde im Gebiet zuerst ein Jagdrevier eingerichtet, das den Erhalt der Tierbestände regelt (ohne die Jagd generell zu verbieten). 1983 bekam die 41 342 Hektar große Zone, die sich auf einer Höhe zwischen 800 und 2648 Metern ausbreitet, den Status eines Naturparks. Dank den unterschiedlichen Klimazonen (auf den Hochebenen kann im Winter das Quecksilber auf Minus 20 Grad Celsius fallen) weist der Park eine große Artenvielfalt auf. In den oberen Lagen treffen wir auf eine alpine Flora mit Enzianen, Alpenrosen und Bergkiefern, während auf den unteren Stufe Waldkiefern, Buchen, Buchsbäume und an sonnigen Stellen auch Eichen vorkommen. Die Anzahl der Pyrenäengämsen hat dank den Jagdeinschränkungen in den letzten Jahrzehnten von 80 auf ca. 700 Stück zugenommen. Vor 2 Jahren ist im Naturpark auch ein Wolf aufgetaucht, der erste in Katalonien seit 70 Jahren. Erstaunlicherweise handelt es sich dabei nicht um einen Wolf aus der Population in Kantabrien (Nordspanien), sondern um ein Individuum aus Italien. Im Parkgebiet zählt man nicht weniger als 92 Schlangen- und 120 Schmetterlingsarten. Unter den Vögeln sind der Steinadler,

der Auerhahn oder das Rebhuhn erwähnenswert. In den Nadelwäldern hat der Schwarzspecht, das Symbol des Naturparks, seine Heimat. In Bagá steht das Informationszentrum des Parkes (Tel. 93 824 41 51, www.parcsdecatalunya.net). Ohne spezielle Erlaubnis ist das Zelten verboten.

5 Minuten nach dem Brunnen erreichen wir eine Abzweigung, wo wir nach rechts abbiegen (Wegweiser). Ab hier folgen wir den weiß-gelben Markierungen. Der Weg führt uns durch das kleine, bewaldete Tal sanft steigend zum **Collada del Teuler** (1964 m) hinauf. Auf dem Pass gibt es eine kleine Waldlichtung. Unser Weg biegt unmittelbar vor dem höchsten Punkt rechts ab. 10 Minuten nach dem Pass erreichen wir die moorige Ebene von Set Fonts. Die sieben Quellen sind aber nicht gefasst und man wird hier seine Wasserflasche nicht auffüllen können. Bei der Ebene halten wir

▲ ▲ ▲ **Noch wenige Schritte bis zum Gipfel des Comabona (2547 m, Etappe 16.2).** Zwischen den Wolken wird der Blick auf die Ebene der Cerdanya frei.

▲ ▲ **Der Aufstieg vom Collada del Verdet zum Pollegó Superior der Pedraforca führt zu Beginn durch einen steilen Kamin.**

▲ **Blick vom Gipfel des Pollegó Superior (2497 m) zum Pollegó Inferior (2400 m).** Dazwischen die Enforcadura.

rechts. Nach einem ersten Aufschwung dürfen wir uns von einzelnen Schafpfaden nicht verleiten lassen, die der Höhenlinie folgen, sondern müssen weiter nach links (Osten) über die Wiese bis zum Grat aufsteigen. Kurz vor dem Kamm wird der Weg (markiert), der nun immer dem felsigen Grat folgt, wieder besser sichtbar. An einer tiefen Grotte vorbei und später einen großen Felsen rechts umgehend, erreichen wir den **Collada del Verdet** (2244 m). Hier beginnt der steile Aufstieg zur Pedraforca (gelb markiert), der nur bei guten Bedingungen in Angriff genommen werden sollte und geübten Berggängern vorbehalten ist. Links (östlich) eines Felsturmes vorbei gelangen wir auf dem Grat an den Fuß der Wand. Die gelben Punkte weisen uns den Weg in den steilen Kamin, durch den wir mit Hilfe der Hände bis zur Cim Nord (2438 m) aufsteigen. Über zwei weitere Erhebungen auf dem Grat, zwischen denen wir immer ein paar Höhenmeter ab- und in leichter Kletterei wieder aufsteigen müssen, erreichen wir den höchsten Punkt der Pedraforca, den **Pollegó Superior** (2497 m, Gipfelkreuz).

Das Gebiet um die beiden markanten Kalkgipfel der **Pedraforca** (dt. »steinerne Gabel«) wurde bereits 1982 im Eilverfahren zu einem Naturschutzgebiet von nationalem Interesse erklärt, um den im Tagbauverfahren durchgeführten Abbau von Lignit (einer minderwertigen Braunkohleart) im Süden des Massivs Grenzen zu setzen. Das Naturschutzgebiet ist seit 1983 in den Naturpark Cadí-Moixeró integriert. Der Kohleabbau gehörte in der Comarca Berguedá zu den wichtigsten Industrien und erreichte um 1960 seinen Höhepunkt. Eine Grube wird in Saldes immer noch ausgebeutet. Im nahe gelegenen Fígols gibt es ein Minenmuseum. Die Pedraforca ist mit ihrer Nordwand, die sich 800 Meter senkrecht über das Gresolet-Tal erhebt, eines der traditionsreichsten Klettergebiete Kataloniens. In Saldes gibt es ein kleines Info-Zentrum zur Pedraforca (Tel. 93 825 80 05).

In einer Viertelstunde erreicht man vom Gipfel problemlos die Enforcadura, den Pass zwischen den beiden Kalkspitzen der Pedraforca. An diesem symbolträchtigen Ort sollen einst Hexensabbate stattgefunden haben, bei denen die Hexen einen schwarzen Kater zu kochen pflegten, der sich im Topf auflöste. Daraufhin nahm jede von ihnen einen Knochen des Tieres und warf diesen – ein Geschenk wünschend – den Berg hinunter. (Hinweis: Das Wegwerfen von Abfällen ist heute aufgrund der Parkbestimmungen nicht mehr erlaubt.) Von der Enforcadura führt ein deutlicher Weg (weiß-gelb markiert), die Tartera de Pedraforca, ein langes Geröllcouloir hinunter. Vor uns liegt im Tal unten das Dorf Saldes. Der Abstieg ist lang und geht in die Knochen. Am Ende des felsigen Abschnittes, ca. 1 Std. nach dem Pass, verlässt der Weg das Couloir nach links. Wir queren den teilweise steilen Hang, den Markierungen folgend, durch den Wald bis zum **Refugi Lluís Estasen** (1668 m). Das Refugi hat seinen Namen vom katalanischen Alpinisten Lluís Estasen, der zu Beginn des 20. Jahrhunderts an der Pedraforca etliche Kletterrouten – einige davon zählte man zu dieser Zeit zu den schwierigsten von ganz Spanien – eröffnete. Als Abendspaziergang lohnt sich ein Abstecher zum Mirador de Gresolet, nah der

Straße unterhalb der Hütte, der auf einem markierten Weg (weiß-gelb) in 15 Minuten zu erreichen ist. Von der Aussichtsplattform hat man eine gute Sicht auf die gewundenen geologischen Formationen des Naturparks, das Santuari de Gresolet und die Serra del Cadí.

16.2 Ref. Lluís Estasen– Ref. Sant Jordi

Charakter: Einfache Wanderung im alpinen Gelände, die oft dem aussichtsreichen Berggrat folgt. Meist markiert.

Übernachten: *Refugi Sant Jordi,* bewartet, Tel. 619 23 98 60 (Mobiltelefon Hütte); geöffnet von Anfang Juni bis Ende September, im Mai, Oktober und November an Wochenenden (vorher anrufen), Matratzenlager: 11.50 Euro, www.refugisantjordi.com. Die Hütte bietet auch Lunchpakete an. Einen empfehlenswerten Auf- oder Abstieg zum Refugi gibt es von Bagà durch die Schlucht von els Empedrats (markiert, Wanderzeit: 3.15 Std.).

In **Bagà** (Lebensmittelläden, Banken usw.), welches mehrmals täglich mit den Bussen von Alsina Graells direkt mit Barcelona verbunden ist, befindet sich das Infozentrum des Naturparkes Cadí-Moixeró (nur am So Nachmittag geschlossen) und ein kleines Katharermuseum (Mo geschlossen). Empfehlenswertes Hotel: *Ca l'Amagat,* Tel. 93 824 40 32, DZ: 45 Euro, www.hotelcalamagat.com.

↗ 970 m, ↘ 1080 m

Wanderzeit:
Refugi Lluis Estasen–El Collel: 1 Std.
El Collel–Pas dels Gosolans: 2.15 Std.
Pas dels Gosolans–Comabona: 0.35 Std.
Comabona–Refugi Sant Jordi: 2.40 Std.
Total: 6.30 Std.

▼ **Morgenstimmung im Tal des Torrent de les Molleres (östlich des Passes el Collel).**

Hinter dem **Refugi Lluís Estasen** nehmen wir einen kleinen Pfad (markiert mit orangem Punkt), der in 5 Minuten zur (ungeteerten) Forststraße hinunterführt. Wir folgen der Straße nach links (gelb-weiß markiert).

Diese Verbindung ist auch Teil der Route von **Cavalls del Vent,** die acht Hütten des Naturparks miteinander verbindet. Wer die Route abwandert, kauft sich ein Kärtchen, welches er dann bei jeder Hütte abstempeln lässt. Dank dieser markierten Rundtour konnten die Hütten im Naturpark in den letzten Jahren bei den Übernachtungszahlen stark zulegen. Wie bei den Carros de Foc, dem Vorbild im Aigüestortes-Nationalpark, kann die Strecke in der Saison auch mit Zeitmessung gelaufen werden. Die beste Zeit für die 97 Kilometer mit rund 10000 Meter Höhendifferenz liegt bei unter 14 Stunden. Mehr Infos unter www.cavallsdelvent.com.

Die Straße entpuppt sich immer mehr als Höhenweg mit schöner Aussicht in das be-

waldete Tal von Molleres. Beim Pass **el Collel** (1845 m) mündet der Weg, der von Gosól hinaufkommt, in die Straße ein. Wir folgen der Straße noch 5 Minuten, bis zum nächsten kleinen Pass (Coll de les Bassotes), wo wir links abbiegen (Wegweiser Comabona, weiß-gelb markiert). Wir peilen einen kleinen Einschnitt zwischen zwei Kalkfelsen an. Dahinter folgen wir dem breiten Weg mit vielen Kehren (die zum Teil auch abgekürzt werden können) über die Weide aufwärts. Es sind Weiden, die immer weniger beansprucht werden. Die Schafhaltung hat in den letzten Jahren im Landkreis Berguedà abgenommen. Doch im Vergleich zu anderen Gebieten der Pyrenäen hat hier die Landwirtschaft, die nur 8 Prozent der arbeitstätigen Bevölkerung beschäftigt, seit jeher einen eher kleinen Stellenwert. Einzelne vom Wetter verformte Kiefern säumen den Wegesrand. Auf ca. 2300 Metern wandern wir auf einer länglichen Ebene, die wir später nach links verlassen, um zum Grat der Serra Pedregosa (steinige Bergkette) aufzusteigen. Wir überschreiten den Grat und gehen auf der anderen Seite, durch Schutt, die Höhe haltend bis zum **Pas dels Gosolans** (2430 m). Wir genießen die weite Aussicht auf die steil abfallende Nordflanke der Serra del Cadí und hinüber auf die Gipfel Andorras. Vom Pass folgen wir immer weglos mehr oder weniger dem Grat Richtung Osten. Einen ersten Gipfel, den Aguiló, lassen wir noch links liegen. Einen anderen Vorgipfel, den Puig de la Font Tordera, besteigen wir und gelangen von hier in wenigen Minuten über einen kleinen Pass zum **Comabona** (2547 m). Unter uns die weite Hochebene der Cerdanya.

◀ **Kurz nach dem Pas del Bou wandern wir auf der Nordseite der Wasserscheide einer langen Kalkwand entlang.**

▼ **Bevor wir zum Refugi Sant Jordi absteigen, schweift der Blick über die bewaldeten Hänge der Serra de Moixeró.**

Vom Gipfel steigen wir zum Coll dels Terrers ab, wo wir auf den rot-weiß markierten GR 150.1 treffen, dem wir nach links folgen. Nördlich der Wasserscheide queren wir zum Pas de Tancalaporta (2357 m), der geografischen Grenze zwischen der Serra del Cadí und der Serra de Moixeró. Bis zum nächsten Pass wandern wir wieder südlich des Grates. Danach wechseln wir auf die Nordseite, wo wir einer lang gezogenen Kalkwand entlanggehen. Kurz nachdem wir nördlich des Pradell (2202 m) vorbeigewandert sind, macht der Weg eine deutliche Linkskurve und führt uns durch den Kiefernwald bis zum grasigen Coll de Vimboca. Hier biegt ein weiß-grün markierter Weg links ab. Wir gehen aber weiter den rot-weißen Markierungen nach und erreichen 20 Minuten später den Coll de Pendis (1790 m). Von Norden führt eine Forststraße bis auf den Pass hinauf. Wir verlassen hier den GR150 und biegen rechts ab. Auf einem anderen GR, dem GR107, dem Cami dels Bons Homes, steigen wir gegen Süden ab.

Der **Cami dels Bons Homes** (»Weg der guten Menschen«) ist ein Weitwanderweg, der von der Katharerfestung Montségur zum Sanktuarium von Queralt in der Nähe von Berga führt. Über diese oder ähnliche Routen emigrierten zwischen dem 12. und dem 14. Jahrhundert die verfolgten Katharer nach Katalonien (siehe auch S. 124ff). Der 189 Kilometer lange Weg wurde 1997 eröffnet, ist durchgehend markiert und auch mit Pferden begehbar.

Vom Pass führt der bei Regen etwas schlammige Weg in einer Viertelstunde zum einfachen **Refugi Sant Jordi** (1565 m),

in dem der Hunger auf eine exzellente Art gestillt wird. Die Berghütte wird oft auch nach der ca. 100 Meter unterhalb gelegenen Quelle, der Font del Faig (»Buchen-Quelle«), benannt. Für die Notdurft und die Körperhygiene hat man das Freie aufzusuchen.

16.3 Ref. Sant Jordi–Ref. de Rebost

Charakter: Wanderung auf kleinen Pfaden im alpinen Gelände, bei der man beim Aufstieg zu den Penyes Altes auch mal die Hände zur Hilfe nehmen muss.

Varianten: Vom Refugi Sant Jordi erreicht man das Refugi de Rebost um einiges schneller untendurch, via Greixer (Zeitersparnis: 1.30 Std.).

Übernachten: *Refugi de Rebost,* bewartet, ganzjährig geöffnet (vorher reservieren), Tel. 608 73 67 14 (Mobiltelefon) oder 93 759 12 34, Matratzenlager: 10 Euro, http://usuarios.lycos.es/refugi_de_rebost. Vom Refugi Rebost aus ist Bagà (s. 16.2) in 2.30 Std. erreichbar.

↗ 1030 m, ↘ 950 m

Wanderzeit:
Refugi Sant Jordi–Coll de Moixeró: 1 Std.
Coll de Moixeró–Les Penyes Altes: 1 Std.
Les Penyes Altes–Coll de Jou: 0.50 Std.
Coll de Jou–El Claper: 1 Std.
El Claper–Refugi de Rebost: 1 Std.
Total: 4.50 Std.

Im Osten des **Refugi Sant Jordi** weist uns ein Wegweiser (Refugi Rebost per Coll de Jou) den Weg. Wir folgen der aufsteigenden Pfadspur Richtung Osten. Einzelne gelbe Punkte helfen uns, den Weg durch den Kiefernwald zu finden. Nach ca. 20 Minuten erreichen wir einen kleinen Pass (Coll de Dental). Nach weiteren 20 Minuten verliert sich der Weg und auch die Markierungen lassen uns im Stich. Bei gu-

tem Wetter erblickt man den grasigen Sattel des Coll de Moixeró, den es anzupeilen gilt. Falls man den Pass nicht erblicken kann, steigt man weiter quer aufwärts und trifft in der Nähe des Grates auf den rot-weiß markierten Wanderweg, dem man nach rechts folgt. (Vermutlich gibt es irgendwo einen Weg für diesen Schlussabschnitt bis zum Pass, wir haben ihn jedoch in zwei verschiedenen Anläufen nicht gefunden.) Beim **Coll de Moixeró** (1972 m) wechselt das Landschaftsbild schlagartig. Aus dem Kiefernwald treten wir auf die weite Weide des Pla de Moixeró. Ab hier folgen wir dem rot-weiß markierten GR 150.1, der den Moixeró-Gipfel, die Höhe haltend, nördlich umgeht. Von den diversen Wegspuren gilt es stets die höhere zu wählen. Auf dem Wiesenhang weiden nicht nur Kühe, sondern auch kraftstrotzende Stiere, zu denen man lieber Distanz hält. 40 Minuten nach dem Pass erreichen wir die Abzweigung, wo man nach links den Gipfel der Penyes Altes umgehen könnte. Wir aber folgen dem Grat (immer noch rot-weiß und mit orangen Punkten markiert). Der Weg führt uns nun durch felsiges Gelände, zeitweise auch auf der Südseite des Grates, steil zum Gipfel. An zwei Stellen muss man auch die Hände zur Hilfe nehmen. Der weiße Kalkgipfel der **Penyes Altes** (2279 m) bildet das Dreiländereck der Provinzen Barcelona, Girona und Lleida. Im Westen beherrschen die Pedraforca und die Serra de Cadí die Aussicht, im Osten der Gipfel La Tosa mit seinem modernen Refugi und der runde, kahle Puigllançada. Im Norden erheben sich die Gipfel Andorras, zu ihren Füßen liegt die Hochebene der Cerdenya, die von der französisch-spanischen Grenze durch-

▼ Die Felswand Roca-sança (heiliger Fels). An ihrem Fuß wurde einst eine Marienstatue gefunden, die nun in der Kapelle im Talboden aufbewahrt wird.

trennt wird und der Legende nach die Heimat von Pyrène war.

In der **Cerdenya** wurden, der Legende nach, die Pyrenäen geschaffen. Hier lebte in grauer Vorzeit die schöne **Pyrène**, die Tochter des legendären Königs Bébryx. Als Herkules, Sohn des Zeus, seine zehnte Aufgabe erledigt und am Westrand der Erde die Rinder des dreileibigen Riesen Geryoneus eingefangen hatte, kam er in der Cerdagne vorbei. Pyrène gab dem durstigen Halbgott zu trinken und die beiden verliebten sich ineinander. Herkules weilte den ganzen Sommer bei Pyrène, doch als er die Gänse in die Richtung seiner Heimat ziehen sah, deutete er dies als Zeichen und machte sich unvermittelt auf den Weg nach Hause. Pyrène, inzwischen schwanger, eilte ihm nach, doch konnte sie Herkules nicht mehr einholen. Erschöpft sank sie ins Gras und wurde eine Beute der hungrigen Wölfe. Ihre verzweifelten Schreie erreichten Herkules, der sofort umkehrte, aber nur noch eine tote Pyrène vorfand. Er bettete sie auf ein Bett von Blumen und erbaute um sie herum mit Felsblöcken ein Grab. In seinem großen Schmerz wurde aus dem Mausoleum ein ganzes Gebirge. Als er fortging, steckte er das Gebirge in Brand. Die Wälder, die Weiden, alles brannte. Die griechischen Händler, die auf dem Meer vorbeifuhren, sahen das Feuer und nannten das Gebirge Pyrenäen, von *pyros*, »Feuer«.

Der Abstieg führt uns weiter Richtung Osten. Nach dem Collet del Molins folgt ein kurzer Aufstieg. 900 Meter unter unseren Füßen donnern die Autos durch den 5 Kilometer langen Straßentunnel, der die Landkreise Cerdenya und Berguedà verbindet und 1984 eröffnet wurde. Der angenehme Weg folgt immer nah der Gratlinie, die er beim Coll de la Miquela überschreitet. 10 Minuten später erreichen wir den **Coll de Jou** (2021 m). Hier biegen wir rechts ab (Wegweiser el Claper). Der Weg (ab hier gelb-weiß markiert) hält noch für wenige Meter die Höhe und führt anschließend an vielen spitzen Felstürmen vorbei, durch die wilde und schwer zugängliche Bergflanke steil ins Tal. Wir wandern durch eine dichte Vegetation aus Wacholderbüschen, Kiefern und Buchsbäumen. Bald schon wird die mächtige Felswand, die Roca-sança (heiliger Fels), sichtbar. Am Fuß der Felswand vorbei steigen wir weiter bis zu einer kleinen Ebene ab, wo wir links halten müssen. 5 Minuten später erreichen wir die mit Holunderbüschen überwucherte Ruine bei **el Claper** (1430 m). Wir folgen den Wegweisern nach links. Wenig später halten wir in einer Mulde nach rechts und erreichen einen Fahrweg, dem wir nach links folgen. Wir überqueren den Bach und steigen auf dem breiten Weg sanft aufwärts. 30 Meter nach der ersten Haarnadelkurve können wir nach rechts auf einen Pfad abbiegen, der uns durch den Buchenwald hinaufführt (weiß-gelb markiert). Später kommen wir auf den breiten Weg zurück, doch bereits 500 Meter danach können wir nochmals nach links abkürzen (wiederum markiert). Auf dem Coll de la Gavarra folgen wir dem Weg nach links und erreichen eine Viertelstunde später die Abzweigung, die uns zum **Refugi de Rebost** (1640 m) führt. Mit einem kühlen Getränk in der Hand lässt sich die weite Aussicht gleich doppelt genießen.

16.4 Refugi de Rebost– la Pobla de Lillet

Charakter: Einfache Wanderung auf markierten Wegen ins Tal hinunter.

Übernachten/Essen: *Xalet Coll de Pal,* bewartet, eher auf Gruppen ausgerichtet, nimmt aber auch Einzelpersonen auf. Notlösung, falls es mit der Übernachtung im **Refugi Rebost** nicht klappt. Tel. 93 436 96 00 (Zentrale in Barcelona) oder 609 21 12 32 (Refugi), Matratzenlager: 7.60 Euro, Halbpension möglich. **Refugi d'Erols,** bewartet. Das Refugi beherbergt in erster Linie Jugendgruppen, nimmt aber auch Einzelpersonen auf.
Tel. 93 825 70 11 (Refugi) oder 93 683 26 61 (Verwaltung, Mo–Fr, 17 bis 21 Uhr), geöffnet von Anfang Juni bis Ende Oktober, Matratzenlager: 7 Euro.

Etappenort la Pobla de Lillet: siehe S. 155.

⬈ 520 m, ⬊ 1330 m

Wanderzeit:
Refugi de Rebost–Collada de la Bòfia: 1 Std.
Collada de la Bòfia–Coll Roig: 1.50 Std.
Coll Roig–Straße bei Clot del Moro: 0.50 Std.
Str. bei Clot del Moro–la Pobla de Lillet: 0.40 Std.

Total: 4.20 Std.

▼ Kurz vor dem Collada de la Bòfia kommen wir an einer aufgegebenen Barytmine vorbei.

Gleich neben dem **Refugi de Rebost** weist uns der Wegweiser zum Coll de Pal (GR 4.2. und 150) den rot-weiß markierten Weg die Weide hinauf. Wir überqueren einen breiteren Weg und folgen danach dem Pfad weiter aufwärts (mit gelben Punkten markiert). Kurz nach einer Quelle verliert sich der Weg auf einer grasigen Schulter. Wir gehen die Weide steil aufwärts, bis wir wieder auf den Fahrweg treffen, dem wir nach links folgen (rot-weiß markiert). (Es gibt hier auch die Möglichkeit, den Weg nur zu queren und weiter den gelben Punkten zu folgen. Man trifft dann kurz vor der Barytmine wieder auf den beschriebenen Weg.) Etwa 40 Minuten nach dem Refugi treffen wir auf einen nicht mehr lesbaren Wegweiser. 100 Meter links von hier liegt auf einem Felsen eine Aussichtsterrasse, von der wir den ganzen Talkessel überblicken können. Weiter dem Fahrweg aufwärts folgend, entdecken wir ca. 10 Minuten später die Überreste einer ehemaligen Barytmine.

Baryt (Bariumsulfat) wird unter anderem als weißes Pigment in der Farben- und Papierindustrie verwendet. Bekannt ist das Barytpapier aus der frühen Schwarz-Weiß-Fotografie. Gleich neben dem Fahrweg scheint das Material aufbereitet worden zu sein, welches wenige Meter weiter oben aus dem Berg geholt wurde. Am Eingang der wenig tiefen Löcher findet man verschiedenste Gesteinsarten.

5 Minuten nach der Mine erreichen wir den **Collada de la Bòfia** (1984 m). Das Gebiet hinter dem Pass ist als private Jagdzone ausgewiesen. Die Bestimmungen des Naturparks Cadí-Moixeró sind um einiges weniger streng als in einem Nationalpark, und eine kontrollierte Jagd wird in bestimmten Gebieten erlaubt. Der Fahrweg führt uns in wenigen Minuten zur Straße, der wir für 150 Meter nach links folgen, um dann rechts abzubiegen. Oberhalb des Xalet Coll de Pal folgen wir weiter dem Weg geradeaus und halten bei der nächsten Abzweigung nach links. 15 Minuten nach dem Xalet biegen wir bei einer Abzweigung rechts ab (Markierung, dass der GR hier nicht weiterführt). 5 Minuten später endet der Weg bei einem Strommast. Wir gehen geradeaus weiter, leicht abwärts und treffen auf einen Pfad, der uns zu einem Bach führt. Auf der anderen Bachseite treffen wir auf den rot-weiß markierten GR4, dem wir abwärts folgen. Dem GR4,

der in 11 Tagen von Puigcerdà nach Montserrat führt, folgen wir nun bis la Pobla de Lillet. Er führt uns auf eine Weide, wo die Orientierung den Markierungen nach (neben den GR-Markierungen auch gelbe Pfeile) nicht immer ganz einfach ist. Nützliche Orientierungspunkte sind eine Steinmauer und später ein großer weißer Felsen, unterhalb deren der Weg vorbeiführt. Abwechslungsreich, durch Buchsbaumbestände, Kiefernwälder und über Weiden geht es abwärts. Noch bevor wir den Coll Roig erreichen, treffen wir auf einen breiteren Weg, auf dem wir nochmals auf eine Ebene aufsteigen. Wir bleiben am rechten Rand der Wiesenfläche, an deren Ende dann der Weg zum Pass hinunterführt.

Der **Coll Roig** (der rote Pass, 1401 m) zeigt sich in einem intensiven Rot. Doch nicht nur die Farbe, auch die Formen und Zeichnungen, welche die Natur hier geschaffen hat, sind sehenswert. Es lohnt sich, auf dem kleinen Sträßchen noch einige Meter nach rechts zu gehen, um den eigentümlichen Pass etwas besser bewundern zu können. Vom Pass folgen wir immer der (ungeteerten) Straße abwärts Richtung Südosten. Einzelne Kehren können abgekürzt werden. Am Refugi d'Erols vorbei treffen wir kurz vor dem Talboden auf eine größere Straße. Dieser folgen wir für 150 Meter abwärts und biegen dann in einen kleinen Pfad ab (rot-weiß markiert). Wir gehen weiter abwärts. Bei einem alten Kanal biegen wir scharf rechts ab. (Wer auf die nächste Etappe verzichtet, sollte hier ein paar 100 Meter nach links gehen, um einen Blick auf die alte Zementfabrik zu werfen (Beschreibung bei Etappe 17.1). Wir folgen dem *antic cami ramader* (»alter Alpweg«) oberhalb des linken Ufers des

Llobregat bis nach **la Pobla de Lillet** (830 m, 1600 Einw.).

▲ Sonderbare Gesteinsformationen auf dem Coll Roig, dem roten Pass.

Bereits vor dem Jahr 1000 gab es wohl bei Kastell und Kirche einige Häuser, doch erst am Ende des 13. Jahrhunderts entwickelte sich **la Pobla de Lillet** am Zusammenfluss von Llobregat, Arija und Regatell. Die große Blüte erlebte die Kleinstadt in der Mitte des 18. Jahrhunderts, als sie in Katalonien zur drittwichtigsten Stadt für die Textilproduktion mit Schafwolle wurde. Die Bevölkerung verdoppelte sich in dieser Zeit auf 1326 Einwohner (1787). Für die Arbeiter erstellte man das Quartier les Coromines. Die Baumwollindustrie und die Asland-Zementfabrik (siehe S. 182 f) verschafften der Stadt zu Beginn des 20. Jahrhunderts einen neuen Wachstumsschub. 1960 lebten in la Pobla de Lillet über 2700 Menschen. Mit der Schließung der Zementfabrik begann der Abstieg. Drei Tex-

spielte Brücken, Sitzbänke, Brunnen und Türmchen, reich geschmückt mit Gestalten aller Art, darunter auch die Symbole der Evangelisten: der Adler, der Ochse, der Löwe und der Engel. Gegen Ende des Bürgerkrieges wurde das Wohnhaus der Artigas in Brand gesteckt, die Familie zog nach Barcelona und der Garten zerfiel und überwucherte. Erst 1991 begann man mit der Restauration. Heute ist der Park renoviert und ein guter Ort für ein kleines Picknick – wenn nur nicht der Gestank der nahen Papierfabrik so grässlich in die Nase stechen würde.

Die anderen Attraktionen des Dorfes sind das alte **Kloster Santa Maria de Lillet** und die kleine romanische Kirche Sant Miquel. Bevor man den 20-minütigen Spaziergang unter die Füße nimmt, sollte man vorher unbedingt den Schlüssel für die beiden Bauten in der Touristeninformation abholen! Gleich zu Beginn führt der Weg am Quartier les Coromines vorbei, welches mit den Textilmanufakturen (ab 1740) für die Arbeiterfamilien nach einem quadratischen Grundriss errichtet wurde. Vom Viertel führt der gelb-weiß markierte Weg bis zum alten Kloster Santa Maria. Bereits im Jahr 833 wurde hier eine Kirche geweiht, ab 1086 lebte hier eine kleine Augustinergemeinschaft. Die Kirche, die später noch mehrmals verändert wurde, ist ziemlich verfallen, das Kloster nur noch eine Ruine, die von einem Metallgerüst aus auch aus der Vogelperspektive bewundert werden kann. Eine Besonderheit sind der (ehemals) zweistöckige Kreuzgang und ein mittelalterlicher Hühnerstall. Unmittelbar oberhalb des Klosters liegt das winzige, kreisrunde Kirchlein **Sant Miquel de Lillet.** Auf dem Altar steht, dass die Kir-

tilfabriken, eine Papierfabrik und eine Kleiderbügelfabrik geben heute den 1550 Einwohnern noch Arbeit.

Wenn man sich die wenigen Sehenswürdigkeiten in Ruhe anschauen möchte, lohnt es sich, im kleinen Industriedorf la Pobla de Lillet einen Ruhetag einzuschalten. Eine besondere Attraktion sind die **Artigas-Gärten**, die in der Tradition des Modernisme von Antoni Gaudí entworfen wurden (geöffnet von Anfang Juli bis Ende September täglich von 11 bis 20 Uhr, während der übrigen Monate nur Sa/So von 11 bis 18 Uhr oder auf Anmeldung). Die Gärten erreicht man von la Pobla de Lillet in einer Viertelstunde zu Fuß. Der Weg führt an alten Fabrikgebäuden vorbei, der Bahnlinie entlang nach Norden. Auftraggeber für den Park war Joan Artigas i Alart, einer der reichsten Textilfabrikanten der Stadt. Als Gaudí 1901 nach la Pobla de Lillet kam, um eine Villa bei der Kohlegrube im nahe gelegenen Gebirgszug Catllaràs zu planen, entwarf er auch die Artigas-Gärten nördlich vom Dorf. Die Ausführung übergab er zwei seiner Mitarbeiter. Wer den Güell-Park in Barcelona kennt, wird hier dasselbe in Kleinformat vorfinden: verche am 9. Mai des Jahres 1000 geweiht wurde, man geht aber davon aus, dass das Kleinod aus dem 12. Jahrhundert stammt. Der Spaziergang kann bis zum alten Kastell (plus 15 Minuten, Aussichtspunkt) oder in eine ganztägige Rundwanderung (durchwegs markiert) ausgedehnt werden, die auch das Xalet del Catllaràs (ebenfalls von Gaudi erbaut) und das Santuari del Falgars miteinschließt (Wegbeschrieb in der Touristeninformation).

Im Dorf selbst sollte man durch die Gassen beidseits des Llobregat streichen und einen Blick auf die alte Bogenbrücke werfen. Kinoliebhaber werden das alte Kino (mit eigener Brücke) bewundern, welches aus den 30er-Jahren stammt, aber leider seit über 15 Jahren geschlossen ist.

◀ Das kreisrunde Kirchlein Sant Miquel de Lillet aus dem Jahre 1000 (vielleicht ist es auch ein paar Jahre jünger).

▼ Die Artigas-Gärten bei la Pobla de Lillet wurden 1901 von Antoni Gaudí entworfen.

Transhumanz in den Pyrenäen

Ohne die Transhumanz, die Wanderung der Viehherden von den Winter- zu den Sommerweiden und zurück, hätten die Pyrenäen ein anderes Aussehen. Vor 4000 Jahren begannen Hirten, die höheren Lagen für Weidezwecke von den Wäldern zu befreien. Seither werden die Weideflächen durch die Bewirtschaftung mit Schafherden (seltener auch mit Kühen oder Ziegen) freigehalten.

In den Pyrenäen unterscheidet man zwei Arten der Transhumanz: die absteigende Transhumanz, bei der Viehhalter aus Bergdörfern ihre Herden im Winter in die Ebene führen und die insbesondere im Westen der spanischen Pyrenäen verbreitet ist, und die aufsteigende Transhumanz, bei der Vieh aus der Ebene den Sommer auf Alpweiden verbringt. Die Schafe werden in den Pyrenäen meist für die Fleischproduktion gehalten, nur noch im Baskenland und im Béarn werden die Tiere gemolken und Käse produziert.

Die Lebensader der Transhumanz sind die Triftwege, auf denen die Herden, die bei Sammelherden von verschiedenen Besitzern bis 6000 Schafe zählen können, von den Winter- zu den Sommerweiden wandern. Insbesondere in Spanien, wo sie *cabañeras* (in Aragón und Navarra), *cabanyeres, carrerades* oder *camins ramaders* (in Katalonien) genannt werden, können die Wege auf eine lange Tradition zurückblicken. Doch die vorbeiwandernden Schafherden wurden nicht überall gerne gesehen, da sie auf den Feldern immer wieder Schäden anrichteten. In den letzten Jahren wurden die historischen Triftwege zusehends durch den Bau von Siedlungen und Straßen zerstört. Diese langsame Zerstörung ging Hand in Hand mit der Aufgabe der langen Wanderung. Immer mehr Schafbesitzer ziehen es vor, ihre Herden mit dem Zug oder Lastwagen zu transportieren oder überhaupt von der extensiven Schafzucht zu einer intensiven Rindermast zu wechseln.

Denn es wird immer schwieriger, Personen für diese auch heute noch harte und einsame Arbeit zu finden. Der Lohn ist schlecht und die Unterkunft auf den Sommerweiden meist äußerst schlicht. Vereinfacht wird die Arbeit der Hirten durch die Hilfe der Schäferhunde. Die zumindest früher für diese Aufgabe meistbenutzte Rasse war der Pyrenäen-Schäferhund (in Frankreich auch Labrit genannt). Der relativ kleine, nervöse Hund, der lieber einmal zu viel bellt als zu wenig, kann alleine eine Herde mit bis zu 800 Schafen zusammenhalten. Mit der Aussetzung der slowenischen Bären in den französischen Pyrenäen entfachte sich ein großer Zwist zwischen Naturschützern und Hirten, da immer wieder Schafe gerissen wurden. Das regionale Umweltamt versucht den Konflikt mit Subventionen für den Kauf von Schäferhunden zu mildern. Auf diese Weise ist der Einsatz von Schäferhunden in den französischen Pyrenäen wieder stark angestiegen und die Zahl der gerissenen Schafe zurückgegangen.

Die Zukunft der Transhumanz in den Pyrenäen ist ungewiss. Auf der spanischen Seite ist sie noch verbreiteter als in Frankreich, doch auch hier nimmt sie rasant ab. Gab es in Aragón 1960 noch 300 000 Schafe, welche die Wanderung mitmachten, sind es heute weniger als 100 000. In Navarra und Katalonien sind es noch je rund 50 000 Schafe. In den letzten Jahren hat die Tourismuswerbung die Transhumanz entdeckt und an diversen Orten wird der Alpaufzug von Feriengästen begleitet, teilweise gibt es bei den Aufzügen bereits mehr Touristen als Schafe. Auch die Europäische Union hat ihr Herz für die extensive Viehhaltung entdeckt und leistet heute vermehrt Finanzhilfe. Es besteht Hoffnung, dass die Transhumanz und die mit ihr verbundene Kultur nicht ganz verschwindet.

◄ Triftwege in die spanischen Pyrenäen (Bestand 1971). In einem königlichen Dekret aus dem Jahre 1877 wurde ihre Breite genau vorgegeben. Je nach Funktion maßen sie 75 Meter, 37,5 oder 20,83 Meter. An gewissen Orten gab es, der Umgebung angepasst, auch schmalere Wege. Die Wege sind bis zu 200 Kilometer lang und die Wanderung kann dementsprechend bis zu mehreren Wochen dauern.

▼ Spanische Schäfer zu Beginn des 20. Jahrhunderts.

VON DEN ARBEITERN ZU DEN SCHAFHIRTEN

In zwei Tagen von Pobla de Lillet nach Planoles

Vom alten Industriedorf Pobla de Lillet wandern wir zur ehemaligen Zementfabrik Asland, einem Höhepunkt der Industriearchitektur. Nach einer Nacht im schmucken und herausgeputzten Castellar de n'Hug überqueren wir den kahlen Grat der Serra de Montgrony und steigen durch den Wald nach Planoles ab.

17

ASTELLAR DE N'HUG

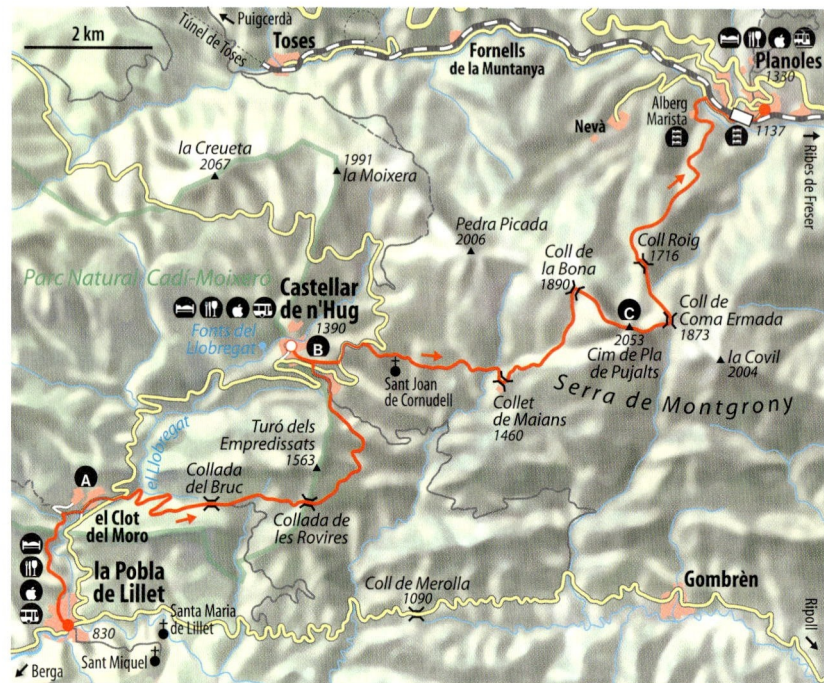

Sehenswertes:

🅐 Die alte Zementfabrik mit dem Zement- und
dem Transportmuseum.

🅑 Das Dorf Castellar de n'Hug mit der Quelle des
Llobregat und dem Schäfermuseum

🅒 Die Aussicht von der Cim de Pla de Pujalts.

174

Charakter: Einfache Wanderung, jedoch über weite Strecken nicht markiert.

Karten: Am besten eignet sich die 1:25 000 Karte von Editorial Alpina: Montgrony-Fonts del Llobregat. Die Etappe wird auch von der Mapa comarcal de Catalunya (1:50000) Ripollès und der Mapa excursionista Nr. 20 Puigmal–Costabona (Éditions Rando) abgedeckt.

Etappenort Castellar de n'Hug

Info: www.castellar.diba.es. Informationen über Wanderungen usw.: Tel. 93 825 71 25 (La Closa, Centre Permanent Educació Ambiental).

Diverse Lebensmittelläden, Geldautomat

Anreise: Von Barcelona oder Puigcerdà (hier Anschluss nach Latour Carol in Frankreich) nach Ripoll. Von Ripoll ein- bis zweimal täglich (abends, im August und September auch frühmorgens) Busverbindung via Gombren nach Castellar de n'Hug. Rückfahrt nach Ripoll: frühmorgens, im August und September auch abends (Transport MIR, Tel. 97 270 30 12). Von Ripoll oder Campdevànol ist auch ein Taxi bezahlbar (unter 30 Euro, Tel. 93 825 70 97). Einmal pro Tag (abends) Busverbindung von la Pobla de Lillet nach Castellar de n'Hug.

Übernachten: Die meisten Übernachtungsmöglichkeiten in Castellar de n'Hug unterscheiden sich kaum voneinander. Einfache Pensionen mit allem, was es braucht, die alle auch preiswert Halbpension anbieten. Am Hauptplatz (Plaça Major) liegen die *Fonda Fanxicó* (Tel. 93 825 70 15, DZ: 40 Euro), das *Hostal Pere Miquel* (Tel. 93 825 70 64, DZ: 40 Euro) und das *Hostal La Muntanya* (Tel. 93 825 70 65, DZ: 36 Euro). Am Platz mit der Kirche liegt die *Pensió Armengou* (Tel. 93 825 70 94, DZ: 40 Euro). Am Platz des Gemeindehauses das etwas modernere und teurere *Hostal La Neu* (Tel. 93 825 70 73, DZ inkl. Frühstück: 58 Euro). Etwas oberhalb des Dorfkerns liegt das *Hostal Alt Llobregat.* Die meisten Zimmer haben einen aussichtsreichen Balkon, das Essen ist jedoch etwas lieblos (Tel. 93 825 70 74, DZ inkl. Frühstück: 54 Euro). Das *Muntanya,* das *La Neu* und das *Alt Llobregat* haben nur zur Hauptsaison geöffnet.

Essen: In den erwähnten Pensionen.

Einkaufen: Im kleinen Dorf konkurrenzieren sich gleich mehrere Delikatessläden mit traumhaften Auslagen. Würste, Käse und eine Vielzahl von Backwaren werden angeboten.

Etappenort Planoles

Info: Die Touristeninformation des Tales befindet sich in Ribes de Freser, Tel. 972 72 77 28, www.vallderibes.com.

Diverse Lebensmittelläden.

Anreise: Mit dem Zug (Renfe) von Barcelona (sechsmal täglich) oder Latour de Carol (viermal täglich, mit Anschluss ans französische Eisenbahnnetz). Fahrplan unter www.renfe.es/cercanias/barcelona/pdf/horarios_bcn_puigceda.pdf.

Einmal täglich verbinden die Busse der Firma Teisa (Girona) Planoles auch mit Girona (via Ripoll, St. Joan de les Abadesses und Olot).

Übernachten: *Jugendherberge Pere Figuera,* ein Neubau mit 170 Betten, Tel. 972 73 61 77, Matratzenlager: 20 Euro (auch wenige DZ). Website der Jugendherbergen in Katalonien www.tujuca.com. Empfehlenswert ist die *Casa Rural Cal Sadurni* mit ihrer ausgezeichneten Küche, Tel. 972 73 61 35, DZ inkl. Halbpension: 95 Euro p. P., Matratzenlager mit Halbpension: 40 Euro p. P. Etwas ab vom Weg (1 km an der Hauptstraße N-152 Richtung Ripoll) liegt die *Casa Rural Can Cruells,* Tel. 972 73 63 99, schöne DZ inkl. Frühstück für 80 Euro, www.cruells.com. Oberhalb des Dorfes (am Weg der Etappe 19) gibt es einen *Campingplatz.*

Essen: In den oben erwähnten Casa Rurales kann man auch nur essen (wenn man z. B. in der Jugendherberge schläft). Reservation empfohlen.

17.1 La Pobla de Lillet–Castellar de n'Hug

Charakter: Einfache Wanderung. Teilweise unmarkiert.

Varianten: Zwischen la Pobla de Lillet und Castellar de n'Hug verkehrt auch ein Bus (siehe Etappenort Castellar de n'Hug).

Etappenort Castellar de n'Hug: siehe S. 175.

↗ 670 m, ↘ 110 m

Wanderzeit:
La Pobla de Lillet–El Clot del Moro: 0.45 Std.
El Clot del Moro–Collada de les Rovires: 1.15 Std.
Collada de les Rovires–Castellar de n'Hug: 1.10 Std.
Total: 3.10 Std.

Der erste Teil der Wegstrecke entspricht dem Ende der Etappe 16.4. In **Pobla de Lillet** (830 m) gehen wir vom Llobregat (Plaça del Fort) die kleinen Gassen (Pujada del Casal) zur Via del Carillet hinauf, auf der die Geleise der Eisenbahn zu sehen sind. Wir überqueren die Via del Carillet, gehen weiter aufwärts (C. Comafiguera) und halten bei der ersten Abzweigung nach rechts und bei der zweiten nach links. Ab hier ist der Weg (GR 4) rot-weiß markiert. Der Pfad, der sich oberhalb des Llobregat sanft das Tal hinaufschlängelt, war einst eine wichtige Verbindung für die Transhumanz. Auf dem Weg gibt es eine gefasste Quelle mit Trinkwasser. Nach ca. 40 Minuten, unmittelbar nach einer alten Steinbogenbrücke, verlassen wir den GR und die rot-weißen Markierungen und gehen geradeaus über einen Kiesplatz, auf dem alte Züge und Fahrzeuge des Transportmuseums herumstehen, nach **el Clot del Moro** (950 m) zur alten Zementfabrik (siehe S. 182f).

Von der Fabrik gehen wir die sanft steigende Straße weiter, Richtung Osten. Nach wenigen Metern erkennen wir rechts von uns die Ruine des fabrikeigenen Gästehauses, welches ebenfalls im Modernisme-Stil, stark beeinflusst von Gaudí, gebaut wurde. Bald darauf erreichen wir die Hauptstraße, der wir für 200 Meter bergan folgen, bis wir nach rechts in einen Feldweg abbiegen (ein Wanderwegweiser zeigt hier einen anderen Weg nach Castellar de n'Hug an, der aber der Straße folgt). Der Feldweg überquert den Llobregat und führt anschließend in weiten Kehren den Hang hinauf. Nach einer Stunde (von der Fabrik) erreichen wir eine Abzweigung bei einem Pass (Collada del Bruc, auch Collada de Meranges genannt), wo wir links abbiegen müssen, um noch sanft bis zu einem weiteren Pass, dem **Collada de les Rovires** (1250 m), anzusteigen.

100 Meter nach dem Pass, bei der ersten Rechtskurve, biegen wir links auf einen Fußweg ab (dieser Weg ist auf den genannten Karten nicht eingezeichnet). Der teilweise mit Steinplatten angelegte Weg steigt sanft durch den Mischwald an. Immer wieder wird die Sicht gegen Osten auf weite Waldgebiete frei. Nach der Überquerung eines trockenen Bachbettes ist der Weg stellenweise mit weißen Pfeilen markiert. Nach rund 35 Minuten mündet der Weg in eine in den Wald geschlagene Forststraße. Wir folgen ihr geradeaus, bis sie nach 5 Minuten eine scharfe Linkskurve macht. Hier gehen wir auf einem Pfad weiter geradeaus. Nach einer kleinen Scharte führt der Weg zum Collada de Cal Ros (ein weiterer Pass mit roter Erde) hinunter, wo wir auf die Straße treffen. Dieser folgen wir nach links bis zu einer größeren Straße, auf der wir

▲ ▲ ▲ Am Eingang von Castellar de n'Hug wird der Schäferhund mit einer großen Plastik gewürdigt. Alljährlich findet im Dorf ein internationaler Wettkampf für Schäferhunde statt.

◄ Die Ruinen der alten Zementfabrik Asland kann man auf einem kleinen Rundgang besuchen.

▼ Im kleinen Castellar de n'Hug gibt es gleich mehrere Lebensmittelläden, die sich mit ihrer reichen Auswahl an Würsten, Backwaren und Käse gegenseitig überbieten.

wenige Meter nach links gehen, um danach rechts auf den Fußweg abzubiegen, der uns nach **Castellar de n'Hug** (1390 m) führt.

Das kleine Bergdorf bildet einen krassen Gegensatz zum industriellen la Pobla de Lillet. Die Idylle wurde mit aufwändigen Restaurationen konserviert, sodass heute **Castellar de n'Hug** einen etwas musealen Eindruck hinterlässt. Schön anzusehen. Die Investitionen konnten einen maßvollen Tourismus anziehen – das Dorf ist heute das wichtigste Tourismuszentrum der Region Berguedà – und die Abwanderung stoppen. 1857 hatte das Dorf noch über 1000 Einwohner, 1950 waren es noch 422 und 1985 noch 130 Einwohner. Seither steigen die Zahlen wieder ganz leicht an. Castellar de n'Hug kann auf eine lange Geschichte zurückblicken. Unter dem Namen Kastellare (Kastell) wurde es bereits im Jahr 839 in der Gründungsakte der Kathedrale von Urgell erwähnt. Wovon sich das Anhängsel »de n'Hug« ableitet, ist umstritten. Es bezieht sich entweder auf eine historische Persönlichkeit aus dem 11. Jahrhundert (Hug de Mataplana) oder es leitet sich vom Wort *nuce* ab, was so viel wie Quelle bedeutet und den Bezug zur Quelle des Llobregat herstellt. Vom ehemaligen Kastell ist nichts mehr übrig geblieben. Ein Gang durch die alten Gassen und ein Blick in die Kirche (mit einigen romanischen Überresten) lohnen aber alleweil. Zuoberst im Dorf steht das kleine Schäfermuseum (geöffnet vom 24. Juni bis 15. September von Di–So von 11 bis 14 Uhr, das restliche Jahr nur an Feiertagen). Die alte Tradition der Schäfer, die in Katalonien bis in vorrömische Zeiten zurückreicht, wird in Castellar de n'Hug mit einem speziellen Wettbewerb gewürdigt. Seit 1961 findet hier immer am letzten Sonntag im August ein internationaler Wettkampf für Schäferhunde statt.

Die Hauptsehenswürdigkeit von Castellar de n'Hug sind aber die Quellen des Llobregat, einer der wichtigsten Flüsse Kataloniens, der in Barcelona ins Mittelmeer mündet. Die Quellen erreicht man zu Fuß in ca. 20 Minuten auf dem ausgeschilderten Wanderweg, der auf dem Platz mit dem Gemeindehaus am unteren Ende des Dorfes anfängt. Als bereits großer Bach sprudelt der Llobregat aus dem karstigen Gestein. Man kann den Ausflug in eine rund 80-minütige Rundwanderung ausdehnen, indem man dem Bach weiter abwärts folgt (an einem Restaurant und einer alten Mühle vorbei), vor dem Hostal les Fonts links hält und auf der Straße bis zur kleinen Kapelle aufsteigt. Bei der Kapelle biegt links ein kleiner Weg ab, der bei der großen Plastik eines Schäferhundes auf die Straße mündet, die uns nach Castellar de n'Hug zurückbringt.

17.2 Castellar de n'Hug– Planoles

Charakter: Einfache Wanderung, oft auf unmarkierten Wegen, die nicht immer einfach zu finden sind.

Etappenort Planoles: siehe S. 175.

↗ 860 m, ↘ 1110 m

Wanderzeit:
Castellar de n'Hug–Sant Joan de Cornudell: 0.35 Std.
Sant Joan de Cornudell–Collet de Maians: 0.45 Std.
Collet de Maians–Cim del Pla de Pujalts: 1.45 Std.
Cim del Pla de Pujalts–Coll Roig: 0.30 Std.
Coll Roig–Alberg Marista: 1.15 Std.
Alberg Marista–Planoles: 0.20 Std.
Total: 5.10 Std.

Wir verlassen **Castellar de n'Hug** beim Hostal Alt Llobregat auf demselben Weg, auf dem wir am Vortag angekommen sind. Nach 5 Minuten biegen wir links auf einen Fußweg ab (Wegweiser Sant Joan de Cornudell). Der Weg führt uns nach 15 Minuten zur Straße zurück, der wir für 10 Minuten aufwärts folgen, bis wir nach rechts auf einen breiten Fußweg abbiegen (Wegweiser). Kurz darauf erreichen wir die kleine romanische Kapelle **Sant Joan de Cornudell** (1479 m, immer geschlossen), die auf einem kleinen Felsen thront.

Wir gehen den rot-weiß markierten, später oft schmalen Weg weiter. Er führt uns durch eine bei Pilzsammlern sehr beliebte Region. Pilze sammeln hat in Berguedà eine große Tradition, die jeden Herbst in la Pobla de Lillet mit einem großes Pilzfest gefeiert wird. Nachdem wir zwei trockene Seitentäler gequert haben, erreichen wir den **Collet de Maians** (1460 m), eine grasige Schulter. Hier treffen wir auf einen breiteren Feldweg. Wir folgen diesem Weg aber nicht, sondern gehen auf der Schulter vom Weg ab und steigen über die Wiese bergan (ab hier nicht mehr markiert). Nach 150 Metern erreichen wir einen Feldweg, dem wir nach links folgen. Nach einer Kehre verlassen wir den Weg wieder, um eine mit Buchsbäumen bestandene Kuppe rechts zu umgehen. Eine unmittelbar dahinter liegende Kuppe besteigen wir und gelangen danach auf eine relativ deutliche Wegspur, die uns zuerst flach, später aufsteigend Richtung Pass führt. Bei einem trockenen Bachlauf verliert sich der Weg. Rechts oder links des Baches müssen wir weglos einen steileren Hang meistern, um dann wieder auf eine Wegspur zu treffen, der wir nach links folgen, zum Schluss

▼ Wenig unterhalb von Castellar de n'Hug entspringt der Llobregat einem Karstfelsen.

durch ein grünes Tal, bis zum Pass, dem Coll de la Bona. Vom Pass gehen wir weglos auf der südlichen Seite des flachen Wiesengrates weiter aufwärts, umgehen einen ersten Gipfel, um dann problemlos auf den zweiten, den **Cim del Pla de Pujalts** (2053 m, auch Costa Pubilla genannt), aufzusteigen. An besonders schönen Tagen soll der Blick vom Gipfelkreuz des Cim de Pla de Pujalts bis zu den Gebirgszügen von Montserrat und Montseny und zur Pedraforca reichen.

Vom Gipfel steigen wir problemlos über den Grat nach Osten zum Coll de Coma Ermada ab. Auf der Nordseite werden ca. 100 Meter unterhalb des Passes die ausgetretenen Kuhpfade sichtbar, die uns nach links zum **Coll Roig** (1716 m) bringen. Hier ist der weitere Wegverlauf nicht einfach zu finden. Vom tiefsten Punkt des Passes gilt es, die Höhe haltend, die bewaldete Kuppe el Cogullò links (westlich) zu umgehen. Ca. 150 Meter vom Pass, am Waldrand, gibt es auf einem großen Stein einen weißen Pfeil. Der Weg, der im Wald dann besser sichtbar wird, beginnt wenige Meter unterhalb dieser Markierung. 10 Minuten nach dem Pass gilt es einen kleinen Pfad links liegen zu lassen und auf dem grasigen Waldboden nur leicht absteigend weiterzugehen. Nach wenigen Minuten wird auch dieser Weg wieder besser sichtbar. Mehrere umgestürzte Bäume erschweren es uns später, dem Weg zu folgen. Weiße Wegzeichen an den Bäumen helfen manchmal bei Unklarheit weiter. (Die weißen Zeichen sind eine private Markierung des Alberg Marista. Sie führen uns direkt dorthin.) Nach 20 Minuten trifft unser Pfad auf einen weiteren kleinen Pfad, dem wir nach rechts folgen. Nach 30 Minuten

erreichen wir einen größeren Forstweg, auf dem wir durch den nun lichten Wald weiter abwärts gehen. An einer Kreuzung gehen wir auf einem Grasweg geradeaus (ein größerer Forstweg führt hier links weg). Wir gelangen zu einer Weide auf einem kleinen Pass (1358 m, ca. 45 Min. vom Coll Roig). Eine kleine Gegensteigung führt uns durch den Wald (weiße Zeichen an den Bäumen). Beim Abstieg überqueren wir nochmals eine Weide an ihrem linken Rand. Wieder im Wald trifft unser Weg auf einen größeren Weg, dem wir nur 20 Meter nach rechts folgen, um dann links wieder auf einen kleinen Pfad abzubiegen (weiße Zeichen), der uns steil zum **Alberg Marista** (1165 m) hinunterführt. Diese Herberge ist nur für Gruppen offen. Wir gehen von der Herberge auf der Straße weiter abwärts, biegen bei der ersten Gelegenheit rechts auf einen Fußweg ab und überqueren hinter einer Spielwiese auf einer kleinen Brücke den Fluss. Auf der anderen Seite erreichen wir wieder die Straße, der wir nach rechts folgen. Nach wenigen Minuten befindet sich rechts des Weges die Jugendherberge. Zum Dorf **Planoles** (1137 m, 250 Einw.) müssen wir auf der Straße die Bahnlinie überqueren und dann steil ansteigen. Zum Cal Sadurni müssen wir nach der Überquerung der Geleise der Straße nach rechts folgen und 400 Meter später nochmals rechts abbiegen.

Das Dorf **Planoles**, in dem eine Mehrzahl der Häuser mittlerweile als Zweitwohnsitz dient, ist nicht sonderlich sehenswert. Nur die Pfarrkirche Sant Vincenç, ein romanischer Bau, lohnt einen kurzen Besuch. Die Bahnlinie, die Planoles mit Barcelona sowie Puigcerdà und Frankreich verbindet,

wird leider nur noch sehr schlecht in Stand gehalten und verfällt zusehends. Wer in Planoles einen Ruhetag einlegen möchte, dem sei eine Wanderung auf dem GR11 ins kleine Dorf **Dòrria** empfohlen (Wanderzeit ca. 2.45 Std. hin und zurück). In der romanischen Kirche wurden 1997 Fresken aus dem 12. Jahrhundert entdeckt, die mittlerweile restauriert wurden.

In einer halbstündigen Zugfahrt erreicht man **Ripoll.** Sein Kloster, eine Gründung von Wilfried dem Behaarten aus dem 9. Jahrhundert, war im Mittelalter das geistige Zentrum Altkataloniens und verfügte über eine berühmte Schreibschule (siehe S. 86f). Die fünfschiffige Kirche wurde im Jahr 1032 geweiht und in der Mitte des 12. Jahrhunderts mit einem grandiosen Portal ausgestattet.

▲ **Die Kapelle Sant Joan de Cornudell stammt aus dem 11. Jahrhundert. Sie wurde später auf einer Seite mit Stützmauern versehen, um sie vor dem Zusammenbruch zu retten.**

Eine Welle aus Zement

Die Zementfabrik der Companyia General d'Asfalts i Pòrtland, A.A. Asland wurde 1904 eröffnet. Der entlegene Ort wurde wegen des großen Kalkvorkommens gewählt. Die Wasserkraft konnte einfach genutzt werden und auch Kohle, zum Anheizen der Drehöfen benötigt, gab es in der Region. Der einzigartige Bau im Modernisme-Stil, der katalanischen Spielart des Jugendstils, stammt vom spanischen Architekten Rafael Guastavino, der insbesondere auch in den USA große Erfolge feierte (unter anderem mit dem Grand Central Terminal und der Carnegie Hall in New York). Der Bau, unmittelbar unterhalb des Steinbruchs in den Hang gebaut, macht sich die Schwerkraft zunutze, um die jeweiligen Zwischenprodukte zum nächsten Verarbeitungsschritt zu führen. Als Material für den Bau wurde Portlandzement verwendet – eine bessere Werbung für das Produkt der Fabrik kann man sich nicht wünschen.

Die Zulieferung der Kohle und der Abtransport des Zementes war mit größeren Problemen verbunden. In den ersten Jahren versuchte man das Problem mit dem Ausbau der Straße von la Pobla de Lillet bis zur Fabrik zu lösen. Transportiert wurde die Ware mit einem riesigen Straßenzug, der mit Dampf betrieben wurde. Schon bald wurde aber die Benutzung des Ungetüms, welches der Straße arg zusetzte, verboten. Man ersetzte den Zug mit 60 Pferdegespannen und vielen Fahrzeugen, die in den Folgejahren die Verbindung zum Bahnhof in Guardiola herstellten. Befriedigend war auch diese Lösung nicht, sodass die Fabrikinhaber sich für den Bau einer Eisenbahn entschlossen. Im August 1914 wurde die Bahnlinie von Guardiola bis zur Zementfabrik mit einer Spurweite von bloß 600 Millimetern, der kleinsten in ganz Spanien, eingeweiht. Sie transportierte Personen, Zement und die Kohle, die an der

Catllaràs-Kette, südlich von la Pobla de Lillet, abgebaut und mit einer Seilbahn bis zur Bahnlinie geführt wurde. 1963 wurde die Eisenbahnlinie stillgelegt, heute verkehrt zwischen la Pobla de Lillet und der Fabrik ein Touristenzug.

Die Fabrik war eine wirtschaftliche Pionierleistung. Es war die erste Fabrik Kataloniens, die Portlandzement herstellte, eine besonders hochwertige und schnell erhärtende Zementart. Mit einer Produktion von 80 000 Tonnen Zement im Jahr war sie für lange Zeit der bedeutendste Produzent Spaniens. Es war zudem eine der ersten Fabriken in Europa, die für die Zementherstellung Drehöfen benutzte. Die notwendigen Maschinen wurden aus Amerika importiert. 200 Arbeiter verdienten hier ihr Brot. Besonders gut war der Absatz 1929, als wegen der Weltausstellung in Barcelona ein großer Bauboom herrschte. Eine zweite Blüte erlebte die Fabrik nach dem Zweiten Weltkrieg, danach ging es stetig abwärts. 1975 wurde die Fabrik geschlossen.

Besuch: Heute ist im unteren Teil der Fabrik das Zementmuseum untergebracht, welches das Baumaterial Zement vorstellt und in die Geschichte der Asland-Fabrik einführt. Mit einem Helm ausgerüstet kann man einen kleinen Rundgang durch die Industrieruine machen (geöffnet Anfang Juli bis Mitte September: täglich von 10 bis 14 und von 16 bis 19 Uhr, sonst nur an Wochenenden und Feiertagen von 10 bis 15 Uhr).

In der alten Remise der Eisenbahn befindet sich ein Transportmuseum (geöffnet: Juni bis September von 10 bis 14 und von 16 bis 18 Uhr, am Wochenende, außer im August, nur morgens. Von Oktober bis Mai auf Anfrage).

◀ **Die Zementfabrik in el Clot del Moro bei ihrer Eröffnung 1904.**

▼ **Initiant und Besitzer der Zementfabrik Asland war der katalanische Industrielle Eusebi Güell i Bacigalupi. Nach dem großen Förderer von Gaudí ist auch der Güell-Park in Barcelona benannt.**

Eusebi Güell i Bacigalupi, comte de Güell.

EINE PILGERSTÄTTE UND NEUN KREUZE

In vier Tagen von Planoles nach Vernet-les-Bains

Wie einst die Pilger wandern wir durch die Núria-Schlucht zur gleichnamigen Wallfahrtsstätte hinauf. Von hier geht es zum aussichtsreichen Grenzgrat, um dann nach Frankreich und in die Naturparks von Mantet und Py hinabzutauchen. Ziel der Etappe ist der alte, leicht verstaubte Kurort Vernet-les-Bains.

18

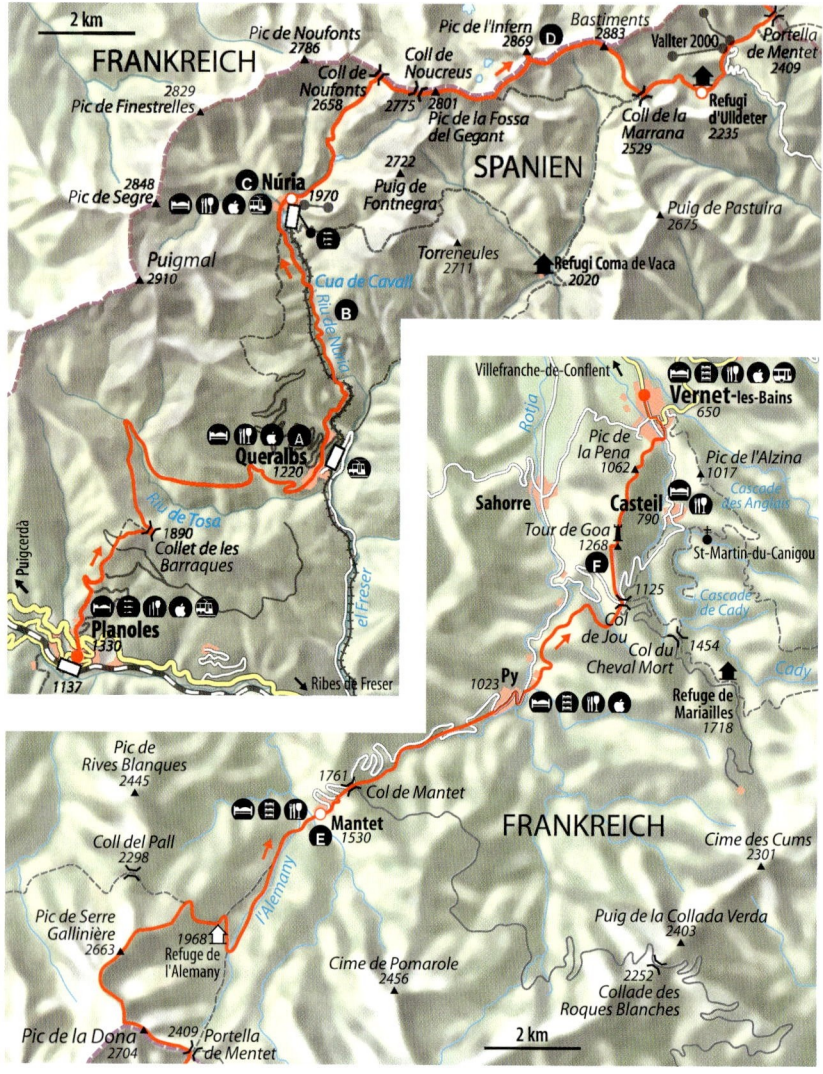

Sehenswertes:

A Das Dorf Queralbs mit seiner romanischen Kirche

B Der alte Alp- und Pilgerweg von Queralbs nach Núria

C Pilgerstätte Núria

D Aussicht von den Gipfeln des Grenzgrates

E Das abgeschiedene Dorf Mantet

F Die Tour de Goa und ihre Rundsicht

Charakter: Teilweise anspruchsvolle Wanderung im alpinen Gelände. Meist markiert.

Varianten:

• Von Queralbs kann man durch die Freser-Schlucht in 3 Stunden auch das Refugi Coma de Vaca erreichen (Tel. 972 19 80 82, www.comadevaca.com). Von hier erreicht man über den Coll de Marrana in weiteren 3 Stunden das Refugi d'Ulldeter (Etappe 18.2).

• In Queralbs übernachten und danach in einem Tag entweder über Coma de Vaca oder über Núria nach Ulldeter wandern.

• Für ausdauernde Wanderer besteht die Möglichkeit, auf den Abstieg zum Refugi d'Ulldeter zu verzichten und vom Bastiments auf dem Grat direkt zum Vorgipfel des Pic de la Dona zu queren. Auf diese Weise werden die Etappen 18.2 und 18.3 verbunden (mit direktem Abstieg nach Mantet beträgt die gesamte Wanderzeit Núria–Mantet 8.10 Std.).

• Anstatt vom Coll de Jou nach Vernet-les-Bains abzusteigen (Etappe 18.4), direkt zum Refuge de Mariailles queren (siehe Etappe 19.2).

Karten: Am besten eignet sich die Carte de Randonnés Nr. 20 Puigmal–Costabona (Éditions Rando, 1: 50 000), welche die Etappen *18.1 bis 18.3* und den größten Teil von *18.4* abdeckt. Die Etappen *18.1 und 18.2* werden auch von Editorial Alpina Puigmal–Núria (1:25000) und der Mapa Comarcal de Catalunya (1:50000) Ripollès abgedeckt. *18.3:* IGN 2250 ET Bourg Madame–Mont Louis (1:25000) *18.4:* IGN 2349 ET Massif du Canigou (1:25000).

18

Etappenort Núria

Info: Tel. 972 73 20 20, www.valldenuria.com.

Geldautomat, Laden mit Lebensmitteln und allem, was Reisende so brauchen.

Anreise: Mit der Zahnradbahn von Ribes de Freser aus (dort Anschluss an die Eisenbahnlinie Barcelona–Puigcerdà). Die Bahn verkehrt alle 50 Minuten (erstmals um 7.30, letzter Zug um 20.30 Uhr). Die Fahrt dauert 40 Minuten und kostet 9 Euro (einfach).

Übernachten/Essen: Reservationen für Zimmer im *Hotel Vall de Núria* und die etwas billigeren Appartements werden mehr als eine Woche im Voraus nur für eine Zeitspanne von 2 Nächten oder mehr entgegengenommen. Zimmer für nur eine Nacht können erst eine Woche im Voraus reserviert werden (oft ist dann bereits ausgebucht). Tel. 972 73 20 20, DZ: 120 Euro p. P. (inkl. Halbpension), im August 150 Euro. Appartements von 107 Euro p. P. (bei 2 Personen) bis 52 Euro p. P. (bei 5 Personen) während der Hauptsaison. Hinter dem Hotel besteht die Möglichkeit zum Zelten.
Etwas oberhalb von Núria, mit der Seilbahn oder in einer halben Stunde zu Fuß erreichbar, liegt die *Jugendherberge Pic de l'Àliga* mit 138 Betten, Tel. 972 73 20 48. Viele 4er-Zimmer (die leider etwas nach Chlor riechen): 24.60 Euro. Website der Jugendherbergen in Katalonien: www.tujuca.com (Onlinereservation möglich).
In Núria gibt es fünf Restaurants in diversen Preisklassen.

Etappenort Mantet

Info: Am besten bei den Unterkünften, keine Touristinformation.

In Mantet gibt es weder Geldautomat noch Lebensmittelladen (Die Eröffnung eines kleinen Ladens ist jedoch geplant).

Anreise: Keine öffentlichen Verkehrsmittel. Das Taxi von der Bahnstation in Villefranche-de-Conflent kostet rund 35 Euro (Tel. siehe unter Vernet-les-Bains, S. 188).

Übernachten/Essen: Im unteren Dorfteil sind die Chambres d'Hôtes der Familie *Cazenove* (die in erster Linie Ziegen hält), Tel. 04 68 05 60 99, DZ inkl. Halbpension: 70 Euro, http://perso.wanadoo.fr/fermecazenove. Wenige Meter nebenan ist das *La Girada* mit einfachen 2er-und Mehrbettzimmern. Es wird keine Halbpension angeboten, aber es besteht die Möglichkeit, selber zu kochen, Tel. 04 68 05 68 69, Übernachtung: 12.50 Euro p. P., http://girada.free.fr.

Oberhalb des Dorfkerns ist das *Bouf'Tic,* wo man auch für ein Bier einkehren kann. Geöffnet von Juni bis September, sowie an Weekends und in den Schulferien, Tel. 04 68 05 51 76. Die etwas dunklen DZ kosten 66 Euro inkl. Halbpension. Wenige Meter oberhalb des Dorfes ist das empfehlenswerte *La Cavale* (Gîte d'étape und Chambres d'Hôtes). Die Zimmer sind in einem Halbkreis um den Hof angeordnet. Man isst reichlich und gut. Es werden begleitete Ausritte angeboten (ein halber Tag für 30 Euro). Tel. 04 68 05 57 59, DZ: inkl. Halbpension: 66 Euro, Matratzenlager inkl. Halbpension: 27 Euro p. P., www.la-cavale.fr. Bei allen Unterkünften im Dorf (außer bei La Girada) wird davon ausgegangen, dass man mit der Übernachtung Halbpension bucht.

Einkaufen: Beim Hof kurz vor dem Gîte d'étape La Cavale kann man Bio-Schafkäse direkt vom Bauern kaufen.

Etappenort Vernet-les-Bains

Info: gute Touristeninformation an der Place de l'Ancienne Mairie (Tel. 04 68 05 55 35, www.vernetlesbains.com).

Diverse Geldautomaten und Läden, aber kein Waschsalon. Zugang zum Internet gibts im Café de la Paix an der Rue de la République.

Anreise: Der öffentliche Busverkehr wurde in den letzten Jahren auf skandalöse Weise zusammengestrichen. Heute gibt es pro Tag noch zwei Busverbindungen nach Pérpignan (via Villefranche). Als Alternative kann man vom oder zum Bahnhof in Villefranche-de-Conflent (täglich acht Zugverbindungen nach Pérpignan) ein Taxi nehmen (15 Euro). Taxi in Vernet: Jean-Paul Bouzan, Tel. 04 68 05 62 28; Louis Villacèque, Tel. 04 68 05 51 14; Michel Taurigna, Tel. 04 68 05 54 39.

Übernachten: Die beste Adresse in Vernet ist das empfehlenswerte *Hôtel Le Mas Fleuri* in einem kleinen Park mit Schwimmbad, ca. 400 vom Zentrum gelegen, die meisten Zimmer mit eigenem Balkon, Tel. 04 68 05 51 94, DZ: 95 Euro (in den beiden ersten Augustwochen 110 Euro), www.hotellemasfleuri.fr. Einen guten Eindruck macht das moderne *Le Princess* im Zentrum, welches auch mehrere 3-Bett-Zimmer anbietet (Tel. 04 68 05 56 22, DZ: 53 Euro, www.hotel-princess.com). Zentral gelegen ist auch das *Hôtel Moderne-Le Colibri,* welches entgegen seinem Namen nicht sehr modern, aber in Ordnung ist (Tel. 04 68 05 52 17, DZ: 49 Euro). Weitere Hotels: *Eden,* Tel. 04 68 05 54 09, DZ: 50 Euro; *Alzina,* Tel. 04 68 05 58 44, DZ: 59 Euro.

Im modernen Gebäude der Sportanlage, am linken Ufer des Cady, ist das *Gîte d'étape* untergebracht. Eine Küche steht zur freien Benützung, Tel. 04 68 05 51 30, Matratzenlager 7.90 Euro. In der näheren Umgebung gibt es mehrere Campingplätze.

Essen: Diverse Möglichkeiten. Empfehlenswert ist das *Le Pommier* wenig unterhalb der Place de la République. Ebenfalls sympathisch ist die *Pizzeria Le Temps des Cerises,* etwas Richtung Villefranche. Das *Le Cortal* oben bei der Kirche hat sich auf Grillspezialitäten ausgerichtet, bei *Jacky,* an der Place de la République, gibt es günstige Menus.

Einkaufen: Mo, Do und Sa gibt es auf der Place de la République einen kleinen Markt.

18.1 Planoles–Núria

Charakter: Einfache, aber lange Wanderung, die im zweiten Teil auf einem alten Weg durch die Núria-Schlucht führt. Durchgehend weiß-rot markiert.

Varianten: Sich Zeit lassen und in Queralbs übernachten.

Übernachten/Essen: In **Queralbs** (auch Einkaufsmöglichkeiten): Das preiswerte *Hostal L'Avet* ist von Mitte Juni bis Mitte September geöffnet, sonst nur am Wochenende, Tel. 972 72 73 77, DZ: 39 Euro. Wenige Meter außerhalb der Stadt gibt es in einem neu erbauten Steinhaus Appartements für 2 oder 4 Personen (56 bzw. 77 Euro), auch nur für eine Nacht, *Appartements Fontalba*, Tel. 972 72 73 70. Das benachbarte *Restaurant Can Constans* macht einen sehr guten Eindruck. Diverse weitere Restaurants im Dorf.

Etappenort Núria: siehe S. 187.

↗ 1570 m, ↘ 720 m

Wanderzeit:
Planoles–Collet de les Barraques: 2 Std.
Collet de les Barraques–Riu de Tosa: 0.40 Std.
Riu de Tosa–Queralbs: 1.40 Std.
Queralbs–Cua de Cavall: 1.40 Std.
Cua de Cavall–Núria: 1 Std.
Total: 7.00 Std.

An der Straße, die oberhalb der Kirche von **Planoles** (1330 m) das Dorf quert, weist uns ein Wegweiser (GR11, Núria) vis-à-vis der Metzgerei den Weg. Auf einer Straße, danach über Treppen, geht es zur Hauptstraße hinauf, die wir überqueren. Nach 5 Minuten halten wir bei einer Abzweigung links (hier sind nur weiß-gelbe Markierungen sichtbar). Beim Weiler El Puig erreichen wir wieder die geteerte Straße, der wir nach links folgen. Bei Campingplatz weist uns ein neuer Wegweiser den Weg der Straße nach aufwärts. Vorzuziehen ist eine kürzere Variante, die beim Campingplatz links abbiegt (Wegweiser Dòrria). Wir ge-

hen in den Campingplatz hinein, biegen nach 150 Metern oberhalb eines Steinhauses rechts ab (hier gibt es wieder alte GR-Markierungen). Auf dem Pfad geht es steil hinauf, bei einer Weggabelung halten wir links, um kurz danach bei einem Reservoir rechts einen neuen Forstweg aufwärts zu wandern. Bei einer Kreuzung halten wir geradeaus und erreichen danach wieder die geteerte Straße, der wir nach links folgen. Nach einer Kehre können wir die Straße auf einem klar markierten Weg wieder nach links verlassen. Durch einen schönen Kiefernwald mit vielen Flechten geht es teilweise steil bergan. Wir überqueren einen Feldweg und kurz darauf die Straße. An einem großen Picknickplatz (mit Trinkwasser) vorbei gelangen wir wieder zur Straße, der wir nun bis zum **Collet de les Barraques** (1890 m) folgen, von dem wir die weite Aussicht genießen. Auf dem Pass endet die Straße. Es war einst vorgesehen, sie bis nach Núria zu führen. Ein Projekt, welches glücklicherweise wieder beerdigt wurde. Auf der Passhöhe machen wir eine scharfe Linkskurve und gehen auf der anderen Seite des Grates auf einem Feldweg abwärts. Vor uns der Puigmal, der lange Zeit für den höchsten Berg Kataloniens gehalten wurde. Der Legende nach ist der Berg ein mächtiges Wesen, welches die Tiere und Pflanzen der Umgebung beschützt. Wir folgen konsequent den rot-weißen Markierungen. Nach der **Überquerung des Riu de Tosa** (1800 m) ändern wir nochmals die Richtung und wandern nun an der linken Talseite nach Westen. Ca. 50 Minuten nach der Überquerung des Baches treffen wir auf einen Feldweg, dessen weite Kehren wir zweimal abkürzen können (markiert). Auf dem Feldweg überque-

ren wir noch einen Bach, halten bei einer nachfolgenden Weggabelung nach rechts und gehen um eine Schulter herum nach **Queralbs** (1220 m, 200 Einw.), welches erst kurz vorher sichtbar wird. Am Dorfeingang steht die alte romanische Kirche Sant Jaume aus dem 11. Jahrhundert (eine Vorgängerkirche wurde bereits 978 geweiht). Das Dach ihrer Vorhalle wird von Säulen mit verzierten Kapitellen getragen. Queralbs ist ein pittoreskes kleines Bergdorf mit Steinhäusern, von denen die meisten aber nur noch als Ferienhäuser genutzt werden. Dies hat zur Folge, dass das Dorf in der Nebensaison ziemlich verlassen ist. Auch der weitere Weg nach Núria ist rotweiß markiert. Oberhalb des Dorfes steigt er in Kehren aufwärts und überquert nach 15 Minuten eine Straße. Kurz darauf gibt es die Möglichkeit, an einer Quelle die Wasserflasche aufzufüllen. Je weiter wir gehen, desto enger wird das Tal.

▲ ▲ ▲ ▲ Auf dem Coll de Noucreus (Etappe 18.2).

▲ ▲ Eine Frühlingsanemone auf dem Westgrat des Bastiments kurz nach der Schneeschmelze (Etappe 18.2).

▲ Auf dem alten Pilgerweg ziehen wir die Núria-Schlucht hinauf.

Der alte, mit Steinplatten ausgelegte und oft mit Stützmauern versehene Weg durch die Schlucht von Núria wird schon seit Jahrhunderten begangen; sei es von den Pilgern, die zur Jungfrau von Núria zogen, sei es von den Hirten, die ihre Schafe auf die Sommerweiden trieben. Dank den riesigen Weideflächen, die durch Abholzung noch vergrößert wurden, war die Viehwirtschaft seit Menschengedenken der wichtigste Erwerbszweig der Talbevölkerung. Neben dem eigenen Vieh kamen mit der Transhumanz aber auch Schafe aus entlegenen Gebieten an den Pyrenäenkamm.

Auf einer Steinbogenbrücke überqueren wir den Bach, um danach in vielen Kehren weiter aufzusteigen. Mit viel Aufwand wurde der Weg in den Gneis geschlagen. In der Schlucht nisten Mauerläufer und Felsenschwalben, mit etwas Glück erblickt man Lämmergeier oder Steinadler, die über den Felsen kreisen. Nach einem flacheren Stück erreichen wir den Wasserfall **Cua de Cavall** (ca. 1800 m). Kurz darauf überqueren wir den Fluss und unterqueren zugleich die Geleise der Zahnradbahn, die sich über 12 Kilometer, bei einer maximalen Steigung von 15 Prozent, von Ribes de Freser nach Núria den Berg hinaufkämpft. Die Bahn, die einzige Zahnradbahn in ganz Spanien, wurde nach 3-jähriger Bauzeit am 22. März 1931 eröffnet. Bis zu diesem Zeitpunkt musste alles Material für die Pilger und Touristen mit Saumtieren nach Núria transportiert werden.

Noch ein weiteres steiles Stück mit mehreren Kehren gilt es zu meistern, bis wir beim Mirador de la Creu d'en Riba, einem Aussichtspunkt wenige Meter rechts des Weges, einen guten Blick auf die Gebäude von Núria bekommen (siehe auch S. 206f).

Beim Mirador trennen uns nur noch wenige Minuten von **Núria** (1970 m). Heute prägen Touristen und nicht mehr Pilger das Bild Núrias. Für den Erholung suchenden Städter steht ein breites Freizeitangebot zur Verfügung: Auf dem See werden Ruderboote vermietet, man kann sich im Bogenschießen üben, eine Partie Minigolf oder Pétanque spielen, für die Kinder gibt es einen großen Spielplatz, und wenn es regnet, gibt es gleich mehrere kleine Ausstellungen zu besichtigen. Und natürlich kann man sich auf vielfältige Weise den Bauch vollschlagen. Für 200 000 Besucher pro Jahr sind dies gute Gründe, die Fahrt mit der Zahnradbahn auf sich zu nehmen. Seit 1916 hat die Herberge auch im Winter geöffnet. 1947 baute man für die immer immer zahlreicheren Skifahrer Skilifte. Heute besteht das kleine Skigebiet aus zwei Skiliften, einem Sessellift und einer Seilbahn, und wenn zu wenig Schnee liegt, werden sämtliche Abfahrtspisten mit Schneekanonen beschneit.

18.2 Núria– Refugi d'Ulldeter

Charakter: Aussichtsreiche Gratwanderung im alpinen Gelände für erfahrene Bergwanderer. Nur teilweise markiert. Die Schwierigkeiten können umgangen werden (siehe Varianten).

Varianten: Auch nach dem Coll de la Vaca bis zum Refugi d'Ulldeter immer dem GR11 folgen und auf die Besteigung des Pic de l'Infern und des Bastiments verzichten (Zeitersparnis: 1.10 Std.). Bei unsicherem oder schlechtem Wetter ist diese Variante vorzuziehen.

Übernachten: *Refugi d'Ulldeter,* bewartet: Tel. 972 19 20 04 oder 938 48 23 19, Matratzenlager: 11.50 Euro, www.ulldeter.net.

↗ 1330 m, ↘ 1050 m

Wanderzeit:
Núria–Coll de Noufonts: 1.40 Std.
Coll de Noufonts–Coll de Noucreus: 0.30 Std.
Coll de Noucreus–Pic de l'Infern: 1.10 Std.
Pic de l'Infern–Bastiments: 1.10 Std.
Bastiments–Coll de la Marrana: 0.30 Std.
Coll de la Marrana–Refugi d'Ulldeter: 0.30 Std.
Total: 5.30 Std.

▲ Die Wallfahrtsstätte von
Núria liegt in einem weiten,
von Gletschern geformten
Kessel und erinnert ein wenig
an die Zentrale des Böse-
wichts in einem James-Bond-
Film. Die grüne Wiese, der See
inmitten der Berglandschaft –
die ganze Szenerie macht
einen unwirklichen Eindruck.

Der Weg nach Ulldeter beginnt in **Núria**
hinter dem großen Gebäude. Im Osten der
Ebene überqueren wir den Bach auf einer
Steinbrücke (ab hier auch rot-weiß markiert). Zu Beginn noch teilweise im Kiefernwald, wandern wir ins Tal hinein.
(Wer in der Jugendherberge übernachtet,
muss nicht nach Núria zurückkehren, sondern kann den Hang die Höhe haltend auf
dem Camí del Bosc queren und trifft nach
ca. 30 Minuten auf den GR11 und die hier
beschriebene Route.) Kurz nachdem wir
den Bach auf einer Holzbrücke überquert
haben, erreichen wir 40 Minuten nach
Núria eine Weggabelung. Beide Varianten
sind für uns möglich. Wir wählen den

Weg über den Coll de Noufonts, da der Aufstieg auf dieser Route angenehmer ist. Obwohl auf dem Wegweiser anders signalisiert, handelt es sich auch bei diesem Weg um den GR11 (rot-weiß markiert). Wir wandern stetig ansteigend das Tal hinauf. Wer Glück hat, wird hier nicht nur Pyrenäengämsen sondern auch Mufflons mit ihren gebogenen Hörnern beobachten können. Der Mufflon, der ursprünglich aus Anatolien stammt, aber auch in Korsika weit verbreitet ist, wurde 1957 durch Jäger in den Pyrenäen eingeführt und hat sich insbesondere in den Ostpyrenäen gut akklimatisiert. Manchmal erblickt man auch Tiere mit gelblichem Fell oder weißen Flecken, Kreuzungen von Mufflons mit verwilderten oder schlecht gehüteten Schafen. Ein steiles Wegstück am Talende

bringt uns zum Grenzgrat und zum **Coll de Noufonts** (2658 m). Auf dem Pass halten wir nach rechts und gehen weiter den Grat aufwärts. Bereits nach wenigen Metern kommen wir an einer einfachen Schutzhütte vorbei. Wir steigen bis zum Gipfel hoch, dem Pic de Noucreus, oder queren wenig unterhalb den Hang. Danach geht es weiter den Markierungen nach, mit einem kurzen Abstieg zum **Coll de Noucreus** (2796 m, »Pass der Neun Kreuze«). Wieso der Übergang diesen Namen erhalten hat, ist klar: Neun Kreuze sind hier in den Boden gerammt, und dies seit Jahrhunderten. Doch warum an dieser Stelle? Die eine These sagt, dass es sich dabei um Kreuze handelt, die an die Pilger erinnern, die auf dem Weg nach Núria ihr Leben lassen mussten. Andere meinen, dass es nur Markierungen sind, die den Pilgern und Wanderern den Übergang anzeigen. Wenige Meter neben dem Pass mit den neun Kreuzen liegt der Pic de la Fossa del Gegant (2799 m), der ebenfalls mit einem Kreuz bestückt ist.

Fossa del Gegant heißt auf Deutsch »Grab des Riesen«. Um den Berg rankt sich eine Legende, die in der Zeit der Kriege von Karl dem Großen gegen die Muselmanen spielt. Roland, ein mutiger Krieger unter Karl dem Großen, der durch die Schlacht von Roncesvalles und das Rolandslied zu einer mythischen Figur hochstilisiert wurde, kämpfte auf diesem Gipfel mit dem Riesen Ferragut, einem Anführer der Muselmanen. Beide waren derart stark und geschickt, dass der Kampf auch nach einer Woche noch nicht entschieden war. Doch beide hatten einen wunden Punkt: Bei Roland war es die Fußsohle, weich wie Quark, die er mit Stiefeln aus Eisen schützte; bei Ferragut war es der Bauch, der weich wie Butter war. Mit einem flachen Stein unter der Bauchbinde schirmte der Riese ihn vor den tödlichen Stichen ab. Während des Kampfes wurden die beiden gute Freunde. In den Kampfpausen schwatzten sie miteinander und tranken und aßen gemeinsam. Es ist nicht bekannt, ob Ferragut Roland von seinem wunden Punkt erzählte oder ob Roland selber draufkam. In einer Nacht jedoch, als Ferragut fest schlief, entfernte Roland die Steinplatte unter der Bauchbinde und schleuderte sie weit fort. Als Ferragut am nächsten Morgen erwachte, suchte er sie überall, erfolglos. Dennoch führte er den Kampf weiter. Kurz darauf versetzte ihm Roland den tödlichen Stich in den Bauch. Seither ist Ferragut auf

◄ **Auf dem Grenzgrat wandern wir zum Pic de l'Infern (ganz links im Bild).**

diesem Gipfel unter einem großen Stein begraben, den viele für ein Grabmal aus der Steinzeit halten. (Den Stein sucht man auf dem Gipfel jedoch vergeblich. Vielleicht sollte man ihn auf dem Pic de Noucreus suchen, denn auf den französischen Karten wird jener Gipfel als Pic de la Fossa del Gegant bezeichnet.)

Vom Gipfel erspähen wir im Westen bereits unser nächstes Ziel, den Pic de l'Infern. Um ihn zu erreichen, folgen wir weiter dem markierten GR11, steigen zum Coll de Carança (2727 m) ab und auf der anderen Seite wieder hoch. 20 Minuten nach dem Coll de Noucreus, nachdem wir einen Gipfel (Pic Superior de la Vaca) rechts umgangen haben, verlassen wir auf einem kleinen Pass (2793 m) den GR11

und folgen von hier weiter dem Grat Richtung Nordosten. Der GR führt hier rechts um eine Kuppe herum. Wir gehen auf die grasige Kuppe (Pic Inferior de la Vaca, 2812 m) hinauf und steigen danach auf einem unmarkierten Pfad zu einem Pass ab. Von hier geht es nun zuerst leicht rechts des Grates, dann auf dem Grat und später links des Grates aufwärts (einzelne rote Markierungen). Im steilen Gelände müssen wir ab und zu die Hände benutzen. Der **Pic de l'Infern** (2869 m) liegt dann wenige Meter nördlich des Hauptgrates, vollständig auf französischem Boden. Vom Gipfel schweift der Blick auf eine ganze Anzahl kleiner Seen. Weit im Osten steigt der Canigou empor.

Wir gehen zum Hauptgrat zurück und folgen ihm weiter Richtung Osten. Nach einem kurzen Abstieg geht es auf der südlichen, am Schluss auf der nördlichen Seite des Grates im felsigen Gelände zum Pic de Freser (2835 m) hoch. Über viele Steine geht es von hier dem Grat nach wiederum zu einem Pass (2705) hinunter. Anschließend folgt der schweißtreibende Aufstieg zum Bastiments. Zuerst erreichen wir den Westgipfel, wenig später den Hauptgipfel des **Bastiments** (2883 m), der mit einem Betonzylinder gekennzeichnet ist. Etwas weiter auf dem Gipfelgrat folgt das Gipfelkreuz, wo wir den Grenzgrat verlassen und, nun wieder einfacher, zum **Coll de la Marrana** (2529 m) absteigen. Auf dem Pass treffen wir wieder auf den rot-weiß markierten GR11, dem wir bis zum **Refugi d'Ulldeter** (2235 m) folgen. Beim Abstieg überqueren wir die mit Schneekanonen ausgestatteten Pisten des Skigebietes Vallter 2000. Trotz diesen schmerzhaften Wunden in der Natur ist das Gebiet um die Hütte, mit seinen einzelnen knorrigen Kiefern, immer noch ein sehr schöner Fle-

◄ Blick vom Pic de l'Infern hinunter nach Frankreich ins Carança-Tal. Links im Bild der Estany de les Truites, in der Mitte die kleinen, eisbedeckten Estanys de la Coma de l'Infern.

▼ Das erste Refugio von Ulldeter wurde 1909 im Modernisme-Stil wenig oberhalb der heutigen Hütte erbaut. Es war die erste Berghütte auf der Iberischen Halbinsel. Der verwendete Zement hatte sich für die auf dieser Höhe herrschenden Bedingungen als nicht ideales Baumaterial erwiesen. Während des Bürgerkrieges wurde die Hütte verlassen und zerfiel. Heute sind nur noch kleine Überreste der Grundmauern zu sehen.

18

Planoles–
Vernet-les-
Bains

cken. Die sympathische Hütte (4er- und 6er-Zimmer) bietet warme Duschen und den ganzen Tag warme Mahlzeiten. Das Abendessen ist vorzüglich.

18.3 Refugi d'Ulldeter–Mantet

Charakter: Aussichtsreiche Gratwanderung, die teilweise weglos oder auf unmarkierten Pfaden verläuft. Eine gewisse Orientierungsfähigkeit im Gelände ist deshalb notwendig.

Varianten:
• Von der Portella de Mentet sind neben der nachfolgend beschriebenen Tour auch zwei andere Varianten für den Abstieg nach Mantet möglich:
• Vom Pass direkt ins Alemany-Tal absteigen und später dem GR10 bis ins Dorf folgen (Zeitersparnis: 1.30 Std.).
• Von der Portella de Mentet auf den breiten Grat östlich des Alemany-Tales queren und auf diesem meist weglos bis zum Caps dels Rocs absteigen. Die auf der IGN-Karte markierte Abzweigung bei P. 2058 m beginnt kurz nach einem charakteristischen Felsen ist nicht einfach zu finden. Später ist der Weg klar mit Steinmännchen markiert. Zeitersparnis 1.20 Std.
• Kurz vor dem Refuge de l'Alemany kann man auf dem GR10 direkt nach Mantet absteigen (Zeitersparnis: 30 Min.).

Etappenort Mantet: siehe S. 187f.

↗ 770 m, ↘ 1480 m

Wanderzeit:
Refugi d'Ulldeter–Portella de Mentet: 1.05 Std.
Portella de Mentet–Pic de la Dona: 0.45 Std.
Pic de la Dona–Pic de Serre Gallinière: 0.30 Std.
Pic de Serre Gallinière–Ref. de l'Alemany: 1.10 Std.
Refuge de l'Alemany–Mantet: 1.30 Std.
Total: 5 Std.

Durch das idyllische Tal wandern wir vom **Refugi d'Ulldeter** auf dem GR11, an Alpenrosen und Ginster vorbei, in einer Viertelstunde zur Straße hinunter. Wir verlassen hier den GR11 und folgen der Straße für ca. 400 Meter nach links. Unmittel-

bar nach der Überquerung eines Baches verlassen wir die Straße nach links, um eine weite Kehre über einen Fußpfad abzukürzen. Kurz darauf befinden wir uns auf dem großen Parkplatz der Skistation Vallter 2000 – kein schöner Anblick, wenn der Schnee fehlt. Für den weiteren Aufstieg gehen wir links um das Gebäude mit dem Restaurant herum und folgen zuerst einem etwas groben breiten Weg, den wir bei der ersten Linkskurve verlassen, um die Wanderung auf einem Fußpfad auf der rechten Bachseite, später auf der Böschung fortzusetzen. Wo der Weg den Bach überquert, gabelt sich der Weg. Wir folgen auf einem Pfad weiter dem Bach aufwärts. 100 Meter nach der Abzweigung wurde auf der rechten Bachseite eine Quelle gefasst. Weiter im kleinen Tals aufsteigend, erreichen wir die **Portella de Mentet** (2412 m) und die Landesgrenze. Wir halten hier nach links und folgen den Pfadspuren, meist etwas links des Grates, aufwärts bis zum Gipfel des **Pic de la Dona** (2702 m). Im Westen überblicken wir von hier die weiten Ebenen und runden Gipfel in Richtung Meer. Der berühmte Pyrenäenreisende Henri Russell schrieb in seinen Erinnerungen, dass die sanften Berge der Westpyrenäen eine weibliche Grazie besitzen, eine Poesie, die den schroffen stürmischen Gipfeln im Zentrum und Westen der Kette fehlt. Für die Fortsetzung der Wanderung folgen wir dem Grat Richtung Norden (ein weiterer Grat führt von hier einfach zum Bastiments). Nach 10 Minuten zweigt sich der Grat erneut auf. Hier dürfen wir uns nicht vom Steinmann auf dem Nebengipfel (2694 m) des Pic de la Dona verleiten lassen, sondern müssen den Grat wählen, der zuerst in die nordwestliche Richtung führt

und den tiefen Talkessel der Coma de Bas-sibès umrundet (Pfadspuren). Auf der Nordseite des Kessels besteigen wir den **Pic de Serre Gallinière** (2663 m), der von einer kleinen Gämse aus Metall gekrönt wird. Vom Gipfel wandern wir weiter dem Grat nach in Richtung Coll de Pal, einem deutlich zu erkennenden Pass im Norden. Wir müssen jedoch nicht bis zu diesem Pass absteigen, sondern können bereits ca. 10 Minuten nach dem Gipfel, bei einem kleinen Zwischenpass, rechts halten und auf Schafspuren eine kleine felsige Kuppe (Punkt 2509 m auf der IGN-Karte) auf dem breiten Bergrücken anvisieren.

Wir betreten nun definitiv das **Naturreservat von Mantet**, an dessen Westgrenze wir seit der Portella de Mentet entlanggewandert sind. Das 3028 Hektar große Gebiet wurde 1984 unter Schutz gestellt und erstreckt sich vom Dorf Mantet über die drei Täler Caret, Alemany und Ressec bis

▲ Im Naturpark von Mantet, in der Nähe des Refuge de l'Alemany.

an die spanische Grenze. Die Landschaft ist von der jahrhundertelangen Bewirtschaftung geprägt. Insbesondere die Südhänge wurden abgeholzt, um zusätzliche Weidemöglichkeiten zu schaffen. Aufgrund der zurückgehenden Bewirtschaftung macht sich auf vielen Weiden Ginster breit. Die bestehenden Wälder (v.a. Schwarzkiefern) sind relativ jung, da sie im 17. und 18. Jahrhundert stak genutzt wurden, um für die katalanischen Eisenhütten Holzkohle herzustellen. Im Reservat wachsen viele endemische Pflanzen und in den Bächen lebt der seltene Pyrenäendesman.

Weglos immer den Bergrücken abwärts, erreichen wir kurz nachdem wir links an einer zweiten felsigen Kuppe vorbeigewandert sind, den GR10 (rot-weiß markiert). Wir folgen dem deutlichen Weg nach rechts, der kurz durch einen lichten Kiefernbestand steil ins Alemany-Tal hinunterführt. Auf einer Ebene erreichen wir einen Wegweiser. Von hier können wir auf dem GR10 direkt nach Mantet absteigen (1.10 Std.). Um das Alemany-Tal, eines der schönsten Täler, das wir in den Westpyrenäen durchwandern, besser kennen zu lernen, lohnt sich aber eine kleine Zusatzschlaufe. Dafür biegen wir beim Wegweiser rechts ab und erreichen drei Minuten später das unbewartete **Refuge de l'Alemany** (1968 m, Pritschen für 8 Personen, Feuerstelle). In der kleinen Hütte gibt es Infotafeln zum Naturpark, vor der Hütte fließend Wasser. Der Weg führt weiter durch den lichten Kiefernwald und überquert später, auf einer offenen Weide mit Ginster und Alpenrosen, einen Seitenbach des Alemany-Flusses. 100 Meter nachdem wir den letzten Arm des Baches

überquert haben, biegen wir bei zwei toten Kiefern und den Grundmauern einer zerstörten Hütte links ab (markiert mit grünem Punkt und gelbem Strich). Der attraktive Weg führt kurz darauf über den kleinen Fluss. Nach 10 Minuten wechseln wir die Talseite wieder, steigen kurz an und gehen anschließend durch den Wald abwärts. Nach einem Gatter führt der Weg auf die offene Weide, wo er wieder mit der Route des GR10 zusammentrifft. Entlang alten Steinmauern, einem Relikt aus der Zeit der intensiven Bewirtschaftung des Tales, folgen wir dem rot-weiß markierten Weg ins Tal. Nachdem wir den oft wilden Ressec überquert haben, bringt uns ein steiler Gegenanstieg nach **Mantet** (1530 m, 30 Einw., katalanisch Mentet) hinauf.

Mantet ist ein kleines Dorf mit Steinhäusern, die sich eng aneinander schmiegen, und einer kleinen romanischen Kirche (1101 geweiht). Im 19. Jahrhundert hatte Mantet noch über 200 Einwohner. 1944 wurde das Dorf, ein beliebter Durchgangsort für die Kämpfer der Résistance, von den Besatzungstruppen geräumt. Im folgenden Jahr kamen nur noch wenige Viehzüchter zurück. Lange Zeit war der Saumpfad über den Col de Mantet die einzige Verbindung mit der Außenwelt. Erst 1964 wurde er zur Straße ausgebaut. Doch auch die Straße konnte das Dorf nicht mehr retten. 1969 verließen die letzten Einwohner das Dorf, welches während der sechs folgenden Jahre unbewohnt blieb und langsam zerfiel. 1975 kam ein junges Paar ins halb verfallene Dorf und eröffnete die Herberge La Bouf'Tic. Man hielt diese »Fremden« (es waren keine Katalanen) für verrückt, aber sie sind noch heute hier, und viele weitere

sind dazugekommen. 1985 kam der Strom ins Dorf, welches mittlerweile rund 30 Einwohner zählt. Ein Jeep holt jeden Morgen die Kinder ab, um sie in die Schule zu fahren. Seit 2004 gibt es im Sommer auch einen kleinen mobilen Lebensmittelladen, der tagsüber am Pass oberhalb des Dorfes und am Abend im Dorf steht. Vier Unterkünfte stehen den Besuchern zur Wahl. Es wird versucht, sich auf einen nachhaltigen Tourismus im Einklang mit der Natur zu beschränken. Im Juli und August ist neben der Kirche die kleine Maison de la Nature geöffnet (10 bis 12.30 und 15 bis 19 Uhr außer Mo und Di Morgen; im Juni Do und Fr), welches über die Flora und Fauna im Naturreservat von Mantet informiert und auch über Ausflugsmöglichkeiten Auskunft gibt.

▼ Das abgeschiedene Mantet war vor 35 Jahren nicht mehr bewohnt. Mittlerweile wohnen wieder 30 Personen im Dorf. Am Hang erkennt man die alten Terrassen, auf denen früher Kartoffeln und Roggen angepflanzt wurden.

18.4 Mantet–Vernet-les-Bains

Charakter: Einfache, aber relativ anstrengende Wanderung auf durchgängig markierten Wegen. Steiler Abstieg nach Vernet-les-Bains.

↗ 640 m, ↘ 1520 m

Übernachten/Essen: Py: Essen kann man im *Restaurant La Fontaine.* Die freundlichen Besitzer führen auch einen kleinen Lebensmittelladen (immer geöffnet, wenn sie da sind, man muss einfach läuten) und bieten ein paar *Chambres d'Hôtes* an (Tel. 04 68 05 53 00, DZ: 27 Euro). Am Platz mit dem Gemeindehaus (abseits der Hauptstraße) gibt es ein einfaches *Gîte d'étape.* Es werden keine Mahlzeiten angeboten, aber es besteht eine Kochmöglichkeit (Tel. 04 68 05 58 38, Matratzenlager: 7.50 Euro p. P.). Infos zu Py unter http://mairiedepy.free.fr.

Etappenort Vernet-les-Bains: siehe S. 188.

Wanderzeit:
Mantet–Col de Mantet: 0.40 Std.
Col de Mantet–Py: 1.30 Std.
Py–Tour de Goa: 2 Std.
Tour de Goa–Pic de la Pena: 0.50 Std.
Pic de la Pena–Vernet-les-Bains: 0.50 Std.
Total: 5.50 Std.

Oberhalb von **Mantet** biegt 50 Meter nach der Auberge Le Bouf'Tic rechts der Wanderweg ab. Bis zum Col de Jou wandern wir auf dem rot-weiß markierten GR10. Gleich die nächste Abzweigung, 200 Meter später nach links, ist aber nicht sonderlich gut sichtbar. Der Weg führt über alte Terrassen, die nun aber zusehends verfallen, zum Col de Mantet (1761 m). Nördlich des Passes liegen steinerne Schafe im Gras, die uns das Panorama erklären.

Am Pass betreten wir ein weiteres Naturschutzgebiet, das **Naturreservat von Py.** Mit einer Fläche von 3929 Hektar ist es noch ausgedehnter als jenes von Mantet (Infos unter http://resnatpy.free.fr). Für Georges Bassouls, einen der Hauptinitian-

ten der Schutzgebiete, wurde auf dem Pass ein Gedenkstein errichtet.

Die Reservate von Mantet und Py sind Teil des weitaus größeren regionalen **Naturparks Pyrénées Catalanes** (mit weniger weit gehenden Schutzbestimmungen), der am 5. März 2004 gegründet wurde. In der Cerdagne, dem Capcir und dem Haut-Conflent umfasst er eine Fläche von 138 000 Hektar mit 64 Gemeinden und 21 000 Einwohnern. Ziel der Verantwortlichen ist es, den Tourismus und, mit einem Label, die lokalen Produkte zu fördern, ohne dabei dem Naturschutz und der traditionellen Viehhaltung in die Quere zu kommen.

Unmittelbar hinter dem Pass biegt unser Weg rechts von der Straße ab. Nach einer halben Stunde kommen wir auf die Straße zurück, der wir für ca. 250 Meter folgen, um dann unmittelbar nach einer S-Kurve wieder rechts abzubiegen. Später kommen wir nochmals für 100 Meter auf die Straße zurück und gehen danach auf dem alten Saumpfad, der noch zweimal die Straße kreuzt, bis nach **Py** (1023 m, 100 Einw.) hinunter. Das Dorf ist etwas größer, aber beinahe so verschlafen wie Mantet. 100 Meter nach dem Restaurant La Fontaine verlassen wir die Straße und biegen nach rechts ab. Weiter unten kommen wir auf die Straße zurück, die wir nach 500 Metern, nach einer kleinen Brücke, wieder verlassen. Wir überqueren den Bach und kommen kurz darauf in den Weiler La Farga, wo einst in einer Mine Eisen abgebaut wurde. Unmittelbar hinter den alten Industriegebäuden biegen wir nach rechts auf einen kleinen Pfad ab. Sanft steigen wir am Hang aufwärts. An einer Bergkante wird die Aussicht frei auf das Tal, das Dorf Sahorre und die Tour de Goa. Weiter geht es auf dem Weg, der zuerst der Höhenlinie folgt, dann leicht zu einem Bach absteigt und dann zum Col de Jou (1125 m) hinaufführt. Auf dem Pass verlassen wir den GR10 und wandern auf einem Feldweg nach links bis zur **Tour de Goa** (1268 m) hinauf (gelb markiert). Der Turm stammt vermutlich aus dem 15. Jahrhundert und wurde zu Übermittlungs- und zu Verteidi-

▼ Die Tour de Goa, die im Hintergrund vom Canigou überragt wird.

gungszwecken genutzt. Unmittelbar beim Turm beginnt der Wanderweg, der dem Grat nach hinunterführt (nur sehr schlecht mit alten gelben Strichen markiert). Nach 5 Minuten kommen wir an eine Abzweigung, wo ein Weg nach Sahorre abzweigt. Wir bleiben jedoch auf dem Grat und folgen dem Wegweiser zum **Pic de la Pena** (1062 m), den wir, immer leicht auf- und absteigend, über zwei Zwischengipfel erreichen. Es ist nicht die höchste Erhebung auf dem Grat, bloß ein letzter Absatz der Schulter, doch bietet dieser die beste Aussicht auf Vernet-les-Bains hinunter. Der Berg wurde wegen des hohen Eisenvorkommens (Mineralien mit bis zu 49 Prozent Eisengehalt) lange Zeit mit Minen durchbohrt. Der erste Teil des Abstieges ist sehr steil. Nach 5 Minuten halten wir bei einer Abzweigung rechts und gehen, nun weniger steil, in vielen Kehren durch den Kastanien- und Eichenwald abwärts. Bei einer weiteren Gabelung halten wir nach rechts (les Thermes). Immer abwärts gehend erreichen wir bald das Thermalbad. Um ins Dorf von **Vernet-les-Bains** (650 m, 1600 Einw.) zu gelangen, müssen wir nur noch den Fluss überqueren.

Der älteste Teil von **Vernet-les-Bains** ist mit seinen engen Gassen an den Hügel gebaut, auf dem zuoberst die Burg (Privatbesitz) und die Kirche thronen. Doch wirklich alt ist auch die Altstadt nicht. Früher stand das Dorf am Flussufer (wo heute der Sportplatz liegt). Bei einer fürchterlichen Überschwemmung wurde es 1710 praktisch vollständig zerstört. Die Dorfbewohner baten danach den Abt von St.-Martindu-Canigou um Erlaubnis, die Häuser am Hang neu aufzubauen. Die Kirche bei der Burg, die bereits bestand, wurde zur Gemeindekirche umfunktioniert.

Als Kurort erlebte Vernet-les-Bains ab der Mitte des 19. Jahrhunderts seine Blüte, als Ibrahim Pascha, Sohn des Pascha von Ägypten und jahrelang ein erfolgreicher General der ägyptischen Armee, hier seine Bronchitis kurierte. Zu Beginn des 20. Jahrhunderts, während der Belle Époque, war Rudyard Kipling, der Autor des *Dschungelbuches,* ein oft gesehener Gast. Der Ort hat seit dieser Zeit immer besonders viele englische Gäste beherbergt. Die Temperaturen von Vernet wurden täglich in den wichtigsten englischen Zeitungen publiziert. Die Bahnfahrt von London nach Vernet dauerte damals auch bloß 24 Stunden. 1940 hat eine weitere Überschwemmung den Talboden heimgesucht und mehrere Hotels und Häuser zerstört. Die besten Tage von Vernet waren damit vorbei. Heute ist es ein leicht verschlafenes Dorf mit ein paar verlorenen Kurgästen. An die vergangene Epoche erinnert noch der Park mit einem alten Baumbestand und einem Seelein.

Das Thermalbad macht einen leicht verstaubten Eindruck und ist nicht mehr zeitgemäß. Wer dennoch ins Nass steigen will (normales Bad, Sprudelbäder, Sauna), kann dies für 12 Euro tun (geöffnet Mo bis Sa von 14 bis 20 Uhr, Infos: Tel. 04 68 05 52 84, www.thermes-vernet.com). Ebenfalls aus besseren Zeiten stammt das Casino, welches heute bloß noch ein Spielsalon ist. Vielfältig sind die Ausflugsmöglichkeiten von Vernet aus. Ein kleiner, aber guter Führer mit 13 beschriebenen Wanderungen kann bei der Touristeninformation für 5 Euro erworben werden.

Wenige Kilometer von Vernet entfernt liegt **Villefranche-de-Conflent** (Touristeninformation: Tel. 04 68 96 22 96). Für alle, die in Vernet die Wanderung beginnen oder beenden, liegt das vollständig von einer Wehrmauer umrandete Dorf auf dem Weg. In den Gassen der gut erhaltenen Stadt tummeln sich Tausende von Touristen. Hauptsehenswürdigkeiten sind die Stadtmauer, die von Vauban erbaute Festungsanlage Fort Liberia oberhalb des Dorfes (zu Fuß oder mit einem speziellen Taxidienst erreichbar, zurück ins Dorf kann man die unterirdische Treppe benutzen), oder die Grotte Grande Canalettes (1 km Richtung Vernet, www.grotte.grandes-canalettes.com). Eine besondere Attraktion ist der Train Jaune – ein Zug mit Cabriowagen, der mit 30 Stundenkilometern in die Cerdagne bummelt. Den Strom für die Fahrt bezieht er von einer Stromschiene auf der Erde. Wer in Villefranche übernachten will, der findet zwischen dem Bahnhof und der Altstadt in der Auberge du Cèdre eine sympathische Unterkunft (Tel. 04 68 96 05 05, DZ: 46 Euro).

◀ In der Altstadt von Vernet-les-Bains.

▼ Ein beliebter Spaziergang führt von Vernet zur Cascade des Anglais, mit einem kleinen Badebecken.

Wo Kinderwünsche wahr werden

Der Legende nach kam San Gil (franz. Saint Gilles, dt. Sankt Ägidius) im Jahr 700 von der Provence in die abgeschiedene Talmulde von Núria, um hier als Eremit zu leben und den Hirten den Glauben zu predigen. In einem Kupfertopf kochte San Gil für die Hirten das Essen und mit dem Läuten einer Glocke bat er sie zu Tische. Während seines Aufenthalts schnitzte er auch eine Statue der Jungfrau Maria. 704 kehrte San Gil in die Provence zurück, ließ aber die Statue, die Pfanne und die Glocke zurück.

Im Jahr 1072, so die Legende, erscheint einem Amadeo, der in Dalmatien oder Damaskus lebte (die Experten streiten sich darüber), ein Engel, der ihn heißt, in Núria eine Kapelle zu bauen. Der Engel weist ihn auch darauf hin, dass er unter einem weißen Stein die kostbaren Gegenstände von San Gil finden werde. Amadeo geht hin, baut die Kapelle und findet Jahre später dank einem Stier auch den Topf, die Glocke und die Statue der Jungfrau Maria. Die Gegenstände werden in die Kapelle überführt.

Historische Texte erwähnen Núria erstmals im 10. und im 11. Jahrhundert, als es darum geht, die kostbaren Weiderechte in diesem Gebiet unter den Klöstern aufzuteilen. In einer päpstlichen Bulle aus der Mitte des 12. Jahrhunderts wird erstmals auf das Heiligtum und die Verehrung der Marienstatue hingewiesen. In derselben Schrift wird auch bereits eine Herberge erwähnt. Im 15. Jahrhundert werden die Kirche und die Gebäude durch ein Erdbeben zerstört, 30 Jahre später aber wieder aufgebaut. Doch auch von dieser Kirche ist nichts mehr zu sehen. Das älteste Gebäude, welches in Núria noch steht, ist die Ermita San Gil aus dem Jahr 1613.

Besonders beliebt ist die Wallfahrt nach Núria seit jeher bei Paaren, denen der Kindersegen verwehrt bleibt. Es gab an diesem Ort bereits den heidnischen Brauch, dass Frauen durch das Reiben ihrer Genitalien am »weißen Stein« (vermutlich ein Menhir oder Dolmen) fruchtbar wurden. Als der weiße Stein zum Altar in der Kapelle San Gil umfunktioniert und der Andrang der Hilfe suchenden Frauen immer größer wurde, musste man einschreiten und den Altar mit einer Abschrankung umgeben. Findige Köpfe haben aber rasch einen Ersatz gefunden. Heute bekämpft man die Sterilität in Núria, indem die Frau den Kopf in den Kupfertopf von San Gil hält und der Gatte zur gleichen Zeit mit der Glocke klingelt. Die Zahl der Glockenschläge entspricht dann der zu erwartenden Anzahl der Kinder. Das gleiche Vorgehen scheint sich auch gegen Kopfweh bewährt zu haben. (Topf und Glocke stehen im oberen Rundgang der Kirche zur freien Verfügung.). Ebenfalls eine spezielle Anziehung hat der Ort für all jene, die Núria heißen. Die Núrias, die nach Núria kommen, dürfen sich auf einer Tafel verewigen lassen. Und sie tun dies zu Tausenden.

Auch in der katalanischen Politik spielte Núria immer wieder eine Rolle. Nach der Ausrufung der Katalanischen Autonomie am 14. April 1931 entschied das Parlament, dass sich eine kleine Redaktionsgruppe nach Núria zurückziehen sollte, um dort das Autonomiestatut zu schreiben. Im Zimmer 202 des Hotels (heute Zimmer 225) wurde das Statut innert drei Tagen verfasst. Am 2. August 1931 wurde es bei einer Stimmbeteiligung von 75 Prozent von 99 Prozent der Abstimmenden gutgeheißen. Es war, wie wir heute wissen, ein kurzes Glück.

Drei Tage nach dem Ausbruch des Bürgerkrieges 1936 floh der Kaplan von Núria mit der Jungfrau Maria über den Collada de Finestrelles nach Frankreich, um sie vor den Republikanern in Schutz zu bringen. Bis 1941 wurde die Statue in der Schweiz aufbewahrt und erst dann nach Núria zurückgebracht. Der Pilgerstrom nach Núria kam danach aber dennoch ins Stocken, da in den Nachkriegsjahren der Besuch von Núria, wegen der nahen Grenze zu Frankreich, nur mit einer schriftlichen Erlaubnis gestattet war.

1967 sollte die Statue der Jungfrau in einem festlichen Akt durch Franco und einen nichtkatalanischen Bischof gekrönt werden. Für die Mitglieder der Bewegung Volem Bisbes Catalans (»Wir wollen katalanische Bischöfe«) war dies inakzeptabel. Sie entführten die Statue wenige Tage vor dem Festakt. Erst 1972 ist sie aus der Versenkung zurückgekehrt.

◀ Núria im Jahr 1899. Die abgebildeten Gebäude sind heute nicht mehr erhalten. Der Grundstein für die heutige Kirche wurde 1883 gelegt, das Bauwerk 1911 beendet. Der große Hotelkomplex und die meisten Nebengebäude wurden zwischen 1930 und 1960 erbaut.

▼ Eine spezielle Anziehung hat Núria für all jene, die Núria heißen. Jeweils am 8. September, dem Geburtstag der Jungfrau Maria, tragen Núrias die Holzstatue der Jungfrau von der Kirche in die Ermita San Gil.

DER OLYMP DER KATALANEN

In fünf Tagen von Vernet-les-Bains nach Céret

Die Wanderung führt auf den Gipfel des Canigou, die letzte große Erhebung der Pyrenäen gegen Osten und ein wichtiges Symbol der katalanischen Identität. Beim Aufstieg besuchen wir das Kloster von St.-Martin-du-Canigou. Ziel der Etappe ist das mediterrane Céret, wo sich einst die Kubisten zu Meisterwerken anregen ließen.

19

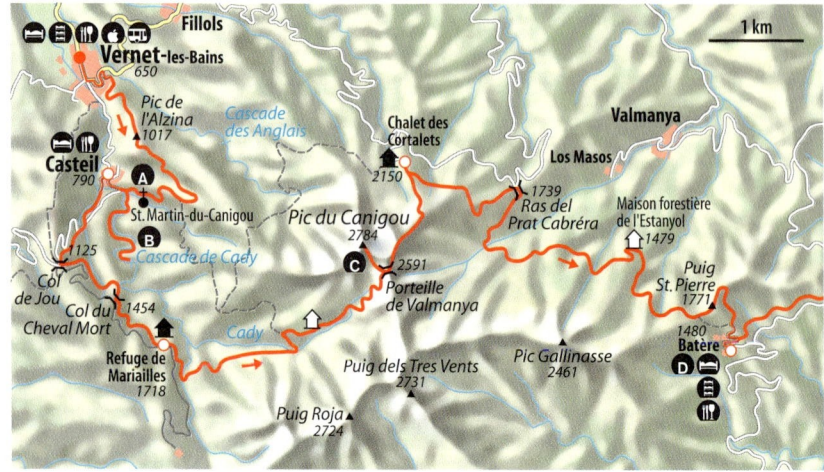

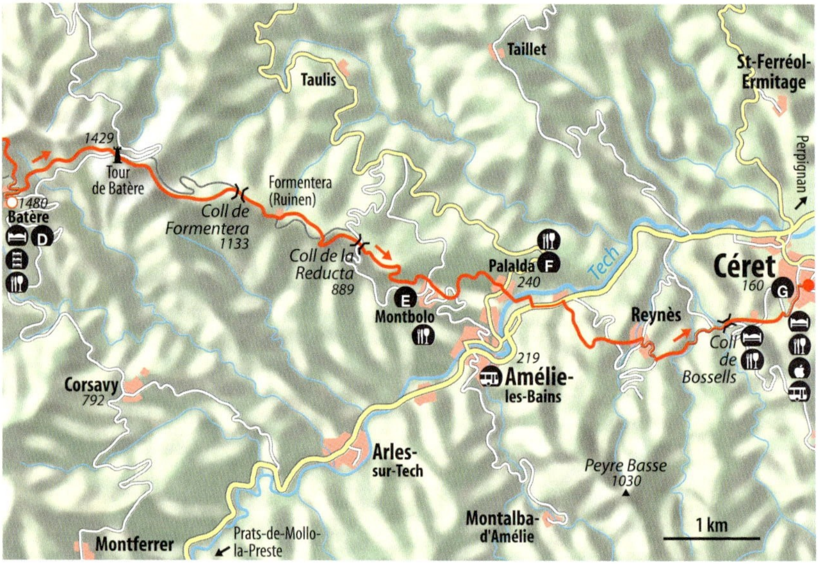

Sehenswertes:

A Abtei Saint-Martin-du-Canigou

B Cady-Schlucht

C Aufstieg und Aussicht vom Canigou

D Ehemalige Eisenminen von Batère

E Kirche von Montbolo

F Dorf Palalda

G Céret und sein Kunstmuseum

Charakter: Wanderung auf meist markierten und guten Wegen. Nur beim Aufstieg zum Canigou (Etappe 19.3) befindet man sich in alpinem, teilweise steilem Gelände.

Varianten:
- In einem Tag von Vernet über den Pic de la Pena, die Tour de Goa und den Col de Jou zum Refuge de Mariailles wandern. Gesamte Wanderzeit ca. 5 Std. (Das erste Teilstück entspricht dem Ende der Etappe 18).
- In einem langen Tag (Wanderzeit: 8.20 Std.) von Vernet direkt zum Chalet de Cortalets. Zu Beginn der Wanderung auf der beschriebenen Route, um dann kurz vor St.-Martin-du-Canigou links abzubiegen und durch den steilen Wald zum Col de Segalès aufzusteigen. Von da auf dem GR10 bis zum Chalet de Cortalets.
- Fahren: Taxi in Vernet, um allenfalls bis zum Chalet de Cortalets oder zum Refuge de Mariailles hochzufahren: Jean-Paul Bouzan, Tel. 04 68 05 62 28; Louis Villacèque, Tel. 04 68 05 1 14; Michel Taurigna, Tel. 04 68 05 54 39.
- Allenfalls Etappe 19.1 und 19.2 in einem Tag zurücklegen. Wenn man auf den Besuch des Klosters verzichtet und vom Col de Llavent direkt nach Casteil absteigt und zusätzlich noch den Abstecher in die Cady-Schlucht weglässt, dauert die Tour weniger als 5 Stunden.

Karten: *Etappen 19.1 bis 19.4:* IGN 2349 ET Massif du Canigou *Etappe 19.5:* IGN 2349 ET Massif du Canigou und IGN 2449 OT Céret

19
Vernet-les-Bains–Céret

Etappenort Céret

Info: Die Touristeninformation liegt in der Nähe des Museums, Tel. 04 68 87 00 00 oder 00 53.

Wäscherei, Banken, Lebensmittelläden, Internet usw. vorhanden.

Anreise: Direkte Busverbindung von Perpignan ca. zehnmal täglich, wobei ein Teil davon nur unten bei der Brücke hält (ca. 20 Min. zu Fuß) und nach Arles-sur-Tech weiterfährt. Sehr schlechte Verbindungen am Sonntag. Busfirma: Courriers Catalans, Tel. 0468 55 68 00.

Taxi: Félix Jaulent, Tel. 04 68 87 20 93; Taxi du Vallespir, Tel. 06 20 99 06 40.

Übernachten: Sehr empfehlenswert ist das *Hotel Vidal,* welches in der Altstadt in einem alten Bischofspalast untergebracht ist, Tel. 04 68 87 00 85, DZ: 49 Euro (günstiger im Doppelbett), www.hotelvidalceret.com. Das *Hotel des Arcades* ist ein neuerer Bau an der zentralen Place Picasso, Tel. 04 68 87 12 30, DZ: 55 Euro. *Hotel Les Pyrénées,* an einer ruhigen Seitenstraße gelegen, Tel. 04 68 87 11 02, DZ: 40 Euro. Wenige Zimmer hat auch das *Hotel Les Feuillants,* Tel. 04 68 87 37 88, DZ: von 100 Euro bis 140 Euro (Suite). Ein wenig oberhalb von Céret, mit Aussicht auf den Canigou, liegt das gediegene *La Terrasse au Soleil,* mit guter Küche, Schwimmbad und allem, was dazugehört, Tel. 04 68 87 01 94, DZ mit Frühstück: 265 Euro, www.la-terrasse-au-soleil.fr.

Essen: Das beste Haus im Ort ist das *Restaurant Les Feuillants* (Menü 30 bis 64 Euro), in der angeschlossenen Brasserie ist das Mahl ein wenig billiger, aber immer noch sehr gut. Angenehm ist ein lauer Sommerabend auf der Place des Neuf Jets zu dinieren. Empfehlenswert ist unter anderem das Restaurant *Les Pieds dans le Plat.* Ebenfalls eine friedliche Atmosphäre und gute mediterrane Küche genießt man auf der Terrasse des *Restaurant del Bisbe,* welches dem Hotel Vidal angeschlossen ist. Katalanische und spanische Küche sowie Tapas gibts in der *Bodega Les Axurits* an der Rue de la République (mit einem Innenhof).

Einkaufen: Immer am Samstag Morgen ist auf dem Boulevard rund um die Altstadt ein großer Markt, an dem man viele Spezialitäten aus der Umgebung einkaufen kann (Käse, Würste, Fische). Im Juli und August gibt es am Dienstag Abend einen kleineren Markt (nur wenig Lebensmittel). An der Rue St. Ferréol gibt es einen Bioladen mit einem reichhaltigen Angebot (für alle, die sich wieder mal nach dunklerem Brot sehnen).

19.1 Vernet-les-Bains– Casteil

Charakter: Einfache und kurze Wanderung, die genug Zeit lässt, um das Kloster von St.-Martin-du-Canigou zu besuchen.

Übernachten/Essen: In Casteil: *Hotel-Restaurant Le Molière*, sympathisch und gute Küche, Tel. 04 68 05 50 97, DZ: 42 Euro, www.lemoliere.com; oder das etwas einfachere *Relais St. Martin*, Tel. 04 68 05 56 76, DZ: 30 Euro. Etwas oberhalb des Dorfes liegt der **Campingplatz Domaine St. Martin** (Tel. 04 68 05 52 09) mit Schwimmbad, der in der Nebensaison (April, Mai, Juni und September) seine Mobil-Homes auch für nur eine Nacht vermietet (2 Pers.: 35 Euro, 4 Pers.: 52 Euro). Touristeninformation: Tel. 04 68 05 67 63. Kleiner Laden mit beschränktem Angebot.

↗ 770 m, ↘ 630 m

Wanderzeit:
Vernet-les-Bains–Pic de l'Alzina: 1 Std.
Pic de l'Alzina–St.-Martin-du-Canigou: 2 Std.
St.-Martin-du-Canigou–Casteil: 0.30 Std.
Total: 3.30 Std.

»Von Vernet hat man auf den Canigou zu klettern«, schreibt Kurt Tucholsky in seinem Pyrenäenbuch. Und er tat es auch – in 8 Stunden. Noch schneller waren die Läufer eines Bergrennens, welches von Vernet über den Col de Jou auf den Canigou und zurück nach Vernet führte. Der Sieger, ein Bergführer, brauchte für die ganze Runde bloß 4 Stunden, 50 Minuten und 30 Sekunden. Auch der berühmte Pyrenäenreisende Henri Russell ist zweimal von Vernet auf den Canigou gestiegen und er meint, es sei lächerlich, von Gefahren zu sprechen oder zu behaupten, dass man für die Besteigung zwei Tage brauche. In diesem Sinne wird nachfolgend eine wahrhaft lächerliche Tour beschrieben, denn wir werden schon alleine für den Aufstieg zweieinhalb Tage unterwegs sein. Die Entdeckung der Langsamkeit.

Beim Kreisel am Südende von **Vernet-les-Bains** nehmen wir links den Weg (Wegweiser Jardin d'Hiver), der in den Wald führt. Bei der zweiten Haarnadelkurve (nach links) halten wir geradeaus und biegen 50 Meter später links auf einen kleinen Pfad ab (Wegweiser Pic de l'Alzina, gelb markiert). In vielen Kehren geht es aufwärts. Nach 20 Minuten erreichen wir das Belvédère und genießen die Sicht nach Vernet hinunter. In weiteren Kehren steigen wir zum Grat hinauf. Ein wenig links oder rechts des bewaldeten Grates führt uns der Weg (hier mit blauen Strichen auf weißem Grund markiert) sanft bis zum **Pic de l'Alzina** (1017 m). In 10 Minuten steigen wir zum Col de Llavent ab. Hier weist uns ein Wegweiser den Weg zur Abbaye St.Martin. Der nun steilere Weg ist in verschiedensten Farbvariationen markiert, doch kann man sich ohnehin kaum verlaufen. Über einen felsigen Grat gelangen wir in das Tal des Asmoursadous-Baches. Nach dem Grat steigen wir wenige Meter ab, doch geht es bald wieder aufwärts das Tal hinein. Gut eine Stunde nach dem Col de Llavent überqueren wir den Bach. Kurz vor und nach dem Bach sind leicht exponierte Stellen mit einem Handlauf gesichert. Den höchsten Punkt des Tages haben wir hier erreicht. Wir steigen ab, lassen eine Abzweigung nach Moura links liegen und erreichen durch Kastanienwälder die **Abtei St.-Martin-du-Canigou** (1055 m). Wenige Meter vor der Abtei lohnt es sich links abzubiegen (Hinweis »très dangereux« – was etwas übertrieben ist), um von einem Felsen aus die ganze Klosteranlage überblicken zu können. Ihre Lage ist beneidenswert. Auf einem Felssporn thront sie über dem Tal. Die Gebäu-

▲ ▲ ▲ Die Aussicht vom Canigou lohnt den Aufstieg. Bei gutem Wetter besteht eine reelle Chance, das Meer oder zumindest ein Nebelmeer zu erblicken. Am 8. Februar 1808 soll der Astrologe M. Zach von hier oben gar Marseille erblickt haben.

▲ Die Abtei von St.-Martin-du-Canigou während des Wiederaufbaus (um 1900) und heute.

de konnten nur dank hohen Stützmauern errichtet werden. Wer hier die klösterliche Abgeschiedenheit suchte, bekam sie gleich doppelt, denn auch vom nächsten Dorf, von Casteil aus, braucht man 40 Minuten, um hinaufzukommen. Besuchen kann man die Klosteranlage nur im Rahmen einer Führung (10 Uhr, 12 Uhr und ab 14 Uhr jede Stunde bis 17 Uhr). Tickets gibts in einem Pavillon außerhalb der Abtei. Eine schriftliche Zusammenfassung der Führung ist auf Deutsch erhältlich. Vom Infopavillon erreicht man in zwei Minuten die Kapelle St. Benoît, von wo der Blick zurück nach Vernet und das Tal hinuntergleitet.

Um sich seine Sünden und die Sünden seiner Sippe vergeben zu lassen, stiftete Graf Guifred Cabreta, Herr des Conflent und der Cerdagne, im Jahre 1005 das **Kloster St.-Martin-du-Canigou.** Auf Wunsch des Stifters wurde es Benediktinern übergeben und am 13. November 1009 geweiht. Dank der Schenkung vieler Ländereien hatte das Kloster ein Auskommen. Mit 47 Jahren und nachdem er neun Kinder gezeugt hat, übergibt 1935 Graf Guifred die Macht seinem Sohn Raymond und tritt in das von ihm gestiftete Kloster ein, in dem er 1049 sterben wird. Sein Grab, welches er mit eigenen Händen aus dem Felsen geschaffen hat, ist noch heute zu sehen.

Aufgrund der umstrittenen Wahl eines Abtes wurde die Abtei 1159 von Söldnern geplündert. Danach scheint das Kloster lange Zeit in Ruhe gewirkt zu haben, bis 1428 ein Erdbeben einen großen Teil der Gebäude zerstörte. Auch Casteil, welches früher noch am Hang gebaut war, wurde bei diesem Erdbeben zerstört. Doch die Mönche verließen St.-Martin-du-Canigou nicht und bauten das Kloster wieder auf. Nicht Druck von außen oder Naturgefahren, sondern schlicht das Fehlen von jungen Mönchen führte 1783 dazu, dass die letzten fünf betagten Benediktiner das Kloster verließen und ins Tal zogen. Die leer stehenden Gebäude zerfielen und wurden vom Unkraut überwuchert, die Säulen und ihre Kapitelle gestohlen. Erst 1902 – über 100 Jahre nach dem Auszug der letzten Mönche – setzte sich der Bischof von Perpignan dafür ein, das Kloster wieder aufzubauen. Inspiriert zu dieser Tat wurde er vom katalanischen Dichter Jacinto Verdaguer, der in seinem Gedicht *Le Canigou* diesen Flecken Erde besingt. Als der Bischof 1932 starb, war das Kloster beinahe wiederhergestellt. Einige der gestohlenen Kapitelle konnten wieder aufgefunden und in den renovierten Bau integriert werden. Zwischen 1952 und 1974 wurde die Restauration der Anlage beendet. Nicht überall konnte das historische Aussehen wiederhergestellt werden. Die einzige aus der Gründungszeit noch erhaltene Bausubstanz findet sich in der Krypta, auf der die dreischiffige Kirche steht. Sehenswert sind auch die Kapitelle des wiederaufgebauten Kreuzganges.

Seit 1988 lebt im Kloster eine Gruppe der Gemeinschaft der Seligpreisungen (franz. Communauté des Béatitudes). In der christlichen Gemeinschaft, die weltweit 75 Niederlassungen und ca. 1500 Mitglieder hat, leben Familien, Nonnen, Mönche, Zölibatäre und Priester in Gütergemeinschaften zusammen, um gemeinsam zu beten und zu arbeiten. Die Gemeinschaft übernimmt soziale Aufgaben und missioniert in Afrika, Asien und Lateinamerika. Gegründet wurde die vom Papst seit 2002 anerkannte »fromme Vereinigung« 1973 von Ephraim Croissant, einem zum katholischen Glauben konvertierten evangelischen Diakon, und seiner Frau. Laut der evangelischen Informationsstelle Kirchen–Sekten–Religionen berichten ehemalige Mitglieder von einem sehr autoritären Führungsstil.

Unmittelbar beim Kloster (Wegweiser) beginnt der kleinen Pfad, der uns steil nach **Casteil** (790 m, 100 Einw.) hinunterführt. Wenn wir die Straße erreichen, halten wir rechts und erreichen 5 Minuten später das Dorf. Die kleine Dorfkirche wurde mit modernen Fresken ausgemalt.

19.2 Casteil– Refuge de Mariailles

Charakter: Einfache Wanderung, meist durch den Wald.

Varianten: Den Abstecher in die Cady-Schlucht auslassen. Zeitersparnis: 2.40 Std.

Übernachten: *Refuge de Mariailles,* bewartet, Tel. 04 68 05 57 99, geöffnet von Anfang April bis Mitte November, Matratzenlager: 13 Euro. Es sind auch Lunchpakete erhältlich.

↗ 1230 m ↘ 300 m

Wanderzeit:
Casteil–Cascade de Cady: 1.30 Std.
Cascade de Cady–Casteil: 1.10 Std.
Casteil–Col de Jou: 1 Std.
Col de Jou–Refuge de Mariailles: 2 Std.
Total: 5.40 Std.

Von **Casteil** aus wandern wir für 5 Minuten auf der Straße Richtung Col de Jou (dieselbe Straße, auf der wir am Vortag nach Casteil kamen). Beim quadratischen Block der Wasseraufbereitungsstation ver-

▼ Die Cascade de Cady ist das Ziel einer kurzen Wanderung durch die Cady-Schlucht.

lassen wir die Straße nach links. 200 Meter danach biegen wir rechts ab (geradeaus geht es zum Kloster) und ziehen in die Cady-Schlucht hinein. Im Sommer 2003 stand bei der Abzweigung noch ein Schild aus dem Jahr 1999, welches verkündete, dass der Weg aufgrund einer beschädigten Brücke provisorisch geschlossen ist. Die Brücke ist, obwohl das Schild noch hängt, jedoch bereits repariert. Man kann die Wanderung deshalb ohne große Gefahren unternehmen. Der mit gelben Streifen markierte Weg führt durch den Laubwald und an Felsen voller Moos und Flechten aufwärts. Viermal überqueren wir auf Brücken den Bach, der immer wieder kleine Badebecken bildet. 50 Meter vor dem Wasserfall endet der Weg bei einer Schranke. Die restlichen Meter, die keine besonderen Probleme darstellen, führen an einen Punkt, der eine gute Sicht auf die **Cascade de Cady** (1084 m) erlaubt. Doch nicht der

Wasserfall macht den Spaziergang lohnenswert, sondern die kühle, gewundene Schlucht und ihre Vegetation. Auf demselben Weg kehren wir nach **Casteil** (790 m) zurück, z. B. zum Mittagessen.

Um von Casteil zum Col de Jou zu wandern, folgen wir im Dorf den Wegweisern zum Parc Animalier. Am Eingang des Tierparks vorbei gehen wir, den gelben Markierungen folgend, weiter geradeaus. Nach einer halben Stunde gehen wir bei einer Abzweigung nicht auf die Straße zurück, sondern folgen nach rechts dem Weg, der später die Straße kreuzt und problemlos auf den **Col de Jou** (1125 m) hinaufführt. Auf dem Pass nehmen wir den breiten Weg, der aufwärts führt (Wegweiser, gelbrot markiert). Damit die Feuerwehr bei Waldbränden auf einen Wasservorrat zurückgreifen kann, wurde wenig oberhalb des Passes ein Wassertank hingestellt. Nach einer halbe Stunde streift unser Weg die Forststraße. An dieser Stelle nehmen wir, anstatt weiter dem rot-weiß markierten GR10 zu folgen, den so genannten Parcours de Découverte (beschildert, mit grünen Punkten oder Kreuzen markiert), der zuerst einem Kanal folgt. Nach der Überquerung eines Baches geht es in vielen Kehren aufwärts bis zu einem Grat, der uns einen Blick auf die Gorges de Cady erlaubt.

Der Wald auf der nahen, im Osten gelegenen Bergflanke des Pic du Sola (südlich der Schlucht) wurde in den 50er-Jahren für die **Forstwirtschaft** genutzt. Italienische Arbeiter installierten lange Kabel, mit denen sie die Baumstämme aus dem schwer zugänglichen Hang abtransportierten. Zurzeit wird eine Nutzung mit Hilfe von Helikoptern erwogen. Der größte Teil des Waldes am Fuße des Canigou ist jedoch sich selbst überlassen. Nur im Gebiet zwischen dem Col de Jou und Mariailles, welches mit Forststraßen erschlossen ist, wird regelmäßig Holz geschlagen. Ganz im Gegensatz zu früher, als zum Heizen der Hochöfen für die Eisengewinnung noch viel mehr Holz benötigt wurde.

Wir folgen dem Grat bis zum Col du Cheval Mort, wo wir wieder nach links dem Bewässerungskanal folgen (Wegweiser Parcours de Découverte).

Der Kanal vom Ende des 19. Jahrhunderts nimmt oberhalb des Refuge de Mariailles Wasser des Llipodère-Baches auf und führt es den Hängen nach bis nach Casteil. Das Wasser bewässerte zwischen Mariailles und dem Col de Jou auf Terrassen angelegte Roggenfelder, weiter unten auch Kartoffelacker und im Dorf die Gemüsebeete. Seit 1914 wurde die **Landwirtschaft** auf diesen Höhenlagen nach und nach aufgegeben. Die Terrassen verfallen. In den 50er-Jahren enteignete der Staat die Besitzer, die ihr Grundstück nicht mehr bewirtschafteten, um den Hang wieder aufzuforsten. Heute versucht man, die noch nicht überwachsenen Stellen zu erhalten.

An Ruinen von landwirtschaftlichen Gebäuden vorbei ziehen wir weiter aufwärts, folgen immer wieder für längere Abschnitte dem Kanal, kreuzen zwei Wege und erreichen, am Schluss wieder auf dem GR10, das **Refuge de Mariailles** (1718 m).

◄ Beim Aufstieg zum Refuge de Mariailles folgen wir immer wieder einem Bewässerungskanal.

19.3 Ref. de Mariailles–Chalet des Cortalets

Charakter: Anspruchsvolle Wanderung im alpinen Gelände.

Varianten:
- Den Gipfel des Canigou nicht besteigen, sondern auf dem GR10 umgehen. Ca. 15. Min. länger als die beschriebene Variante.
- Vom Gipfel des Canigou über den einfachen Nordgrat direkt zum Chalet des Cortalets absteigen. Zeitersparnis: 40 Min.
- Den Abstecher auf den Gipfel des Canigou auslassen und von der Porteille de Valmanya direkt zur Crête du Barbet queren. Zeitersparnis: 1.20 Std.

Übernachten: *Chalet des Cortalets*, bewartet, Tel. 04 68 96 36 19, geöffnet von Ende Mai bis Anfang Oktober, Einfache DZ (Kajütenbetten): 13.50 Euro p. P. Es werden auch Lunchpakete angeboten. Im unbewarteten *Refuge* gleich nebenan, welches ganzjährig geöffnet ist, kostet die Übernachtung 6 Euro (Matratzenlager, Kochmöglichkeit). Das Chalet des Cortalets kann auch mit Privatwagen oder Taxis erreicht werden (Tel. Taxi siehe Vernet).

↗ 1250 m, ↘ 820 m

Wanderzeit:
Ref. de Mariailles–Überquerung des Cady: 1.20 Std.
Überqu. des Cady–Porteille de Valmanya: 1.50 Std.
Porteille de Valmanya–Pic du Canigou: 0.45 Std.
Pic du Canigou–Porteille de Valmanya: 0.35 Std.
Port. de Valmanya–Chalet des Cortalets: 1.30 Std.
Total: 6 Std.

Vom **Refuge de Mariailles** gehen wir wenige Meter auf der Forststraße zurück und überqueren danach den Wiesengrat (Parkplatz) auf unserer linken Seite. Immer den rot-weißen Markierungen des GR10 nach, steigen wir von hier wenige Meter ab, um den Llipodère-Bach zu überqueren, und gehen danach wieder sanft durch den Tannenwald bergan. Im Gegensatz zu den westlichen und zentralen Pyrenäen finden wir hier große Tannenbestände vor. Nach dem Col Vert, wo wir eine Abzweigung nach links unbeachtet lassen, steigen wir bis zur **Überquerung des Cady** (1964 m) nur noch wenige Höhenmeter an. Nach dem Bach geht es durch ein Meer von Ginster aufwärts. 10 Minuten später verlassen wir den GR10 nach rechts (Wegweiser Arago). Der gute Weg (einzelne gelbe Markierungen) zieht ins Tal hinein. An einer einfachen Hütte vorbei erreichen wir bald die Waldgrenze, die wie fast immer von Hakenkiefern (auch Bergföhre genannt) gebildet wird. Nachdem wir am Ende des Tales einen Zufluss des Cady überquert haben, beginnt der Weg immer steiler anzusteigen. Erst jetzt wird der Gipfel des Canigou, der sich lange Zeit hinter seinem Westgrat versteckt hielt, sichtbar. Viele Kehren führen uns hinauf zur **Porteille de Valmanya** (2591 m). Der Weg führt wenig unterhalb des Passes vorbei. Wer der beschriebenen Route folgt und hierher zurückkehren wird, kann an dieser Stelle den Rucksack zurücklassen und auf diese Weise den Aufstieg auf den Gipfel ohne unnötigen Ballast in Angriff nehmen. Nach einer Viertelstunde kommen wir an einer kleinen Scharte, der Brèche Durier, vorbei, unterhalb deren noch ein winziges Überbleibsel eines ehemaligen Gletschers liegt. Danach beginnt der Schlussaufstieg, der uns durch einen steilen, dank vielen Stufen problemlosen Kamin auf den Gipfel des **Pic du Canigou** (2784 m) bringt.

Die Sicht vom **Pic du Canigou** ist außergewöhnlich – falls das Wetter stimmt. Kein Glück hatte zum Beispiel Kurt Tucholsky, der den Gipfel 1925 bestieg: »Mir war das Meer versprochen worden, doch dick verhängt lag das Land. Aber darauf kam es ja gar nicht an. Unterwegs war es viel schö-

◄ Der Aufstieg zum Canigou führt durch den oberen Teil des Cady-Tales.

▼ Von Süden her erklimmen wir den Canigou durch einen steilen Kamin, der aber dank der guten Stufen einfach zu meistern ist.

ner als oben«, schreibt er in seinem Pyrenäenbuch. Auch Henri Russell, ein halbes Jahrhundert zuvor, kam sich auf dem Gipfel vor wie im Nebel Manchesters. Doch es gibt sie, die Tage mit guter Sicht.

Da der Canigou direkt aus der Ebene aufsteigt, wirkt er höher als viele Dreitausender in den Zentralpyrenäen. Noch auf der Cassini-Karte von 1701 war er auch offiziell der höchste Pyrenäengipfel. Diese Ehre musste er 1726, als die königlichen Geografen La Blottière und Roussel die Höhe der Gipfel neu bestimmt hatten, an den Monte Perdido abgeben, der ein paar Jahre später noch vom Aneto überholt wurde.

Die Frage des Erstbesteigers lässt sich nicht so leicht beantworten. Gut möglich, dass der erste Mensch auf dem Gipfel mit einem Schiff ankam. Der Legende nach hat hier oben während der Sintflut Noah mit seiner Arche geankert. Stücke des großen Tiertransporters sollen noch bei der Porteille des Tres Vents südlich des Canigou vorhanden sein, doch sollte jemand ihnen auf die Spur kommen wollen, werden die besagten drei Winde losgelassen. Als Dank für den guten Empfang schenkte Noah den hiesigen Hirten einen Talisman, der sie vor Unwettern beschützen sollte. Und tatsächlich: 1948 begegnete der Ethnologe J. Amades einem Hirten, der die Existenz des Steines, der seit der Sintflut immer an die nächste Generation weitergegeben wurde, bestätigte.

Die nächste Besteigung, von der berichtet wird, unternahm im Jahr 1225 König Pedro III. von Aragón. Zu seiner Zeit sagte man dem Canigou nach, dass er einen Drachen beherberge und Geister, welche die Stürme befehligten. Während der Besteigung ging ein heftiges Gewitter nieder, das man als Verteidigung der Gipfelgeister deutete. Die Begleiter des Königs blieben stehen, Pedro III. stapfte alleine weiter. Hätte er nach seiner Rückkehr nicht erzählt, dass er auf dem Gipfel von einem Feuer spuckenden Drachen empfangen wurde, hätte man ihn vermutlich als Erstbesteiger des Canigou in die Geschichtsbücher aufgenommen.

Als der Berg keine alpinistische Herausforderung mehr war, übernahm er die Rolle eines katalanischen Symbols. Jacint Verdaguer schuf mit seinem 5000-Verse-Gedicht *Le Canigou* ein Werk, das die Mythologie, das Christentum und die Folklore der Pyrenäen vereinigte und den Status des Berges noch erhöhte. Als 1955 in der Johannisnacht (23. Juni) anlässlich einer Geburtstagsfeier Freunde auf dem Gipfel ein Feuer entfachten, wurde ein neuer Brauch geboren, der den mythischen und katalanischen Charakter des Berges aufnimmt. Das Feuer wird seither jedes Jahr wiederholt und seit 1963 tragen es Läufer in alle Ecken Kataloniens, wo es in den Dörfern mit einem Fest empfangen wird.

Auf demselben Weg, wie wir aufgestiegen sind, kehren wir zur **Porteille de Valmanya** (2591 m) zurück. Auf dem Pass gehen wir wenige Meter auf dem Grat Richtung Norden und weichen bei einem Steinmann auf die rechte Flanke aus. Auf einem deutlichen Pfad (gelb markiert) queren wir den Hang und steigen später zur Crête de Barbet auf. Mit einer weiten Aussicht auf die Ebene wandern wir den Grat hinunter. Weiter unten biegen wir auf dem Grat nach links ab und wandern zum **Chalet des Cortalets** (2150 m) hinunter.

19.4 Chalet des Cortalets–Batère

Charakter: Einfache Wanderung auf markierten Wegen, meist durch den Wald.

Varianten: Noch am selben Tag nach Arles-sur-Tech absteigen. Zusätzliche Wanderzeit: 3.15 Std. und nochmals 1200 m Abstieg! Touristeninformation in Arles-sur-Tech: Tel. 04 68 39 11 99, www.ville-arles-sur-tech.fr/officetourisme.htm, Hotel Les Glycines im Stadtzentrum, Tel. 04 68 39 10 09, Busverbindung nach Perpignan, Einkaufsmöglichkeiten.

Übernachten/Essen: An der Strecke steht die Maison forestière de l'Estanyol, eine einfache unbewartete Notunterkunft mit Betten und einem Tisch. *Auberge-Restaurant de Batère:* Tel. 04 68 39 12 01, ganzjährig geöffnet, einfache DZ oder 4er-Zimmer mit Halbpension: 35 Euro p. P., Matratzenlager: 12 Euro. Kochmöglichkeit.

↗ 430 m, ↘ 1110 m

Wanderzeit:
Ch. des Cortalets–Ras del Prat Cabréra: 1.10 Std.
Ras del Prat Cabréra–M. f. de l'Estanyol: 1.40 Std.
M. f. de l'Estanyol–Puig St.-Pierre: 1.20 Std.
Puig St.-Pierre–Auberge de Batère: 0.40 Std.
Total: 4.50 Std.

▲ Bevor wir das Chalet des Cortalets erreichen, führt der Weg an Alpenrosen, Heidelbeeren und ersten Kiefern vorbei.

Wer beizeiten aus den Federn kommt, kann von der Wiese vor dem Haus den Sonnenaufgang über dem Meer erleben. Anschließend kann man wieder zurück ins Bett, da die heutige Etappe nicht allzu lang ist. Für das erste Teilstück gibt es zwei Möglichkeiten. Die Hauptroute des GR10 folgt der Straße bis nach Ras del Prat Cabréra, die empfehlenswerte Nebenroute führt als Höhenweg oberhalb der Waldgrenze zum selben Punkt. Für diese zweite Variante geht man beim Brunnen neben dem **Chalet des Cortalets** in den Wald hinauf (zuerst gelb, nach der Abzweigung rot-weiß markiert). Nach 5 Minuten erreichen wir eine Abzweigung, wo wir links abbiegen (Wegweiser Ras del Prat Cabréra). Der aussichtsreiche Weg ist mit Ginster, Heidelbeeren, Alpenrosen und einzelnen Hakenkiefern gesäumt. Nach 20 Minuten erreichen wir in einem Waldstück ein Flugzeugwrack. Die Stelle ist auf

der IGN-Karte mit »Épave« (Wrack) gekennzeichnet.

Am 7. Oktober 1961 zerschellte eine britische DC3 am Nordhang der Crête de Barbet. Alle 31 Passagiere und die 3 Besatzungsmitglieder fanden den Tod. Um 00.50 Uhr hat der Pilot des **Linienfluges London–Perpignan** noch Kontakt mit der Flugüberwachung in Bordeaux, die ihm die schlechten Wetterverhältnisse über den Ostpyrenäen bekannt gibt. Der Pilot versucht die Störung zu umfliegen und Perpignan von Süden, auf einer ungewohnten Route zu erreichen. Um 01:52 versucht die Flugüberwachung in Perpignan mit dem Piloten über Funk in Kontakt zu treten. Ohne Erfolg. Am nächsten Morgen sichtet ein Helikopter die Trümmer am Canigou. Eine Rettungsbrigade kommt vom Chalet des Cortalets an den Unglücksort. Aus dem Wrack steigt noch Rauch empor. Die Toten sind über mehr als 100 Meter im Wald verstreut. Es scheint, dass nicht ein Motorschaden die Ursache des Unfalls war. Die Piloten schätzten die Höhe falsch ein und steuerten das Flugzeug mit voller Wucht in den Berghang. Zu dieser Zeit kam die Hypothese auf, dass der große Eisengehalt des Canigou ein Magnetfeld aufbaut, der den Funkkontakt und die Navigationsinstrumente behindert.

Wir queren nach dem Wrack weiter den Hang. Kurz nachdem wir durch ein Gatter getreten sind (das, wie immer, wieder geschlossen werden sollte), biegt der Weg links ab und folgt dem breiten Grat abwärts. Wo der Grat flacher wird, folgen wir einem Zaun. Bei einem Durchgang wechseln wir auf die andere Seite. Weiter über

die Weide abwärts, am Schluss durch ein kurzes Waldstück, erreichen wir bei **Ras del Prat Cabréra** (1739 m) die Straße. Wir verlassen die Straße gleich wieder und folgen einem schönen, mit Stützmauern befestigten Weg der Höhenlinie nach Süden (Wegweiser Batère). Immer wieder werden wir mit Tafeln darauf hingewiesen, dass wir uns in einem Jagdbanngebiet aufhalten. Nach einer Stunde kommen wir an der sehr einfachen Hütte Abri du Pinatell vorbei. Der gute Weg führt uns weiter durch den Tannenwald. Buchen, im Westen der Pyrenäen auf dieser Höhe noch oft anzutreffen, fehlen hier beinahe vollständig. Nach zwei weiteren Kehren erreichen wir die **Maison forestière de l'Estanyol** (1479 m). Ein Teil des Forsthauses ist als Notunterkunft zugänglich (Tische, Betten). Ein kleiner Picknickplatz lädt zum Verweilen ein. An einer Quelle kann die Wasserflasche wieder aufgefüllt werden.

▲ Über weite Strecken folgt der Weg der Etappe 19.4 angenehm der Höhenlinie.

◀ Direkt am Wanderweg liegt das Wrack einer DC3, die hier 1961 am Berg zerschellte.

Nach dem Forsthaus beginnt der Weg (immer noch rot-weiß markiert) wieder anzusteigen. Schon bald haben wir die Höhe des Passes erreicht, sodass wir zum Schluss bis zum Col de la Cirère (1731 m) nur noch den Hang queren und die Aussicht genießen können. Vom Pass ist es möglich, auf dem GR direkt nach Batère abzusteigen. Wer aber nochmals die Aussicht auf die Küste und die Täler Conflent und Vallespir genießen möchte, dem sei der kurze Aufstieg zum **Puig St.-Pierre** (1791 m) empfohlen. Vom Pass erreichen wir die kleine Erhebung problemlos, indem wir über die Wiese dem Grat nach Osten folgen. Vom Gipfel sehen wir bereits die ersten Wunden, die der Abbau von Eisen am Berg hinterlassen hat. Für den Abstieg folgen wir weiter dem breiten Grat, um nach wenigen Minuten auf einer kleinen Ebene, dem Pla de la Pelote, nach rechts abzusteigen (weglos). Nach 10 Minuten kommen wir auf den Weg, der vom Collet de Pey herunterkommt. Wir folgen dem Wiesenweg nach rechts. Nach ca. 150 Metern wählen wir einen tieferen Weg, der uns in der gleichen Richtung zum Eingang einer alten Mine führt. Sichtbar sind in erster Linie die Erdmassen, die vor der Mine deponiert wurden.

Unmittelbar unterhalb der Mine gehen wir links an einem Alpgebäude vorbei (ab hier wieder rot-weiß markiert) und gelangen kurz darauf auf einen guten, breiten Weg. Bei einer Haarnadelkurve nach links führt ein Weg geradeaus zu einem alten Hochofen und zu verfallenen Unterkünften der Minenarbeiter. Auf der Straße weiter abwärts erreichen wir nach zwei weiteren Kehren die **Auberge de Batère** (1480 m), ebenfalls ein altes Wohnhaus der Minenarbeiter, das in ein Gasthaus umfunktioniert wurde.

Rund um den Canigou wurden seit den Römern Eisenerze abgebaut. Auch im Mittelalter hat man Eisen gewonnen, doch die größte Blüte erlebte der Abbau zwischen 1870 und 1970, als unzählige **Eisenminen** zeitgleich in Betrieb waren. Die ertragsreichsten und am längsten betriebenen Minen waren jene von Batère. In diesem Gebiet gewann man während 2000 Jahren Eisenerze, wobei sich die Orte des Abbaus immer mehr ins Tal verschoben. Den Beginn machten die Römer, die im Tagbau unterhalb des Puig de l'Estelle Erze abbauten. Im Mittelalter gab es zahlreiche kleine Konzessionen. Das Erz wurde zu dieser Zeit auf dem Rücken von Männern oder mit Maultieren, später mit Ochsenkarren ins Tal gebracht. Eine große Effizienzsteigerung erlebte der Abbau, als 1897 der Besitzer der Schmiede in Arles-sur-Tech mehrere Konzessionen zusammenkaufte und mit seiner Société Anonyme de Batère über ein Gebiet von 420 Hektar verfügte. Er installierte einen Hochofen auf 1530 Metern, um den herum ein ganzes Dorf entstand. Zu Beginn des 20. Jahrhunderts lebten und arbeiteten in Batère rund 600 Personen. Das kleine Dorf besaß eine Schule und einen Laden. All diese Gebäude sind als Ruinen noch zu sehen. 1915 wurde der Hochofen in Arles-sur-Tech gebaut. Anstatt die Kohle hinaufzubefördern, wurde nun das Erz mit einer neu erbauten Seilbahn ins Tal transportiert. 1953 wurden auf ca. 1480 Metern ein neuer Stollen und neue Gebäude gebaut (eines davon ist die heutige Auberge). Weitere Minen wenig unterhalb folgten. Die Minen mit Galerien von 14 Kilometer Länge führten bis nach Pinosa auf der anderen Seite des Berges. Diese Lokalitäten wurden 1977 aufgegeben. Eine letzte Mine auf 1276 Metern blieb bis 1994 in Betrieb. Als der Ofen in Arles-sur-Tech bereits außer Betrieb war, wurde das Erz mit Lastwagen nach Céret und von dort bis in die Nähe von Marseille gekarrt. Die langen Transportwege machten den Abbau unerschwinglich. Nun herrscht Ruhe am Berg. Die meisten der alten Minengebäude werden langsam von Pflanzen überwuchert, andere wurden zu Ställen umfunktioniert.

19.5 Batère–Céret

Charakter: Einfache Wanderung auf meist unmarkierten Pfaden mit langem Abstieg. Im zweiten Teil der Strecke ist der Wegverlauf nicht immer einfach zu finden.

Übernachten/Essen: Montbolo: *Bar-Restaurant Point d'Art* mit katalanischen Spezialitäten; Touristeninformation: 04 68 39 09 82. **Palalda:** eine Bar, in der es auch Kleinigkeiten zu essen gibt.

Etappenort Céret: siehe S. 211.

↗ 420 m, ↘ 1740 m

Wanderzeit:
Batère–Tour de Batère: 0.50 Std.
Tour de Batère–Ruinen von Formentera: 1 Std.
Ruinen von Formentera–Montbolo: 1.30 Std.
Montbolo–Palalda: 0.50 Std.
Palalda–Reynès: 1.30 Std.
Reynès –Céret: 1.20 Std.
Total: 7 Std.

▼ Die Minen von Batère, als sie noch in Betrieb waren und heute.

Von der Auberge in **Batère** gehen wir auf der Straße wenige Meter aufwärts. Bei der Haarnadelkurve nach links (dort, wo der Teerbelag endet) verlassen wir die Straße und gehen etwas oberhalb des verfallenen Hauses vorbei. Auf einem kleinen Pfad halten wir Richtung Osten, gehen um einen Bergrücken herum und etwas abwärts und folgen dann auf einem breiteren Wiesenweg der Höhenlinie. Der Weg verliert sich später wieder. Wir peilen eine Haarnadelkurve eines anderen Weges an, der von der Straße unter uns hinaufführt. Wir queren einen Bachlauf und erreichen kurz darauf bei der genannten Haarnadelkurve den Weg, dem wir aufwärts folgen. Nach ca. 250 Metern biegen wir bei einer Abzweigung nach rechts ab und wandern auf dem Weg bis zur **Tour de Batère** (1429 m). Der Turm gehört zum selben Wachsystem wie der Turm von Goa oberhalb Vernet-les-Bains oder der Turm Madeloc oberhalb von Collioure. Erbaut wurden die Türme von den Grafen des Conflent, um rechtzeitig vor von der Küste anrückenden Feinden gewarnt zu werden: am Tag mit Rauch-, in der Nacht mit Feuerzeichen.

Beim Turm überqueren wir den Grat, folgen der ungeteerten Straße für 150 Meter und biegen dann rechts in einen Feldweg ab, der uns zum Grat zurückführt. Wenige Meter vor dem Grat biegen wir links auf einen Fußweg ab, der uns weiterhin auf der östlichen Seite der Krete durch den Buchenwald abwärts führt (gelb markiert). Beim Coll de Formentera kommen wir auf die ungeteerte Straße zurück. Wir folgen ihr nach rechts auf der südlichen Seite des Grates. Wir wandern nun auf dem ehemaligen Trasse einer 12 Kilometer langen Eisenbahnlinie (60 cm Spurbreite) aus dem Jahre 1905, welche die Erze der Minen von Pinosa, Rapaloum und Ménerots bis nach Formentera transportierte. Die **Ruinen von Formentera** (ca. 1100 m) erreichen wir 15 Minuten nach dem Pass. Wir biegen nach links ab und gehen an den Häu-

serruinen vorbei bis ans Ende der Häuseransammlung. Von hier folgen wir dem steilen Grat abwärts (gelb markiert). Weiter dem nun flacheren Grat nach kommen wir 15 Minuten später auf den Fahrweg zurück. Wir folgen dem Weg nach links und biegen nach 150 Metern scharf rechts ab. Der folgende Weg ist nur zu Beginn ein wenig verbuscht. Nach einer Haarnadelkurve nach links erreichen wir 700 m später wieder den Fahrweg und kurz danach die Kreuzung auf dem Coll de la Reducta. Von den vielen Möglichkeiten wählen wir den Weg, der in Richtung des kleinen Funkturmes leicht ansteigt. Am Funkturm vorbei halten wir bei der ersten Verzweigung nach rechts, überqueren einen Fahrweg und gehen auf einem Privatweg (»Voie Privé«) weiter abwärts. Bei der vierten Kehre lassen wir eine Abzweigung nach rechts unbeachtet, bei der fünften Kehre jedoch (es ist eine Haarnadelkurve nach rechts) gehen wir geradeaus. 50 Meter später gehen wir rechts in einer steilen Schneise abwärts, erreichen in einem Villenviertel die Straße und gehen hinunter bis zur Kirche von **Montbolo** (610 m, 200 Einw.). Unmittelbar vor der Kirche liegt ein kleiner Park mit Toiletten, Frischwasser und einer Panoramatafel. Die Kirche wurde erstmals 993 erwähnt. Der jetzige, wehrhafte romanische Bau stammt aus dem 12. Jahrhundert.

Der weitere Abstieg beginnt links vom Restaurant Point d'Art, unmittelbar unterhalb der Kirche (Hinweistafel: Chemin Rural Nr.1, Montbolo–Palalda). Der Weg ist gelb markiert. Nach 5 Minuten kreuzen wir die Straße und biegen 30 Meter später links ab (gelbes Kreuz). Kurz danach überqueren wir nochmals die Straße und gelangen zu

einzelnen Häusern, die zu einem Alters-
heim gehören. Links (nördlich) des unteren, großen Gebäudes, mit roten Streifen
bei den Fenstern, nehmen wir einen Fußweg. Bei einer Gabelung wenig später halten wir rechts. Danach ist der Weg wieder
besser markiert. Auf einer Weide gehen wir
unmittelbar an einem Strommast vorbei
und danach wieder in den Wald hinein.
Bei **Palalda** (240 m) mündet der Weg in
die Straße, der wir für wenige Meter nach
links folgen, um dann rechts in den alten
Stadtkern mit seinen engen Gassen einzu-
tauchen (Wegweiser Église). Bei der Kirche
lohnt sich ein Blick auf die mit Eisen reich
geschmückte Türe. (Ein Hinweis auf die
wichtige Rolle, welche die Eisenproduk-
tion in der Region spielte.) Gleich unterhalb der Kirche gibt es ein kleines Postmu-
seum und ein Museum für Volkskunde.
Palalda gehört politisch zu Amélie-les-
Bains (3200 Einw.), einem alten Badekur-

▲ Die Ruinen von Formentera.
In Formentera sammelte und
bearbeitete man die Erze
mehrerer Minen und beförder-
te das Gut danach mit einer
Seilbahn nach Amélie-les-
Bains.

ort mit vielen Hotels. Der Ort hieß früher Arles-les-Bains, doch wurde er zu Ehren der Frau des »Bürgerkönigs« Louis-Philippe, die hier mehrmals zur Kur weilte, im 19. Jahrhundert umgetauft.

Unterhalb der Kirche halten wir bei einer Bar nach links und biegen 20 Meter später rechts ab (Carrer del Sol). Auf Treppen, später wieder auf einem Fußweg (grünes Geländer) geht es dann weiter abwärts. Wir gelangen auf die Straße am Talboden und zur Fußgängerbrücke, auf der wir den Tech überqueren. Der Tech durchfließt das Vallespir, dessen Namen aus dem Lateinischen hergeleitet wird *(vallis aspera,* »wildes Tal«).

Auf der anderen Seite der Brücke biegen wir links ab und gehen dem rechten Ufer des Tech entlang bis zu einer Straße, auf der wir nach rechts zur Hauptstraße gelangen. Der Hauptstraße (D-115) folgen wir für 500 Meter nach links. Bei einem Kreisel biegen wir rechts ab. 50 Meter nach einer kleinen Brücke, 10 Meter vor einem Betonquader, steigen wir links auf einem kleinen Pfad die steile Böschung hinauf. (Die IGN-Karte ist für das folgende Teilstück nur bedingt von Nutzen, da diverse Wege nicht eingezeichnet sind.) In 5 Minuten erreichen wir einen kleinen Grat. Wir überqueren ihn nicht, sondern halten kurz vorher nach rechts und steigen weiter an. Nach weiteren 20 Minuten kommen wir zu einer kleinen Mulde, der wir nach links folgen. Später biegen wir rechts ab. Der nun deutlichere Weg verläuft wieder dem teilweise aussichtsreichen Grat. Weitere 15 Minuten später mündet unser Weg in einen anderen Fußweg (gelb markiert), dem wir nach links folgen. Der Weg führt auf eine Straße (bei Mas del Collet), der wir für

20 Meter nach rechts folgen, um anschließend nach links auf einen anderen Weg einzuschwenken (gelb markiert). Wir steigen, bei einer Abzweigung rechts haltend, zu einem Bach ab, überqueren ihn und steigen auf der anderen Seite mit einer großen Kehre zur Kirche von **Reynès** (ca. 250 m, 1200 Einw.) auf. Bei der Kirche folgen wir dem Wegweiser nach La Creou. Auf der kleinen Straße gehen wir in vielen Kehren aufwärts. Die vielen Kirschbäume deuten an, dass wir der Kirschenmetropole Céret näher kommen. Nach ca. 15 Minuten, bei einem kleinen Pass, verlassen wir die Straße nach links und gehen auf der anderen Seite des Grates auf einem Feldweg abwärts (Wegweiser: Pont de Reynès, gelb markiert). 40 Meter nach der ersten großen Rechtskurve verlassen wir diesen Weg nach links. Der alte, mit Steinen ausgelegte Weg führt uns zum Bach hinunter, den wir auf einer Bücke überqueren. Auf der anderen Bachseite kreuzen wir einen Feldweg und gehen auf einem kleinen Pfad sanft bis zum Hof Mas Santo hinauf. Von da geht es hinunter bis zur Straße, der wir nach rechts folgen. Ca. 40 Minuten nach Reynès überqueren wir auf einer Brücke bei El Moli den Vallera-Bach. Wenig unterhalb unserer Brücke wird das Bachbett auch von einer alten Rundbogenbrücke überspannt. Nach der Brücke steigen wir auf der Straße zu einem kleinen Pass auf, dem Col de Bousseilles (auf der Karte Coll de Bossells). Hier verlassen wir die Straße, gehen geradeaus, zwischen zwei kleinen Häusern hindurch leicht abwärts (Wegweiser Céret 30 Min.). Der Weg mündet auf eine kleine Straße, der wir geradeaus folgen. Beim Viersternehotel La Terrasse au Soleil kommen wir wieder auf die

größere Straße zurück. Wer sich den Luxus leisten möchte, hat hier sein Tageswerk bereits beendet. Die anderen folgen der Straße 20 Meter nach links und biegen bei einem roten Hydrant rechts ab. Auch dies scheint ein älterer Weg zu sein. Bald schon erreichen wir die ersten Häuser von **Céret** (160 m, 7800 Einw.) und wandern ins Zentrum der kleinen Stadt, wo große Platanen den Boulevards um den alten Kern Schatten spenden. Wir sind noch nicht ganz am Mittelmeer angelangt, doch Céret versprüht derart viel mediterranes Flair, dass man sich bereits am Ziel der Pyrenäenüberquerung wähnt. Ein sympathischer Ort, wo man Gefahr läuft, hängen zu bleiben.

Céret hat durch die Kirschen, den Stierkampf und die Kubisten Berühmtheit erlangt. Rund um die Stadt stehen große Kirschbaumhaine, in denen Ende April all-

▲ Hinter dem Tech liegt leicht erhöht das kleine Dörfchen Palalda. Besonders wild war der auf dem Bild so zahme Fluss im Oktober 1940, als nach massiven Regenfällen ein Hochwasser und Erdrutsche viele Häuser zerstörten. Unter den rund 300 Todesopfern in der Region befanden sich auch viele Flüchtlinge aus Spanien, die sich am Ufer des Tech behelfsmäßige Unterkünfte errichtet hatten.

jährlich 4000 Tonnen **Kirschen** geerntet werden. Die Kirschen von Céret sind die frühesten in Frankreich und der erste Korb wird jeweils an den Präsidenten geschickt. Dank dem guten Klima hat man hier eine gute Woche Vorsprung auf die Provence. An einem Wochenende in der ersten Julihälfte finden in der kleinen Arena von Céret jeweils Stierkämpfe statt. In der ganzen Stadt herrscht dann Feststimmung. Beeindruckt von den Stierkämpfen war auch Pablo Picasso, der dem hiesigen **Kunstmuseum** als Startgeschenk 53 Werke, darunter 28 Keramiken zum Thema Stierkampf, übergab. Matisse und viele weitere Künstler, die einige Zeit in Céret verbrachten, darunter Juan Gris, Braque und Chagall, gaben ebenfalls eine Spende. So kam die kleine Stadt zu einem Museum der modernen Kunst, welches weit über die Region hinaus bekannt ist und zu einem wahren Wirtschaftsmotor des Dorfes wurde. Das Museum, das immer wieder viel beachtete Wechselausstellungen beherbergt, ist täglich geöffnet, im Sommer von 10 bis 19 Uhr, im Winter von 10 bis 18 Uhr (Eintritt 5.50 Euro, weitere Infos unter www.musee-ceret.com). In und um das Dorf gibt es Reproduktionen von Bildern, welche die berühmten Künstler an den betreffenden Stellen malten (s. auch S. 232 f).

Es ist ein Genuss, durch die ruhige Stadt zu schlendern, entweder auf dem Boulevard um die Altstadt herum oder in den winkligen Gassen des alten Kerns. In der Altstadt liegt auch die **Place des Neuf Jets** mit ihrem Brunnen. Zuoberst auf dem Brunnen steht ein Löwe, Symbol des spanischen Königs Ferdinand VI. Als Céret, wie das ganze Roussillon, nach der Unterzeichnung des Pyrenäenfriedens 1659 von Spanien nach Frankreich wechselte – sehr zum Missfallen der Einwohner übrigens –, hat man den Löwen in die Richtung Spaniens gedreht und am Brunnen den Spruch *Leo factus est gallus – Venite Ceretenses* (»Aus dem Löwen wurde ein Hahn – kommt (schauen) Einwohner von Céret«) angebracht.

Die älteste Sehenswürdigkeit von Céret steht unterhalb des Dorfes am Tech-Fluss. Die so genannte **Teufelsbrücke**, le Pont du Diable, die wie so viele andere der Legende nach vom Teufel erbaut wurde, stammt aus dem Jahr 1336 und gehörte zu jener Zeit mit einer Spannweite von 45,5 Metern zu den längsten befahrbaren Brücken der Welt. Die beste Sicht auf die Brücke hat man von der parallel verlaufenden ehemaligen Eisenbahnbrücke.

Noch älter sind die Exponate im kleinen, aber feinen **Archäologiemuseum** der Stadt (geöffnet im Juli und September täglich von 10 bis 13 und von 14 bis 19 Uhr, im restlichen Jahr nur an Wochentagen von 9 bis 13 und von 14 bis 18 Uhr).

◀ Samstag ist Markttag in Céret. Es ist eine wahre Freude, hier den Proviant für die nächsten Tage einzukaufen.

▼ Céret versprüht mediterranes Flair. Das Leben spielt sich auf den Straßen und Plätzen ab.

19
Vernet-les-Bains–Céret

Inspiration im Freundeskreis

Seit dem Ende des 19. Jahrhunderts, als Van Gogh, Signac, Cézanne und Gauguin in der Provence und an der Côte d'Azur ihre Staffeleien aufstellten, um das Licht des Südens einzufangen, zog es immer wieder moderne Künstler an die Gestade des Mittelmeeres. Im Mai 1905 reiste Henri Matisse mit seiner Familie nach Collioure. Hier logierte er für mehrere Wochen im Hôtel de la Gare, fasziniert vom kleinen Ort und seinem Licht. Er ermunterte seine Freunde, ihm nachzureisen, und bereits im Juni stieß André Derain zu ihm. »Es ist vor allem das Licht, ein helles, goldenes Licht, das allen Schatten löscht«, beschrieb Derain seine Faszination für den Ort. Beide malten gemeinsam den ganzen Sommer lang. Mit einer subjektiven Farbgebung, die auf keiner wissenschaftlichen Theorie, sondern auf der »Beobachtung, dem Gefühl und der eigentlichen Natur jeder Erfahrung« beruht, revolutionierten sie die Malerei. Im Herbst stellten sie ihre Bilder in Paris aus und verursachten damit einen veritablen Skandal. Ein Kritiker gab dem Saal, in dem ihre Bilder ausgestellt waren, den Namen *la cage aux fauves*, was so viel heißt

wie »der Käfig der wilden Tiere«. Der Name blieb an der Stilrichtung haften, die fortan Fauvismus genannt wurde. Das Sujet der Bilder war beinahe gleichgültig. Das Ziel war nicht die Nachahmung der Natur, sondern das subjektive Empfinden. So konnte eine Frauennase auch mal kräftig grün sein, was Matisse wie folgt rechtfertigte: »Ich male keine Frauen, ich male Bilder.«

Einige Jahre später wurde ein anderes Dorf im Roussillon zum Zentrum der modernen Malerei. Zusammen mit seiner Frau Totote, dem jungen Maler Frank Burty Haviland, dem Grafen de Gasparin und dem Maler Victor Gastilleurs reiste der spanische Bildhauer Manuel Hugué (Manolo), der in Paris stets mit großen Geldproblemen zu kämpfen hatte, im Sommer 1909 in den Südwesten Frankreichs. Die Künstler waren sich einig, dass für ihre Weiterentwicklung eine neue Inspiratonsquelle notwendig war. Zudem litten Manolo und Burty unter Schwindsucht und suchten deshalb die Nähe der gelobten Kurorte am Fuß der Pyrenäen. Zuerst unternahmen sie eine Wanderung in Andorra, danach verweilten sie einen Monat in Bourg-Madame, anschließend zogen sie weiter nach Banyuls, wo es ihnen aber zu windig war. Sie reisten weiter zum Kurort Amélie-les-Bains, der ihnen ebenfalls nicht gefiel. Nach dem Wurf einer Münze zogen sie zu Fuß nach Céret, wo sie eine billige Absteige fanden. Schon bald entschloss sich Manolo, sich hier niederzulassen und sich ganz der Bildhauerei zu widmen. Bis 1926 blieb Manolo in Céret. In dieser Zeit entwickelte er sich zu einem der bedeutendsten Bildhauer Spaniens. Doch die Ankunft von Manolo und

Burty bildete bloß den Beginn einer Ära, in der Céret das Zentrum der zeitgenössischen Kunst wurde. Ein Jahr nach Manolo zog der Komponist Déodat de Séverac ins kleine Dorf. Im Sommer 1911 folgte Picasso mit seiner Gefährtin Fernande Olivier. Gleich nach seiner Ankunft forderte Picasso seinen Freund Georges Braque auf, ihm zu folgen. Einen Monat später waren die beiden Wegbereiter des Kubismus in Céret vereint. Die folgenden Wochen waren eine intensive Zeit des künstlerischen Dialoges. Die Symbiose ging so weit, dass man bei einzelnen Werken nicht mehr sagen konnte, wer welchen Teil dazu beigetragen hatte. Bereits im Frühjahr 1912 kam Picasso, nun mit seiner neuen Freundin Eva Gouel, nach Céret zurück und blieb dem Ort auch in den nachfolgenden Sommern treu. In seinem Gefolge entdeckten noch unzählige andere Künstler das kleine Dorf und machten es für eine kurze oder längere Zeit zu ihrem Schaffensort. Juan Gris und der Dichter Max Jacob gehörten dazu. Von 1919 bis 1922 weilte auch der Expressionist Chaim Soutine in Céret. Im so genannten Céret-Stil malte er Landschaften und Porträts, bei denen das Motiv durch die ungestüme Pinselführung an Bedeutung verliert. Viele dieser Bilder wurden von Soutine nach seiner Rückkehr nach Paris eigenhändig zerstört. Später folgten auch Marc Chagall, Joan Mirò und Raoul Dufy dem Ruf des kleinen Pyrenäendorfes.

◄ Collioure, gemalt von Matisse (Village, 1905).

▼ Oben: Matisse und seine Familie in Collioure (Sommer 1907).
Unten: Picasso auf der Terrasse des Grand Café in Céret (1953).

DAS MEER VOR AUGEN

In drei Tagen von Céret nach Banyuls-sur-Mer

Von Céret steigen wir zum Grenzgrat hinauf, dem wir während zwei aussichtsreichen, aber auch langen Tagen bis zum Meer nach Banyuls folgen. Nach dem mächtigen Fort de Bellegarde am Perthus-Pass durchwandern wir die Albères-Kette – den westlichsten Ausläufer der Pyrenäen.

20

Sehenswertes:

A Aussicht vom Pic des Salines

B Castell de Cabrera

C Ruinen von Panissars

D Festung von Bellegarde

E Aussicht vom Puig Neulós und
vom Puig de Sallfort

F Das Dorf Banyuls mit dem Maillol-
Museum und dem Aquarium

Charakter: Einfache Wanderung auf meist markierten und guten Wegen.

Varianten: Am letzten Tag ist es auch möglich, in etwa der gleichen Zeit anstatt nach Banyuls direkt nach Collioure (siehe S. 268) abzusteigen. Collioure erreicht man vom Coll de Vallauria über die Einsiedelei Notre-Dame de la Consolation.

Karten: Alle drei Teiletappen werden von der Carte de randonnées Roussillon (Éditions Rando, 1:50 000) abgedeckt. Als Alternative kann man folgende 1:25 000-Karten benutzen: *Etappe 20.1:* IGN 2449 OT Céret *Etappe 20.2:* IGN 2449 OT Céret und IGN 2549 OT Banyuls *Etappe 20.3:* IGN 2549 OT Banyuls.

Etappenort Banyuls

Info: Die gut dokumentierte Touristeninformation liegt direkt am Strand. In der Saison ist sie täglich von 8 bis 20 Uhr, außerhalb der Saison von Mo–Sa von 9 bis 12 und von 14.30 bis 18 Uhr geöffnet. Tel. 04 68 88 31 58, www.banyuls-sur-mer.com.

Wäscherei, Banken, Lebensmittelläden, Internet usw. vorhanden.

Anreise: Ca. alle zwei Stunden direkte Bahnverbindung nach Collioure und Perpignan. Teilweise direkt weiter bis Narbonne. Wer weiter nach Spanien reisen will, muss in Cerbère umsteigen. Fahrplan unter www.ter-sncf.com/languedoc. Nach Perpignan unter der Woche auch rund fünf Busse pro Tag (Info: Tel. 04 68 35 29 02).

Übernachten: Banyuls verfügt über zahlreiche Übernachtungsmöglichkeiten. Nachfolgend eine kleine Auswahl: Wer möglichst nah am Strand sein möchte und dafür auch den Lärm der Straße in Kauf nimmt, findet im kleinen *Hôtel de la Plage* eine Absteige, Tel. 04 68 88 34 90, DZ: 46 Euro. Empfehlenswert ist das *Hôtel du Manoir* in einer ruhigen Gasse der Altstadt, Tel. 04 68 88 32 98. Ebenfalls in der Altstadt liegt das etwas größere *Hôtel Canal,* Tel. 04 68 88 00 75, DZ: 42 Euro. Das sympathische, indisch angehauchte *Hôtel Villa Miramar* liegt 5 Minuten zu Fuß außerhalb des Stadtkerns auf einem Hügel. Sicht auf Berge und Meer und eigenes Schwimmbad. Wer sich was Besonderes gönnen möchte, der nehme die Luxussuite für 150 Euro. Tel. 04 68 88 33 85, DZ: 49 bis 62 Euro. Am Strand des Elmes, 500 Meter nördlich von Banyuls, liegt der moderne Bau des *Hôtel Les Elmes* direkt an der Bucht, Tel. 04 68 88 03 12, DZ: 55 bis 100 Euro (Mitte August noch etwas teurer). Die billigsten Zimmer sind etwas dunkel. perso.wanadoo.fr/hotel.les.elmes.

Essen: Im Restaurant *Chez Rosa,* zuhinterst in der Rue St. Pierre, isst man gut und zu vernünftigen Preisen. In der Rue St. Pierre weitere Restaurants, z. B. die *Casa Miguel* mit spanischer und katalanischer Küche.

Einkaufen: Markt am Donnerstag und Sonntag Morgen. In diversen Kellereien kann man Banyuls Weine kosten und direkt vom Produzenten kaufen.

20.1 Céret–las Illas

Charakter: Anstrengende, aber einfache Wanderung auf markierten Wegen beidseits der Grenze.

Variante: Vom Coll dels Cirerers nicht den Pic des Salines besteigen, sondern auf dem GR10 (rot-weiß markiert) direkt nach Las Illas hinunterwandern. Die letzten 45 Min. muss man bei dieser Variante auf der Straße gehen. Zeitersparnis: 1.10 Std.

Übernachten/Essen: Las Illas: *Hostal dels Trabucayres* (mit Restaurant), Tel. 04 68 83 07 56, geöffnet April bis Oktober, DZ: 30.50 Euro; *Gîte d'étape*, Tel. 04 68 83 41 70, geöffnet während Wandersaison, Matratzenlager: 10 Euro, keine Verpflegung, aber Kochmöglichkeit. In Las Illas gibt es weder Lebensmittelladen noch Geldautomat.

↗ 1250 m, ↘ 860 m

Wanderzeit:
Céret–Quelle von Fontfrède: 2.15 Std.
Quelle von Fontfrède–Pic des Salines: 1.20 Std.
Pic des Salines–Einsiedelei les Salines: 0.25 Std.
Einsiedelei les Salines–Castell de Cabrera: 0.45 Std.
Castell de Cabrera–las Illas: 0.45 Std.
Total: 5.30 Std.

Von der Place Picasso in **Céret** nehmen wir beim Restaurant Les Feuillants die Rue Pierre Rameil, gehen auf der Avenue rechts, um gleich wieder in die Rue de Capucins einzubiegen. Wir steigen die Straße hinauf, links am ehemaligen Kapuzinerkloster vorbei. Kurz danach weist uns ein Wegweiser (Fontfrède) den Weg nach rechts. Bis nach Fontfrède werden wir den gelben Markierungen folgen. Zuerst führt der Pfad noch kleinen Trockenmauern entlang an Gärten vorbei. Nachdem wir die Straße zweimal überquert haben, tauchen wir in den Wald ein. Stetig steigt der Weg an und mündet nach ca. 1.30 Std. auf die Straße. Für ca. einen Kilometer folgen wir der Straße sanft aufwärts. In einer Rechtskurve biegt der Weg wieder rechts ab (markiert). Es dominieren nun die Kas-

tanienbäume. Zu Beginn des 20. Jahrhunderts bildeten die Kastanien noch einen wichtigen Bestandteil für die Ernährung von Mensch und Vieh. Das Holz wurde für die Herstellung von Körben und Fässern verwendet. Heute findet es in erster Linie für das Kunsthandwerk Verwendung. Zweimal kurz hintereinander kreuzen wir nochmals die Straße und erreichen nach einem letzten, steilen Stück die **Quelle von Fontfrède** (1021 m) – was so viel heißt wie kalte Quelle. Eine willkommene Gelegenheit, die Wasserflasche aufzufüllen. Der große Parkplatz und an schönen Tagen auch der Rummel wird viele dazu bewegen, die Pause an einem anderen Ort einzuschalten.

Nach links die Straße hinunter bringt uns ein Abstecher von 5 Minuten zur **Stèle des Évadés**, einem Gedenkstein für die Menschen, die während des Zweiten Weltkrieges durch diese Wälder vor den Nazis nach Spanien geflohen sind; entweder um dort oder in einem anderen Land als Flüchtling auf das Ende des Krieges zu warten oder um sich der Befreiungsarmee anzuschließen. Bei Fontfrède stand eine Baracke mit deutschen Soldaten, welche die Grenze überwachten, dennoch ist es den Widerstandskämpfern dank der guten Ortskenntnis gelungen, Unzählige über die grüne Grenze zu bringen.

Unmittelbar rechts an der Quelle von Fontfrède vorbei, steigen wir auf dem weiterhin gelb markierten Weg weiter bergan. Im einem Wald mit schönen Buchen erreichen wir den nun ausgeprägteren Grat. 20 Minuten nach der Quelle trifft unser Weg auf den GR10, dem wir für 3

Minuten nach links folgen. Beim Coll dels
Cirerers biegt der GR links ab (siehe Varianten). Wir halten rechts und bleiben in
der Nähe des Grates (weiterhin gelb markiert). Bald treten wir aus dem Wald und
erblicken im Osten das Meer und die Kette
der Albères. Ca. 10 Minuten nach dem
Pass zweigt unser Pfad vom breiten Weg
rechts ab (roter Pfeil, gelbe Markierungen).
Wir überqueren später den Weg nochmals
und steigen weiter an. Kurz nach der zweiten Überquerung des Weges gilt es bei einer Verzweigung rechts zu halten. Je höher wir steigen, desto besser wird die
Rundsicht. Wir begegnen dem breiten
Weg nochmals an seinem Ende, gehen
aber auch hier auf dem Pfad geradeaus. Die
abwechslungsreiche Wanderung führt an
Felsklötzen und Buchen vorbei, zum
Schluss durch eine Landschaft mit Wacholder und Ginster auf den **Pic des Salines** (1333 m) mit seiner weiten Aussicht

▲ ▲ ▲ Blick vom Puig de Sallfort nach Banyuls-sur-Mer
(rechts) und Port-Vendres
(ganz links) (Etappe 20.3).

▲ Oberhalb der Quelle von
Fontfrède wandern wir durch
einen alten Buchenbestand.

auf die Ebene und das Meer. Beim Abstieg geht es der Grenze entlang nach Westen. 50 Meter nach dem Gipfel eine starke Rechtskurve, die nur undeutlich markiert ist. Nach 10 Minuten, bei einem kleinen Pass, biegen wir bei einem Steinmann links ab (weiterhin gelb markiert). Wir befinden uns nun bereits auf spanischem Gebiet, obwohl das Talende von les Salines nach Frankreich entwässert wird und sich also nördlich der Wasserscheide befindet. Da les Salines bereits vor dem Pyrenäenfrieden von 1659 zur spanischen Gemeinde Massanet gehörte, blieb es auch nach der Grenzziehung spanisches Territorium. Der schmale Weg durch den Wald führt uns zur **Einsiedelei von les Salines** (1080 m). In einem Teil des Gebäudes ist ein unbewartetes Refugi untergebracht (relativ sauber, Holzpritschen, Feuerstelle). Die Kirche selbst, die zeitweise auch als Stall dient, ist abgeschlossen.

Die Gründungslegende der **Einsiedelei von les Salines** (Mare de Déu de les Salines) ähnelt vielen andern. Auch hier hat ein Stier eine verborgene Marienfigur entdeckt, worauf man beschloss, in der Nähe eine Kirche zu errichten. Die Grotte, wo die Figur entdeckt wurde, ist noch zu bewundern (der Straße oberhalb der Einsiedelei 100 Meter nach Westen folgen). Eine etwas weniger fromme Version der Legende erzählt von einem Vikar, der sich bei seinem Pfarrer über seine Armut beklagte, worauf ihm dieser erwiderte, er müsse sich mehr bemühen. Der Vikar sann darüber nach und begann daraufhin, auf einem Felsen regelmäßig Salz zu verstreuen. Da die Schafe immer wieder dieselbe Stelle aufsuchten, glaubten die Hirten schon bald an ein Wunder. Der Vikar kam in offizieller Mission und mit viel Pomp zu den Hirten hinauf und fand an jener Stelle denn auch eine Marienfigur. Daraufhin wurde die Kirche errichtet und seither wird immer am 8. September eine Wallfahrt in das abgelegene Tal unternommen. Aufgrund dieser Geschichte gab man der Einsiedelei den Namen les Salines.

Ca. 100 Meter unterhalb der Einsiedelei wurde hinter der Wiese im Wald eine sehr ergiebige Quelle mit vorzüglichem Wasser gefasst. Um weiter zu wandern, biegen wir unmittelbar vor der Quelle auf dem Weg nach rechts. Nach 20 Metern, in einer Rechtskurve, biegen wir links in einen kleinen Pfad ab (rote Markierungen). Der Weg überquert kurz darauf den Bach und führt danach bequem dem Hang nach. Nach einer Viertelstunde mündet der Weg auf den ungeteerten Fahrweg, dem wir nach links (Wegweiser Coll de Lly) bis zu einer Schulter folgen. Ein Wegweiser weist uns hier den Weg zum **Castell de Cabrera** (854 m), welches wir von der Abzweigung in 10 Minuten erreichen. Die Ruine steht ausgesetzt auf einem Felsen und überragt das ganze Gebiet bis zum Meer, ein Aussichtspunkt erster Güte. Erwähnt wurde das Kastell erstmals 1051, als es im Besitz des Bischofs und der Herren von Barcelona war. Bereits im 16. Jahrhundert verfiel es.

Auf dem gleichen Weg gehen wir zum Fahrweg zurück und folgen ihm nach rechts bis zum Coll de Lly. Kurz vor einem kleinen Häuschen biegen wir links vom Fahrweg ab (Wegweiser les Illes).

Der Grenzübergang zu Spanien am Coll de Lly war für die Leute vom kleinen Weiler

las Illas immer ein wichtiger Wirtschaftsfaktor. Doch als in den Jahren 1823 bis 1825 in Barcelona die Pest wütete, wurde der **Grenzverkehr** nur noch mit großen Vorsichtsmaßnahmen erlaubt. Um den Spaniern in Not Nahrungshilfe zu geben, kamen täglich 40 bis 80 Maultiere mit Lebensmitteln beladen auf den Pass. Ohne irgendeine Körperberührung oder eine Berührung mit Gegenständen aus Spanien leerten die französischen Beamten die Lebensmittel in Säcke, die von Spaniern unterhalb einer Mauer gehalten wurden. Das Geld, mit dem die Spanier zahlten, aber auch Briefe, alles wurde mit Essig gereinigt. In der Nacht gab es dann jeweils den Schmugglerverkehr, der die Sicherheitsmaßnahmen nicht so genau nahm und zu dieser Zeit besonders lukrativ war. Doch auch die Zeitspanne von 1830 bis 1860 war dank den hohen Zöllen auf Kaffee, Zucker oder Tabak für den Schmuggel

▲ Blick zurück zum Pic des Salines. (An dieser Stelle müssen wir den Grat verlassen, um auf einem kleinen Pfad zur Einsiedelei von les Salines abzusteigen.)

▼ Wenig unterhalb der Einsiedelei von les Salines wurde eine kräftige Quelle mit vorzüglichem Wasser gefasst.

und somit auch für las Illas eine gute Zeit. Man nannte das Dorf zu dieser Zeit einen Seehafen, derart viele Güter wurden hier von Schmugglerbanden mit 20 bis 40 Personen umgeschlagen.

Der kleine Pfad führt uns nach Frankreich zurück. Nach 10 Minuten treffen wir auf einen breiteren Weg, dem wir 50 Meter nach rechts folgen, um dann wieder nach links auf einen kleinen Pfad abzubiegen (gelb markiert). 5 Minuten später geht es durch ein Tor und weiterhin sanft abwärts bis nach **las Illas** (548 m). Als Erstes treffen wir gleich auf das Hostal-Restaurant. Das Gîte d'étape ist noch 100 m weiter die Straße hinunter.

In der Mitte des 19. Jahrhunderts erhielt das Dorf als Sitz einer berüchtigten Diebesbande einen Ruf, auf den es für lange Zeit gerne verzichtet hätte. Heute sind die Geschichten eine willkommene Anekdote und die mörderischen Taten werden in einem romantisierenden Ton wiedergegeben. Die **Trabucayres** waren eine Gruppe von ehemaligen Partisanen der Karlisten. Nach dem verlorenen Bürgerkrieg in Spanien kamen sie nach las Illas, wo sie vom Pfarrer, der sie als Kämpfer für den katholischen Glauben bewunderte, 1844 aufgenommen wurden. Die 22 jungen Männer, die meisten aus guten Familien, frönten dem Müßiggang. Um das feuchtfröhliche Leben zu finanzieren, unternahmen sie von Zeit zu Zeit Expeditionen, bei denen sie Leute entführten, um anschließend Lösegeld zu kassieren. Sie vollführten Hunderte solcher Überfälle. Sie kamen in den Besitz von so genannten **Trabucs**, einer Art Schießgewehr, von dem die Bande ihren Namen erhielt. In der Region regierte die Angst. Am 27. Februar 1845 überfielen sie in Spanien die Postkutsche von Perpignan nach Barcelona, raubten alle Passagiere aus und nahmen drei Geiseln. In den nächsten Tagen starb eine davon vor Erschöpfung, ein 70-jähriger Mann. Nach rund 20 Tagen wurden sie in einem Versteck von spanischen Polizisten überrascht. Bei der Schießerei kamen ein Gendarm und eine Geisel durch den Schuss eines Gendarmen ums Leben. Die Bande floh mit der letzten Geisel, einem jungen Mann namens Massot, in eine Grotte nach Frankreich. Massot schrieb mehrmals seiner Mutter, damit sie endlich das Lösegeld bezahle. Ohne Erfolg. Nach zwei Monaten wechselte die Bande nochmals das Versteck, doch vorher tötete sie Massot mit 11 Dolchstichen – einem von jedem Banditen. Am 2. Mai wird die Bande in ihrem Versteck bei Corsavy am Canigou geschnappt. Nach dem 10-tägigen Prozess mit 114 Zeugen werden 4 von den 17 Angeklagten geköpft, zwei von ihnen in Céret und zwei in Perpignan. Der Rest wird eingesperrt oder zur Zwangsarbeit verurteilt.

20.2 las Illas– Col de l'Ouillat

Charakter: Einfache Wanderung auf durchwegs breiten und markierten Wegen oder kleinen Straßen.

Übernachten/Essen: Le Perthus: Hotel-Restaurant **Chez Grand Mère:** Tel. 04 68 83 60 96, So Abend und Montag geschlossen, DZ: 33.50 Euro. Einkaufsmöglichkeiten, Geldautomat; viermal täglich Busverbindung nach Perpignan, dreimal täglich nach Figueras (Info: 04 68 35 29 02).

Col de l'Ouillat: *Chalet de l'Albère,* Tel. 04 68 83 62 20, geöffnet das ganze Jahr, einfache DZ, 3er-Zimmer oder Matratzenlager: 14.50 Euro. Restaurant mit reichhaltigem Menü, aber auch Kochmöglichkeit. Man kann auch Lunchpakete kaufen.

▲ Der Hof Mas Nou, was so viel heißt wie »neuer Hof«, was er sicher auch mal war.

↗ 990 m, ↘ 600 m

Wanderzeit:
Las Illas–Coll del Teixó: 1.40 Std.
Coll del Teixó–Fort de Bellegarde: 1.50 Std.
Fort de Bellegarde–Le Perthus: 0.20 Std.
Le Perthus–St.-Martin-de-l'Albère: 1.30 Std.
St.-Martin-de-l'Albère–Col de l'Ouillat: 1.10 Std.
Total: 6.30 Std.

Vom Hostal oder dem Gîte d'étape in **las Illas** gehen wir zuerst die Straße hinunter, lassen eine Abzweigung nach links (La Selva) unbeachtet und nehmen 100 Meter später die erste Straße, die rechts hinaufführt (Route du Cortal). Wir folgen heute den ganzen Tag dem GR10, die Strecke ist demnach durchgängig rot-weiß markiert. In weiten Kehren führt uns die Straße (Route de Manrella) den Berg hinauf. Nach ca. 35 Min. endet auf dem Coll del Figuer

der Teerbelag. Kurz danach biegen wir links ab. Ohne viel Auf und Ab zieht der Feldweg in der Nähe des Grenzkammes Richtung Osten. An einem Hof vorbei und durch den Buchenwald erreichen wir den **Coll del Teixó** (670 m), einen kaum wahrnehmbaren Pass mit einer kleinen gerodeten Fläche. Beim Abstieg kommen wir am Coll del Priorat vorbei. Der Pass erhielt seinen Namen, weil hier einst auf der spanischen Seite ein Kloster stand, von dem unter dem Gestrüpp aber nur noch einzelne Mauern erhalten sind. 10 Minuten nach diesem Pass mündet unser Weg auf einen anderen Feldweg. 10 Meter vor der Einmündung müssen wir nach rechts auf einen kleinen Pfad abbiegen (markiert, aber leicht zu übersehen). Der Pfad führt uns an vielen Korkeichen vorbei.

Wir erreichen dann einen Fahrweg, dem wir nach rechts bis zum Coll de Panissars folgen.

Der **Coll de Panissars** ist seit den Römerzeiten einer der wichtigsten Pyrenäenübergänge. Die römische Via Domitia, die Italien mit den eroberten Gebieten in Spanien verband, führte über diesen Pass. Auf der spanischen Seite wurde die Straße, die bis Cádiz führte, Via Augusta genannt. Die gepflasterte Straße mit einem Fundament aus Kies und Sand wurde für militärische Zwecke gebaut, war aber auch ein wichtiges Rückgrat für den Handel. Einzelne Spuren der Straße kann man mit etwas Fantasie noch erkennen. Auf dem Pass erbaute der römische Feldherr Pompeius 71 v. Chr. ein großes Monument, um an seinen Sieg gegen Quintus Sertorius zu erinnern, einen Gouverneur, der gegen die Zentralmacht in Rom revoltierte. Man vermutet, dass das Triumphmonument auf zwei Sockeln (16 m x 31 m) die Straße überbrückte und ca. 40 Meter hoch war. Überreste des Monumentes wurden erst 1984 gefunden.

Über 1000 Jahre nach Pompeius bauten Benediktiner auf dem Pass ein kleines Kloster, welches auch als Gaststätte diente. Die Fundamente der 1011 geweihten Kirche kann man noch sehen. Viele Mönche gab es hier nie. Aus Quellen vernimmt man, dass 1198 noch vier Mönche im Kloster wohnen, 1533 lebt ein Pfarrer hier. 1588 zieht der Prior ganz weg und beauftragt den Bauern, der das Gut übernimmt, vor der Jungfrau Maria immer eine Kerze brennen zu lassen. Es ist wahrscheinlich, dass das Kloster bereits in einem schlechten Zustand war, als es von Vauban im 17. Jahrhundert gekauft wurde, um die Steine zu zermalmen und den Sand für den Bau des Fort de Bellegarde zu benutzen.

Kurz nach dem alten Passübergang kommen wir am Militärfriedhof von Panissars aus dem 17. Jahrhundert vorbei. Weiter der Straße nach erreichen wir in wenigen Minuten die Abzweigung zur Festung. Durch mehrere Verteidigungsringe erreichen wir das **Fort de Bellegarde** (424 m).

Bereits der König von Mallorca hat im 13. Jahrhundert an diesem strategischen Ort eine Burg errichtet. Doch es war der berühmte Militärarchitekt Sébastien Le Prestre de Vauban (1633–1707), der die heute noch erhaltene Festung zusammen mit seinem Kollegen Saint Hilaire im Auftrag von Ludwig XIV. entwarf. Nötig wurde das Bauwerk, da nach dem Pyrenäenfrieden von 1659, mit dem das Roussillon in französischen Besitz kam, der Pass von Le Perthus plötzlich an der Grenze lag. Gebaut wurde das **Fort de Bellegarde** von 1670 bis 1688. In Kriegszeiten beherbergte es 1200 Mann, 150 Pferde und eine starke Artillerie. Selbst zu Friedenszeiten waren ständig 600 Männer anwesend. Ein besonderes Problem stellte auf diesem Granitfelsen ohne Quelle die Wasserversorgung dar. Vauban ließ deshalb fünf große Zisternen bauen, die das Regenwasser auffingen. Er berechnete, dass ihr Fassungsvermögen reichte, um 1200 Personen viereinhalb Monate mit Wasser zu versorgen, selbst wenn in dieser Zeit kein einziger Regentropfen fallen würde. Dazu wurde innerhalb der Festung ein Schacht für einen Ziehbrunnen gegraben. Ein gewaltiges Werk entstand. 63 Meter Tiefe und einen Durchmesser von 5,85 Metern hat der Schacht, in dem das Wasser stets zwischen 20 und 30 Meter hoch steht. Auch heute noch wird die Festung mit Wasser aus diesem Brunnen versorgt. Auch wenn das

◄ Unser Weg streift immer wieder die Grenze. Am Coll del Teixó versteckt sich in den Büschen der Grenzstein 563.

▼ Gegen Perthus hin gibt es immer mehr Korkeichen. Von den 16 000 Hektar Korkeichen im Roussillon werden heute noch 5000 Hektar wirtschaftlich genutzt. Nach 40 Jahren werden Korkeichen das erste Mal geschält. Dieser Kork hat noch eine minderwertige Qualität. Besser ist die Qualität der weiteren Schälungen, die alle 10 bis 15 Jahre (je nach Feuchtigkeit) stattfinden. Eine Korkeiche kann rund 200 Jahre lang genutzt werden.

20

Céret–
Banyuls-sur-
Mer

Wasser kein Problem mehr darstellte, wurde die Festung zweimal erfolgreich belagert. Im Jahr 1793 war es der spanische General Ricardos, der Bellegarde zwei Monate lang belagerte und bombardierte und die Franzosen damit zur Aufgabe zwang.

Als die Franzosen im nächsten Jahr das Roussillon zurückerobern, sind sie es, welche die Festung belagern. Sie verzichten dabei bewusst auf die Bombardierung, um das Fort in gutem Zustand zu übernehmen. Nach viereinhalb Monaten unterzeichnen die Spanier die Kapitulation und ziehen aus. Anschließend war bis nach dem Ersten Weltkrieg dauernd ein französisches Regiment auf Bellegarde stationiert. Am Ende des Spanischen Bürgerkrieges diente die Festung als Krankenhaus für die spanischen Flüchtlinge, von 1943 bis 1945 nistete sich die deutsche Wehrmacht darin ein.

Ab dem Jahr 2009 werden in einem Tunnel unter dem Fort de Bellegarde die TGV-Züge durchdonnern. Die Bahnverbindung zwischen Perpignan und Figueres, die für die letzten 100 Jahre kurvenreich der Küste folgte, wird dann ebenfalls ins Hochgeschwindigkeitszeitalter eintreten.

Vom Fort gehen wir zur Abzweigung zurück. Die Straße führt uns in 15 Minuten in das Grenzdorf **Le Perthus** (271 m, 630 Einw.) hinunter. Kein Ort zum Verweilen. Viele brausen auf dem Weg nach Spanien auf der Autobahn daran vorbei oder auf der Hauptstraße hindurch. Auch durch das Dorf folgen wir den rot-weißen Markierungen. Der Hauptstraße müssen wir für

150 Meter nach links folgen, um dann nach rechts in die Impasse St. Christophe abzubiegen. Auf der kleinen Straße gehen wir unter der hohen Autobahnbrücke hindurch. Wir folgen immer der kleinen Straße bergan. Auf dem Weg können wir bei der Fontaine Sainte Marie die Wasserflaschen für den letzten Aufstieg des Tages nochmals auffüllen. Nach einer guten Stunde, kurz nachdem wir einen (trockenen) Wasserlauf auf einer Brücke überquert haben und an der Einfahrt des Mas Reste vorbeigekommen sind, verlassen wir die Straße nach rechts. Durch den Wald geht es bis zu einer weiteren kleinen Straße, der wir nach links folgen, bergan. Wo diese Straße auf eine weitere Straße trifft, gehen wir geradeaus und steigen auf einem Fußweg nach **St.-Martin-de-l'Albère** (620 m) auf. Die Kirche ist Privateigentum und kann nicht besichtigt werden. 100 Meter nach der Kirche (auf der Straße nach links) gibt es einen Picknickplatz mit fließend Wasser.

Bei der nächsten Abzweigung halten wir rechts, verlassen kurz darauf die Straße und wandern durch den immergrünen Eichenwald bergauf. 100 Meter später biegen wir nach links auf einen kleinen Pfad ab (markiert). Eine Straße und einen Feldweg kreuzend gelangen wir auf einen breiten, unbewaldeten Grat, auf dem wir aufwärts steigen. Wo der Buchenwald beginnt, biegen wir links ab und queren im Wald bis zum **Col de l'Ouillat** (936 m, auf der IGN-Karte Col de l'Ullat genannt). Obwohl auf der Karte bloß als Variante des GR10 bezeichnet, scheint die Abzweigung zum Pass und zum Refuge nun die Hauptroute zu sein.

◄ Das Fort de Bellegarde lohnt einen Besuch. Die Festung ist von Anfang Juni bis Ende September von 10.30 bis 18.30 Uhr geöffnet (Eintritt).

20

Céret–
Banyuls-sur-
Mer

Von der Terrasse des Chalet de l'Albère hat man eine weite Aussicht hinunter zum Fort de Bellegarde und hinüber zum Canigou. Der Hüttenwart führt eine Statistik über die Wanderinnen und Wanderer, die bei ihm vorbeikommen und den ganzen GR10 vom Atlantik bis zum Mittelmeer zurücklegen. Im Jahr 2003 waren es rund 200 Personen. Unter ihnen waren die Engländer am besten vertreten. Die Franzosen folgen erst an sechster Position.

20.3 Col de l'Ouillat– Banyuls-sur-Mer

Charakter: Aussichtsreiche, lange Wanderung auf dem Grat der Albères mit einem zünftigen Abstieg zum Meer. Durchgängig markiert.

Etappenort Banyuls: siehe S. 237.

↗ 760 m, ↘ 1690 m

Wanderzeit:
Col de l'Ouillat–Puig Neulós: 1 Std.
Puig Neulós–Puig dels Quatre Termes: 2.10 Std.
Puig dels Quatre Termes–Puig de Sallfort: 1.20 Std.
Puig de Sallfort–Coll dels Gascons: 1.50 Std.
Coll dels Gascons–Banyuls-sur-Mer: 1.20 Std.
Total: 7.40 Std.

Die letzte Etappe zum Meer. Für all jene, welche die ganzen Pyrenäen vom Atlantik zum Mittelmeer überquert haben, der Abschluss einer langen Reise.

Vom **Col de l'Ouillat** folgen wir zuerst durch einen Kiefern-, danach durch einen Buchenwald bergauf den rot-weißen Markierungen, die uns bis an unser Ziel in Banyuls führen werden. Nach 20 Minuten kommen wir nochmals kurz auf den Grat zurück, den wir aber gleich wieder nach links verlassen. Der Pfad führt uns zur Straße, der wir mit einigen Metern Abstand

auf dem Wiesengrat bis zum **Puig Neulós** (1256 m, Funkturm) folgen. Wir befinden uns auf dem höchsten Gipfel der 30 Kilometer langen Albères-Kette, dem letzten Ausläufer der Pyrenäen im Westen. Die spanische Seite des Grates ist im Rahmen des Naturparkes Albera seit 1987 geschützt. Unter dem Gipfel queren wir die Straße und folgen kurz dem Drahtzaun. Beim weiteren Abstieg kommen wir an einer besonders mächtigen Buche vorbei. Über Wiesen geht es, wenig unterhalb des Grates, bis zum Refuge de la Tanyareda. Die sehr einfache, unbewartete Hütte bietet Schlafplatz für etwa 8 Personen (keine Matratzen) und ist immer offen. Immer mehr oder weniger dem Grat nach geht es weiter bis zum Coll del Faig (987 m) und kurz danach zum Collada de l'Orri. Beim nachfolgenden Aufstieg ist der Weg nicht sehr klar signalisiert. Am einfachsten ist es, dem Wiesengrat am Rand des Buchenwaldes zu folgen. Nach dem Coll de l'Estaca wandern wir wieder auf einem richtigen Weg, der nach einigen Minuten eine deutliche Rechtskurve macht. In der Nähe des Coll dels Emigrants, der Name ist ein Hinweis auf die Flüchtlingsströme während des Zweiten Weltkrieges, kommen wir zurück auf den Grenzgrat und kurz darauf (etwas abseits der markierten Route) auf den **Puig dels Quatre Termes** (1158 m), den letzten Gipfel unserer Pyrenäenüberquerung, der höher ist als 1000 Meter.

Vom Gipfel steigen wir direkt Richtung Westen ab und erreichen schon bald wieder den GR10, der uns auf einem steinigen Weg abwärts führt. Rund 15 Minuten nach dem Gipfel verlassen wir diesen Weg nach rechts und steuern einmal mehr den Grenzgrat an. Über Weiden geht es nun

durch das kleine Naturschutzgebiet von Massane. Im kleinen Seitental wenig abseits des Weges wurde der Wald seit 1890 nicht mehr durch menschliches Eingreifen verändert. Im Schutzgebiet stehen 100-jährige Buchen, mit so dicken Stämmen, dass es fünf Personen braucht, um sie zu umfassen. Wir steigen auf der französischen Seite der Landesgrenze zum felsigen **Puig de Sallfort** (981 m, franz. Pic de Sailfort) hinauf. Es lohnt sich, ein wenig rechts des Weges die höchste Spitze, die mit aufgestellten Granitplatten bestückt ist, zu besuchen. Unter uns ist nun die ganze Côte Vermeille (»purpurrote Küste«) und deren Verlängerung bis weit nach Spanien hinein zu sehen, bis zum Cap de Creus, wo die Pyrenäen schließlich ins Mittelmeer versinken. Auch die Küstenstädte Banyuls und Collioure können vom Puig de Sallfort erblickt werden. Im Vordergrund steht die Tour de Madeloc.

▲ Zwischen dem Puig Neulós und dem Coll del Faig (»Buchen-Pass«) steht eine enorme Buche am Wegesrand.

Wie die Tour de Massane, zuvor während langer Zeit zu unserer Linken sichtbar, gehörte der Turm zu einem Signalsystem, welches 1287 unter dem König von Mallorca errichtet wurde.

Für den Abstieg müssen wir dem Grat Richtung Norden folgen, um kurz vor dem kleinen Nordgipfel nach rechts den mit Pfosten markierten Weg abwärts zu gehen. An einer Quelle (unmittelbar unterhalb eines Felsens) vorbei gelangen wir auf einen Grat, dem wir immer abwärts folgen. Nach rund 45 Minuten macht der Weg eine scharfe Linkskurve und mündet in einen Weg, eine Variante des GR10, die den Puig de Sallfort umrundet. Eine gelb markierte Abzweigung nach links lassen wir unbeachtet, gehen weiter geradeaus, erreichen einen Fahrweg und kurz darauf den Coll de Vallauria (416 m). Von hier steigen wir auf einem kleinen Pfad noch ein letztes Mal aufwärts. Beim kleinen Coll de Formigó beginnt dann der finale Abstieg, der uns an einer Ruine vorbei zuerst zum **Coll dels Gascons** (387 m) bringt.

Der Straße müssen wir ca. 100 Meter folgen und können sie nachher auf einem kleinen steilen Pfad nach links verlassen (markiert). Der Pfad kreuzt die Straße zweimal und führt an einer Quelle vorbei und durch die Rebberge zur Straße zurück. Am Coll de Llagastera informiert eine Informationstafel über die alten, von den Tempelrittern eingeführten Weinbautechniken. Nach dem Pass verlassen wir die Straße in einer scharfen Rechtskurve nach links. Immer den gut gesetzten rot-weißen Markierungen nach ziehen wir zum Meer hinunter. Nachdem wir nochmals die Straße gekreuzt haben, geht es einem kleinen Grat entlang. Am Ende des Grates gilt es

bis zur Straße hinunter einer kleinen Steinmauer zu folgen. Am Dorfeingang von **Banyuls-sur-Mer** (0 m, 4600 Einw.) unterqueren wir die Bahnlinie und gehen in einem trockenen Kanal Richtung Zentrum. Wir erreichen eine Straße und folgen dieser nach links durch das Dorf bis zum Meer. Wir sind angekommen.

In **Banyuls** kann man gut ein paar Tage verweilen. Banyuls genießt, so sagt man, am meisten Sonnenstunden von ganz Frankreich. Zitronen- und Orangenbäume gedeihen im milden Klima prächtig. Der **Strand** lockt zum Bade. Wer Kiesstrände nicht schätzt, findet bei der nahe gelegenen Plage des Elmes einen Sandstrand. Auch das **Aquarium** (Laboratoire Arago) beim Hafen, welches ein wenig Staub angesetzt hat, lockt mit seinen 40 Aquarien immer noch viele Besucher an (täglich geöffnet von 9 bis 12 und von 14 bis 18.30 Uhr, Juli/August bis 22 Uhr). Das Laboratoire Arago wurde bereits 1882 gegründet. Die Küste zwischen Banyuls und Cerbère war das erste **Meeresschutzgebiet** im ganzen Mittelmeer. Das Naturreservat kann im Rahmen geführter Kanutouren besucht (KayakMer, am Hafen, Tel. 04 68 88 34 25) oder auf Tauchgängen erkundet werden (zwei Tauchschulen im Ort).

Für Weinliebhaber empfiehlt sich eine Tour durch die diversen **Kellereien**, wo man die Banyuls-Weine degustieren kann. Der natursüße Wein wird hier seit über 2000 Jahren hergestellt und besitzt die Ursprungsbezeichnung A.O.C. Der Banyuls wird aus mindestens 50 Prozent roten Grenache-Trauben hergestellt und in Holzfässern von rund 600 Litern gelagert. Während der Gärung wird dem Wein reiner Wein-

geist zugefügt. Dadurch wird ein Teil des Traubenzuckers erhalten und es entsteht auf natürliche Weise ein süßer Wein.

Das einzige Baudenkmal im Dorf, das eine Erwähnung lohnt, ist die romanische Kirche de la Rectoire aus dem 11. und 12. Jahrhundert, die beim großen Friedhof steht. In der Touristeninformation gibt es ein Faltblatt für einen **Stadtrundgang** durch den alten Dorfteil, der sich den Hang hinaufzieht (Circuit Cap d'Osna) oder ein kleines Büchlein mit diversen **Wandervorschlägen** in die Umgebung.

Ein empfehlenswerter **Ausflug** führt zum **Grab und zum Museum von Aristide Maillol.** Vom Gemeindehaus (Mairie) gegenüber dem Strand, in dessen Hof ebenfalls eine Statue von Maillol steht (Esquisse pour l'Harmonie), nehmen wir die Avenue du Général de Gaulle, die später dem meist trockenen Bachbett der Ribera de Vallauria folgt. Am Ausgang des Dorfes

▲ **Das Meer. Für alle, die ihre Wanderung am Atlantik begonnen haben, ist die Ankunft am Strand des Mittelmeers ein bewegender Moment.**

ist der Weg zum Museum, der beinahe bis zum Schluss auf der kleinen Straße verläuft, ausgeschildert. Die Straße folgt den vielen Windungen des trockenen Tales, an dessen Hängen Weinberge angelegt sind oder Kakteen wachsen. Nach ca. 45 Minuten biegen wir von der Straße nach links ab, überqueren den Bach, halten kurz darauf nochmals links und folgen dem Feldweg bis zum Museum (1 Stunde von Banyuls). Das Museum ist das ehemalige Atelier und Wohnhaus des Künstlers. Heute ist es eine kleine Oase der Ruhe, die einen idealen Rahmen bildet, um sich mit dem Werk Maillols vertraut zu machen. Von Anfang Mai bis Ende September ist es von 10 bis 12 und von 16 bis 19 Uhr geöffnet. Während des restlichen Jahres von 10 bis 12 Uhr und von 14 bis 17 Uhr.

Aristide Bonaventure Jean Maillol wird 1861 in Banyuls geboren. Mit 20 Jahren geht er nach Paris, um sich der Malerei zu widmen. Schon bald schließt er Freundschaft mit Gauguin und tritt der Gruppe der Nabis, den Propheten der Moderne, bei, zu der auch Künstler wie Bonnard oder Vallotton gehören. Mit 36 Jahren wendet er sich der Bildhauerei zu, wo er zu den Wegbereitern des Expressionismus gehört und es zu Weltruhm bringt. Auguste Rodin sagt über ihn: »Falls das Wort Genie, für so viele Leute unpassend verwendet, heute noch einen Sinn hat, ist es hier ... Ja, Maillol hat den Genius der Bildhauerei. Man muss schon schlechte Absichten haben und sehr ignorant sein, um es nicht anzuerkennen. Und welche Sicherheit im Geschmack.« Den Sommer verbringt Maillol meist in Marly-le-Roy, den Winter in Banyuls, wo er entweder im Dorf wohnt oder sich in das Haus zurückzieht, in dem heute das Museum untergebracht ist. Maillol stirbt 1944 auf der Fahrt zu seinem Freund Raoul Dufy bei einem Autounfall. Dina Vierny, Maillols letztem Modell, ist es zu verdanken, dass sein Atelier erhalten wurde und heute als Museum den Besuchern offen steht. In Banyuls sind auch anderswo Werke Maillols zu bewundern. An der Strandpromenade beim Jachthafen liegt *La jeune fille allongée*. Beim Gemeindehaus steht das Denkmal für die Toten des Krieges (Monument aux Morts), von dem eine Bronzereplik auf der Halbinsel beim Aquarium platziert wurde.

◄ Die Herstellung des süßen Banyuls ist für das Dorf ein wichtiger Wirtschaftsfaktor mit einer langen Tradition.

▼ Auf der Halbinsel beim Aquarium steht ein Bronzereplikat des Denkmals für die Toten des Krieges (Monument aux Morts) von Aristide Maillol.

20
Céret–
Banyuls-sur-
Mer

Die Flucht über die Pyrenäen

Als Hitler 1933 in Deutschland die Macht übernahm, wurde Frankreich das wichtigste Aufnahmeland für deutsche Emigranten. Man schätzt, dass zwischen 1933 und 1940 rund 150 000 Personen aus dem deutschen Machtbereich im westlichen Nachbarland Zuflucht suchten. 95 Prozent der Flüchtlinge waren Juden, der Rest zum großen Teil nichtjüdische Ehepartner aus Mischehen. Eine zahlenmäßig kleinere, aber von der Öffentlichkeit stark wahrgenommene Gruppe waren Repräsentanten der in Deutschland verbotenen Parteien (Sozialdemokraten, Kommunisten) sowie Künstler, Literaten oder Journalisten. Die deutsche Exilgemeinde in Frankreich veröffentlichte seit 1933 mehr als 160 deutschsprachige Zeitungen, Zeitschriften, Rundbriefe usw. Trotz der relativen Sicherheit war das Leben im Exil mit Entbehrungen verbunden. Für Ausländer bestand ein Arbeitsverbot, dessen Nichtbeachtung im Allgemeinen zur sofortigen Ausweisung führte. Zudem herrschte in Frankreich bei gewissen Bevölkerungsschichten eine antideutsche Stimmung, und die Juden hatten zusätzlich noch mit antisemitischen Anfeindungen zu kämpfen (auch wenn diese mit den Angriffen in Deutschland nicht vergleichbar waren).

Als 1938 Édouard Daladier Léon Blum als Ministerpräsident ablöste, verschlechterte sich die Lage für die Flüchtlinge noch weiter. Bei Kriegsbeginn im Herbst 1939 trieb man alle »feindlichen Ausländer« in Stadien zusammen und steckte sie nach der Überprüfung der Personalien in Internierungslager. Das ehemalige Emigrationsland wurde somit für die meisten zum Gefängnis. Viele versuchten irgendwo unterzutauchen. Im Mai 1940 marschierte Hitler in Frankreich ein, worauf eine neue Flüchtlingsbewegung nach Süden stattfand. Als im Herbst der französische Marschall Philippe Pétain mit Hitler ein Waffenstillstandsabkommen unterzeichnete, befanden sich Süd- und Zentralfrankreich noch in der unbesetzten Zone, Paris und die gesamte Atlantikküste waren jedoch von den Deutschen besetzt. Um dem drohenden Unheil zu entkommen, blieb den Emigranten nur noch die Flucht aus Frankreich, denn auch in den unbesetzten Gebieten bewegten sich Einheiten der Gestapo und der Wehrmacht, zudem war Frankreich verpflichtet, Deutsche auf Verlangen auszuliefern.

Die einzigen möglichen Auswege aus der Falle waren die Flucht über die Pyrenäen oder der Schiffsverkehr nach Nordafrika, der jedoch strengen Bestimmungen unterlag und nur von wenigen benutzt werden konnte. Im Frühling 1940 flüchtete Otto von Habsburg als einer der Ersten über die Pyrenäen. Ihm folgten in den nächsten Jahren über 50 000 verfolgte Menschen, die versuchten, über Spanien und danach meist über Lissabon Amerika zu erreichen. Der größte Teil von ihnen waren jüdische Emigranten, aber es waren auch politische Flüchtlinge aus beinahe allen zentral- und osteuropäischen Staaten darunter sowie abgeschossene Piloten der britischen oder kanadischen Luftwaffe. Auch viele Franzosen flohen über die grüne Grenze. Einige davon schlossen sich im Ausland den Forces Françaises Libres an, welche die Achsenmächte bekämpften. Wenn man Europa legal verlassen wollte, brauchte man unter anderem eine Ausreiseerlaubnis und diverse (Transit-)Visen. Diese waren nicht einfach zu bekommen, sodass oft das eine oder andere Papier gefälscht wurde. Marseille war das Zentrum, in dem

◀ Die Karte zeigt die so genannte Fittko-Linie, den Fluchtweg vieler Flüchtlinge von Banyuls nach Portbou in Spanien. Auch Walter Benjamin ist mit Hilfe von Lisa Fittko diesen Weg gegangen.

▼ Im Friedhof von Portbou wurde auch Walter Benjamin begraben. Hannah Arendt nannte den Ort »eine der fantastischsten und schönsten Stellen, die ich je in meinem Leben gesehen«.

kommerzielle, aber auch politisch motivierte Fälscher Pässe, Stempel, Passbilder oder Visa anboten. Auch in der Fluchthilfe waren kommerzielle Schlepper ebenso wie politische und humanitäre Organisationen aktiv. Die Organisationen bildeten dabei eigene Netze, welche die Flüchtlinge durch Frankreich und über die Grenzen schleusten. Den beschwerlichen Weg über die Zentralpyrenäen wählten nur wenige. Die meistbegangene Route führte über Banyuls an der Mittelmeerküste, von wo man auf der »route Lister« (später nach den Fittkos auch »F-Route« genannt) in einigen Stunden über die Grenze nach Spanien gelangen konnte. Bekannte Fluchthelfer in Banyuls waren die Deutschen Johannes und Lisa Fittko, die mit dem amerikanischen Emergency Rescue Committee zusammenarbeiteten und bei ihrer Arbeit auch stark vom sozialistischen Gemeindepräsidenten von Banyuls unterstützt wurden.

Der erste Gast, den Lisa Fittko über die Grenze brachte, war der deutsche Schriftsteller und Philosoph Walter Benjamin. Fittko hat diese Flucht ausführlich in ihren Erinnerungen *Mein Weg über die Pyrenäen* beschrieben. Benjamin hatte bei der Flucht die ganze Zeit eine Aktentasche dabei. »Wissen Sie, diese Aktentasche ist mir das Allerwichtigste. Ich darf sie nicht verlieren. Das Manuskript muss gerettet werden. Es ist wichtiger als meine eigene Person«, vertraute er sich Lisa Fittko an.

Am Tag vor der Flucht erkundete die Gruppe, neben Benjamin waren noch eine Frau Gurland und ihr junger Sohn dabei, den ersten Teil des Weges, um ihn am nächsten Morgen besser zu finden. Als sie nach zwei Stunden umkehren wollten, blieb Benjamin einfach sitzen. »Wenn ich jetzt ins Dorf zurückkehre und den ganzen Weg am Morgen nochmals gehen muss, wird mein Herz wahrscheinlich nicht mitmachen. Folglich werde ich bleiben.« Seiner Fluchthelferin blieb nichts anderes übrig, als diesen Entscheid zu akzeptieren. So verbrachte Benjamin die Nacht im Freien, wenig oberhalb von Banyuls. Am frühen Morgen stießen die anderen drei wieder zu ihm und gemeinsam überschritten sie nach einem mehrstündigen Marsch, bei dem sie wegen der Herzprobleme Benjamins immer wieder Pausen einschalten mussten, die Grenze. Kurz darauf kehrte Lisa Fittko um. Benjamin und die Gurlands marschierten nach Portbou hinunter. Da die spanische Zollstation in Portbou geschlossen war, konnten sie die spanischen Einreiseformalitäten nicht abwickeln. Benjamin geriet in Panik und hatte Angst, am nächsten Tag wieder nach Frankreich abgeschoben zu werden. Wie wir heute wissen, beruhte die Angst auf einer Fehleinschätzung der Situation, doch Benjamin sah keinen anderen Ausweg, als sich in der folgenden Nacht mit einer Überdosis Morphium das Leben zu nehmen. Im Sterberegister wurde die schwarze Aktentasche mit der Bemerkung eingetragen: *unos papeles mas de contenido desconocido* – »mit Papieren unbekannten Inhalts«. Doch diese Papiere, Benjamins Manuskript, das er unbedingt vor der Gestapo in Sicherheit bringen wollte, kamen nie mehr zum Vorschein.

Zwei Wochen vor Benjamin brachte das Emergency Rescue Committee eine Gruppe mit dem 70-jährigen Heinrich Mann, seiner Frau und seinem Neffen Golo sowie Franz und Alma Werfel über die Pyrenäen. Heinrich Mann schilderte die Flucht folgendermaßen: »Der Ziegensteig nach dem Exil überhob vieler peinlicher Eindrücke, er strengte

körperlich an. Ich hatte seit Jahrzehnten keinen beträchtlichen Berg mehr bestiegen,
war nunmehr ungeschickt und nicht jung: ich
fiel recht oft auf die Dornen. In die Füße drangen sie ohnedies, fehlte noch, mit den Händen hineinzugreifen. Mehrmals unterstützte
mein Neffe mich, dann überließ er es meiner
Frau, die an sich selbst genug gehabt hätte.
Er nahm die noch steileren Abkürzungen,
kehrte aber zurück, wenn wir gescheitert auf
einem Stein saßen.« Die 12 Koffer der Werfels, die neben Manuskripten Franz Werfels
auch Partituren von Bruckner und Mahler
enthielten, konnte Varian Fry vom Emergency Rescue Committee mit der Bahn nach
Spanien bringen. Die Gruppe reiste mit der
Bahn weiter nach Madrid, mit dem Flugzeug
nach Lissabon und mit dem Schiff nach New
York.

▼ 1990 bis 1994 wurde beim
Friedhof von Portbou vom
israelischen Künstler Dani
Karavan eine Gedenkstätte für
Walter Benjamin und die europäischen Flüchtlinge der Jahre
1933 bis 1945 errichtet. Im
Dorf selbst widmet sich eine
kleine Ausstellung dem Thema
(geöffnet Mo–Fr von 11 bis
13 Uhr).

Im Frühjahr 1941 mussten die Fittkos, später
auch Fry Frankreich verlassen. Als im November 1942 Hitler ganz Frankreich besetz-
te, wurde der Weg über die Pyrenäen noch
gefährlicher, doch behielt er bis ans Ende
des Krieges seine lebensrettende Funktion.

Literatur:
Patrik von Zur Mühlen, *Fluchtweg Spanien-
Portugal,* Dietz, Bonn 1992 (nur noch antiquarisch erhältlich).
Lisa Fittko, *Mein Weg über die Pyrenäen,*
Hanser, München, Wien 1985, soeben bei
dtv (München) neu erschienen.
Varian Fry, *Auslieferung auf Verlangen,* Hanser, München, Wien 1986/Fischer, Frankfurt
am Main 1995 (nur noch antiquarisch erhältlich).

EPILOG: EIN BAD ZUM ABSCHLUSS

In einem Tag von Banyuls-sur-Mer nach Collioure

Immer der Küste nach führt uns der Weg von Banyuls nach Port-Vendres, zum wichtigsten Hafen an der Côte Vermeille. Über einen letzten Hügelzug, vom Fort de Saint-Elme überragt, steigen wir nach Collioure hinab. Unterwegs laden die Strände immer wieder zum Bade.

E

Sehenswertes:

Ⓐ Die Aussicht auf die Küste zwischen Banyuls und Cap Béar

Ⓑ Cap Béar mit seinem Leuchtturm

Ⓒ Port-Vendres mit seinen Befestigungen und dem Hafen

Ⓓ Alte Ölmühle von Collioure

Charakter: Die Wanderung verläuft meist auf kleinen Wegen oberhalb der Steilküste. Bei Wind ist auf dem schmalen Weg Vorsicht angebracht.

Varianten: Eine aussichtsreiche Variante führt von Banyuls über Notre-Dame de la Salette, die Tour Madeloc und die Einsiedelei Notre-Dame de Consolation nach Collioure (Wanderzeit ca. 4.30 Std.).

Karten: IGN 2549 OT Banyuls (1:25000).

Übernachten/Essen: Restaurant/Snackbar an der Plage de Bernardi.
Port-Vendres: *Hôtel Le Cèdre,* etwas oberhalb der Stadt an der Straße nach Banyuls gelegen, mit Schwimmbad, Tel. 04 68 82 01 05, DZ: 92 Euro. *Hôtel Saint Elme,* direkt am Jachthafen, Tel. 04 68 82 01 07, DZ: 57 Euro. An der Rue Jules Ferry, die im rechten Winkel vom Hafen (Quai Pierre Forgas) wegführt, befindet sich das *Hôtel les Paquebots,* Tel. 04 68 82 01 35, DZ: 42 Euro. Infos über Port-Vendres: 04 68 82 07 54, www.port-vendres.com, Banken, Läden usw. vorhanden. Bahnstation mit Verbindungen nach Banyuls, Collioure oder weiter nach Perpignan. Auf der gleichen Strecke verkehren auch Busse.

Etappenort Collioure: siehe Seite 268ff.

↗ 370 m, ↘ 370 m

Wanderzeit:
Banyuls–Plage des Elmes: 0.15 Std.
Plage des Elmes–Plage de Bernardi: 1.10 Std.
Plage de Bernardi–Cap Béar: 1.10 Std.
Cap Béar–Port-Vendres: 1.10 Std.
Port-Vendres–Collioure: 0.45 Std.
Total: 4.30 Std.

E

Banyuls-sur-
Mer–Collioure

Am nördlichen Ende des Strandes von **Banyuls**, dort wo die Uferstraße ansteigt, biegen wir bei einem kleinen Platz (Place Bassères) in die steile Rue Aristide Maillol ab. Die kleine Gasse führt durch den ältesten Teil von Banyuls. Den Namen erhielt die Gasse nicht von ungefähr, an der Kreuzung mit der Rue Camille Pelletan steht das ehemalige Wohnhaus des berühmten Bildhauers. Wir gehen immer geradeaus über die Kuppe und dahinter bis zur Hauptstraße hinunter. Wir queren die Straße und erreichen über eine Treppe die **Plage des Elmes** mit dem gleichnamigen Hotel. Im Gegensatz zum Strand in Banyuls kann dieser Strand mit feinem Sand aufwarten. Eine echte Alternative für alle, die in Banyuls Ferien machen.

Vom Hotel folgen wir für 100 Meter der Hauptstraße und biegen dann nach rechts zum nördlichen Teil des Elmes-Strandes ab. Hinter diesem ruhigeren Strandabschnitt steht das Centre Hélio Marin, ein großes Rehabilitationszentrum. Am Ende des Strandes steigt der Weg, an Reben vorbei, leicht an. Nach weiteren 100 Metern geht es rechts an einem Zaun vorbei. Anschließend folgen wir dem Trampelpfad der Steilküste nach. Der Weg senkt sich immer wieder zu kleineren Buchten hinunter und steigt danach wieder an. Kurz nach dem Cap Castell de Velló, dem ein spitzer Felsen vorgelagert ist, biegt ein größerer Weg nach links ab. Wir halten rechts und bleiben auf dem Pfad, der den Klippen folgt. Die Sicht reicht bis zum Leuchtturm am Cap Béar und zurück nach Banyuls.

Für kurze Zeit wandern wir später auf einem größeren Feldweg, den wir aber bereits nach 100 Metern wieder verlassen, um weiter dem kleinen Küstenpfad zu folgen. Der Weg senkt sich danach beinahe wieder auf Meereshöhe. Am tiefsten Punkt, unmittelbar vor dem Cap Oullestrell, biegen wir links ab. Nach wenigen Metern erreichen wir eine kleine geteerte Straße, die uns zur Bucht von Paulilles und weiter zur Hauptstraße führt. An der Bucht liegt die ehemalige Fabrik, in der über 100 Jahre lang Dynamit und Kautschukprodukte hergestellt wurden (siehe S. 266f). Ein Teil der Produkte wurde direkt in der Bucht auf Schiffe verladen.

Der Hauptstraße folgen wir für ca. 400 Meter nach rechts. Unmittelbar nach einer kleinen Brücke biegen wir nach rechts ab (Accès Plage). Kurz darauf sind wir an der **Plage de Bernardi** (Kiesstrand). Eine gute Gelegenheit für ein Bad. Wer es noch ruhiger möchte, wird eine der folgenden kleinen Buchten wählen. Am nördlichen Ende des Strandes beginnt der Sentier Littoral, der immer der Küste folgt (gelb markiert). Nach 20 Minuten sind wir an der kleinen Plage Balanti. Hier folgen wir den roten Pfeilen (Sentier) und steigen wieder aufwärts. Bei einer Abzweigung 5 Minuten später halten wir nach rechts. Wo der Weg in steilem Gelände verläuft, ist er mit einem Handlauf gesichert. Nach einem stetigen Auf und Ab gelangen wir zur Bucht von Santa Catarina, an der wenige Ferienhäuser stehen und die vom Leuchtturm überragt wird. An den Häusern vorbei gelangen wir zur Straße und zum Leuchtturm. Von hier führt ein Fußweg bis zur Spitze des **Cap Béar** (30 m), auf dem mehrere Bunker und Stellungen aus dem Zwei-

▲ ▲ ▲ Die Plage Balanti – eine weitere Möglichkeit, ins kühle Nass zu steigen.

▲ ▲ Große Agaven am Wegesrand versetzen uns in Mittelmeerstimmung (obwohl diese Blattsukkulente eigentlich ein Fremdling aus Amerika ist und erst durch die Spanier nach Europa gebracht wurde).

◀ Zwischen Rebbergen und Meeresklippen wandern wir von Banyuls nach Paulilles.

E

Banyuls-sur-Mer–Collioure

ten Weltkrieg stehen. Irgendwo am Cap Béar muss auch der römische Venus-Tempel gestanden haben, der Port-Vendres den Namen gab (von Portus Veneris, Hafen der Venus). Wir sind am östlichsten Punkt der in diesem Führer beschriebenen Pyrenäenüberquerung angelangt. Der Blick reicht hinüber bis zum spanischen Cap de Creus und zu den weiten Sandstränden bei St. Cyprien. Die Pyrenäen liegen hinter uns.

Wir gehen zum Leuchtturm zurück, folgen für 100 Meter der kleinen Straße und können dann nach rechts in einen Pfad abbiegen (gelb markiert). Wir gehen rechts um die Signalstation herum, queren kurz darauf nochmals die Straße (leicht links halten) und gehen danach auf dem neu angelegten Wanderweg oberhalb der Straße Richtung Port-Vendres. Noch vor Port-Vendres queren wir nochmals die Straße (leicht rechts halten) und wandern bis zum Meer hinunter (kleiner Strand und Restaurant le Gibraltar). Wir folgen hier nur kurz der Straße und nehmen danach den Weg, der möglichst dicht am Meer folgt und an diversen Festungsanlagen vorbeiführt. Am Stadtrand, wenige Meter oberhalb des Weges, steht die Redoute Béar, Teil der Befestigungsanlage, die von Vauban geplant, aber erst im 18. Jahrhundert fertig gestellt wurde. Die Befestigung wurde 1944 von der deutschen Armee zerstört. 1988 wurde sie renoviert und beherbergt heute ein kleines Museum zur Präsenz der Franzosen in Algerien. (Im Sommer 2004 musste das Museum wegen Geldmangel geschlossen werden. Der Zeitpunkt der Wiedereröffnung ist ungewiss). Hier steht auch das Denkmal von Sidi-Ferruch, welches die französische Kolonisierung Algeriens glorifiziert. Das Denkmal stand einst in Algerien. Als die Franzosen 1962 aus dem Land gejagt wurden, nahmen sie das Denkmal mit.

In der Bucht von Sidi-Ferruch, westlich von Algier, landeten am 14. Juni 1830 37 000 französische Soldaten, um **Algerien** als Kolonie zu unterwerfen. Auf Vergnügungsbooten wurden damals Plätze angeboten, damit man die Eroberung live miterleben konnte.

Die Kolonie in Algerien war für Port-Vendres ein wichtiger wirtschaftlicher Faktor. Der Hafen diente zur Einschiffung der Soldaten. Später wurde die Schifffahrtslinie nach Oran und Algier auch von vielen Zivilisten benutzt. Auch das Telegrafie-Kabel nach Algerien wurde von Port-Vendres aus ins Meer gelegt. Mit dem Ende der Kolonialzeit nahmen die Kontakte nach Algerien ein brüskes Ende. Seit 2004 verkehrt im Sommer wieder eine Autofähre von Port-Vendres nach Nordafrika, nach Tanger in Marokko.

Die Straße führt uns zur großen, modernen Hafenanlage, die heute eine der wichtigsten Umschlagplätze für den Import von Früchten und Gemüse in die EU ist. Die Anlage muss mit einem weiten Bogen umgangen werden. Erst dahinter erreichen wir das Hafenstädtchen **Port-Vendres.** Das Zentrum mit den Hotels, vielen Cafés und Restaurants befindet sich am westlichen Rand des Hafens. Seit dem Wegfall des großen Algeriengeschäftes hat sich auch Port-Vendres dem Tourismus zugewandt. Im alten Hafen stehen heute unzählige Jachten. Doch auch Fischerboote stechen von hier noch in See.

Am Ende des Hafenbeckens steigen wir die Treppe hinauf, überqueren die Place de Castellane und steigen auf der Rue des Paquebots, am Ende über Treppen, aufwärts (gelb markiert). Am Ende der Treppe halten wir auf der Straße nach rechts und erreichen nach 15 Minuten den Grat. Von hier könnte man auch direkt nach Collioure absteigen, doch wir bleiben auf der Straße, die eine scharfe Kurve nach links macht, und steigen auf ihr bis zum Fort Saint-Elme hinauf. Bereits im 13. Jahrhundert wurde auf dem strategischen Punkt zwischen Collioure und Port-Vendres eine Festung erbaut. Das heutige Aussehen erhielt das Fort im 16. Jahrhundert. Als während der Französischen Revolution spanische Soldaten das Roussillon besetzten, wurde das Fort im Mai 1774 von französischen Truppen belagert und eingenommen.

Vom kleinen Pass beim Fort, mit einer wunderbaren Aussicht auf Collioure, nehmen wir den letzten Abstieg auf einem Fußweg in Angriff. Nach 50 Metern biegen wir zweimal rechts ab und wandern auf dem angenehmen Pfad bis zur alten Ölmühle von Collioure. Die Mühle war vom 14. bis ins 19. Jahrhundert in Betrieb. Anschließend wurde sie dem Verfall überlassen. 2001 hat die Stadt die Mühle wieder in Stand gesetzt. Seither wird hier wieder Olivenöl gepresst. Von der Mühle können wir durch einen Ölbaumhain direkt zum Garten des Kunstmuseums und nach **Collioure** (3000 Einw.) absteigen (Informationen zu Collioure siehe S. 268 ff).

▼ Der Leuchtturm am Cap Béar wurde 1904 an der Stelle eines älteren Turmes mit Marmor aus Villefranche erbaut. Sein Signal ist über 50 Kilometer weit sichtbar.

Das explosive Erbe des Herrn Nobel

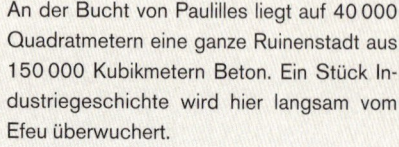

An der Bucht von Paulilles liegt auf 40 000 Quadratmetern eine ganze Ruinenstadt aus 150 000 Kubikmetern Beton. Ein Stück Industriegeschichte wird hier langsam vom Efeu überwuchert.

Begonnen hat die Dynamitproduktion in Paulilles 1870 durch ein Dekret des französischen Verteidigungsministers Gambetta. Frankreich befand sich im Krieg gegen die Preußen und geriet durch die Niederlage bei Sedan in arge Bedrängnis. Das deutsche Militär verwendete Dynamit, dessen Produktion in Frankreich immer noch verboten war. In der Not wurde das Verbot aufgehoben, und Gambetta gab dem Industriellen Paul-François Barbe einen Kredit von 60 000 Francs, um in Paulilles in Windeseile eine Dynamitfabrik aufzubauen. Der Geschäftspartner von Barbe war Alfred Nobel, der Erfinder von Nitroglyzerin und Dynamit; Erfindungen, die er mit Patenten schützen ließ. Im Dezember 1870 legte man den Grundstein für den Bau der Fabrik, die im Frühling die Produktion aufnahm. Doch bereits nach wenigen Wochen wurde die Produktion wieder verboten, da der Krieg durch den Frieden von Frankfurt am 10. Mai 1871 beendet war und keine Notlage mehr bestand.

Im Jahr 1875 wird die private Produktion von Dynamit für zivile Zwecke wieder erlaubt und die Fabrik wieder in Betrieb genommen. Große Infrastrukturvorhaben in Europa (Gotthardstraße, Kanal von Korinth, Donaukanal beim Eisernen Tor) und Übersee (Panamakanal) lassen die Nachfrage nach Dynamit schnell anwachsen. Die Gesellschaften von Nobel und Barbe (Nobel Dynamite Trust Co. und die Société Centrale de Dynamite) besitzen allmählich Produktionsstätten in Frankreich, England, Deutschland, Italien, Spanien, Portugal, der Schweiz, in Venezuela und in Transvaal (südliches Afrika). Auch nach dem Tod der Gründerväter wird in Paulilles weiter produziert. 1900 sind es ca. 550 Tonnen Dynamit für den französischen Markt und die Kolonien. Bis 1975 wird die Produktion auf 4000 Tonnen gesteigert. Rund 200 Arbeiter sind in Paulilles beschäftigt, die mit ihren Familien auch auf dem Gelände wohnen. Mit einer eigenen Kirche, einer Schule und einer landwirtschaftlichen Kooperative führt die Arbeiterstadt ein beinahe autarkes Dasein.

Im Jahr 1984 wird die Dynamitfabrik geschlossen. Nach der Schließung gerät das 32 Hektar große Gelände ins Blickfeld von Immobilienspekulanten. Pläne für ein großes Feriendorf mit Jachthafen werden geschmiedet, doch schließlich nicht genehmigt. Unter dem Druck von Naturschützern wird die Bucht unter Schutz gestellt. In den kommenden Jahren soll nun das ganze Areal aufgeräumt und von Altlasten befreit werden. Als Zeugen der Industriegeschichte werden einzelne Fabrikbauten erhalten. In den renovierten Gebäuden sollen ein Schifffahrtsmuseum, eine Schiffbauwerkstatt und vielleicht ein Aquarium untergebracht werden. Ebenfalls erhalten wird der Garten des Fabrikdirektors – ein Park mit exotischen Pflanzen. Zwei Strände der Bucht, die heute noch gesperrt sind, werden wieder für die Badegäste geöffnet. Für die neuen Besuchermassen ist ein Parkplatz für 400 Autos geplant. Bis wann all diese Pläne verwirklicht werden, bleibt eine offene Frage.

◄ **Die wundersame Verwandlung eines mit Altlasten belasteten ehemaligen Industrieareals in ein Naturschutzgebiet. Unten die leeren Produktionshallen der Dynamitfabrik.**

▼ **Alfred Nobel war einst Mitbesitzer der Dynamitfabrik in Paulilles. Es handelt sich dabei um jenen Alfred Nobel, der in seinem Testament sein großes Vermögen für die jährliche Verleihung des Nobelpreises gestiftet hat.**

EIN PAAR TAGE IN COLLIOURE

Collioure ist ein sympathischer Badeort mit viel mediterranem Charme. Die kleine Stadt, unversehrt von Hotelburgen oder anderen Bausünden, liegt um eine geschützte Bucht mit mehreren Badestränden. Ein Ort zum Sein und Verweilen, der bereits Matisse und seine Malerkollegen inspirierte.

Schlafen:

1 Casa Pairal

2 Hotel Les Templiers

3 Hotel Triton

4 Hotel Boramar

5 Hotel Le Bon Port

6 Hotel Les Caranques

7 Ermitage de Consolation

Essen:

2 Les Templiers

3 Amphytrion

8 Le Neptune

9 La Balette

10 La Marinade

11 Délices Catalans

Service:

A Verkehrsbüro

B Bahnhof

C Internet

D Wäscherei

E Anchovis-Produzenten

Sehenswertes:

F Kirche Notre-Dame des Anges

G Königsburg

H Kunstmuseum

I Friedhof

Info: Touristeninformation im Zentrum des Dorfes. Im Juli und August täglich geöffnet, sonst Mo–Sa, Tel. 04 68 82 15 47, www.collioure.com.

Lebensmittelläden, Banken, Internet.

Anreise: Ca. alle zwei Stunden Züge nach Perpignan, Narbonne und Richtung Süden nach Banyuls und Cerbère. Wer weiter nach Spanien reisen will, muss in Cerbère umsteigen. Fahrplan unter www.ter-sncf.com/languedoc.

Übernachten (Auswahl – vollständige Liste bei der Touristeninformation): Die *Casa Pairal* ist eine kleine Oase im Zentrum, im Innenhof ein Swimmingpool. Geräumige Zimmer mit altem Mobiliar, Tel. 04 68 82 05 81, DZ: 80 bis 170 (Suite) Euro; www.hotel-casa-pairal.com. Eine besondere Adresse ist das *Hotel Les Templiers.* Überall hängen Bilder, in den Zimmern, den Gängen und im Restaurant, insgesamt über 2000. Das informelle Museum der Stadt. Tel. 04 68 98 31 10, DZ: 63 bis 79 Euro (in den weniger stilvollen Annexbauten billiger); www.hotel-templiers.com. An der Plage de Port d'Avall liegen das *Triton* (Tel. 04 68 8 39 39, DZ: 48 bis 72 Euro; www.aswfrance.com/hotel-triton) und das kleinere Boramar (Tel. 04 68 82 07 06, DZ: 65 Euro). Etwas oberhalb der Bucht, in Richtung Port-Vendres liegt das *Le Bon Port.* Es verfügt über einen Pool mit Aussicht, Tel. 04 68 82 06 08, DZ: 81 Euro; www.bon-port.com.

Collioure

Empfehlenswert ist das *Hotel Les Caranques,* wenig außerhalb des Zentrums Richtung Port-Vendres. Die Anlage mit vielen kleinen Terrassen ist an den Hang gebaut und verfügt über einen direkten Zugang zum Meer. Von den Zimmern und dem Frühstücksraum eine wundervolle Aussicht auf Meer und Dorf. Tel. 04 68 82 00 92, DZ: 72 Euro, www.les-caranques.com (frühzeitig reservieren!). Günstige Zimmer gibt es mitten in der Altstadt an der Rue Pasteur Nr. 20 bei *Mr. Peroneille,* Tel. 04 68 82 15 31, DZ: 45 Euro, 4er–Zimmer: 76 Euro. Sehr einfach (teilweise ehemalige Mönchszellen) sind die Zimmer in der oberhalb des Dorfes gelegenen *Ermitage de Consolation.* Ein Kontrast-programm zum lebhaften Treiben in Collioure, Tel. 04 68 82 17 66, DZ: 40 Euro.

Essen: Große Auswahl. Die besseren Restaurants befinden sich im Stadtteil Richtung Port-Vendres. Die Topadresse in Collioure und mit einem Michelin-Stern gekrönt ist das *Neptune.* Wer hier mit Blick auf die Bucht diniert, muss allerdings tief in die Tasche greifen. Das billigste Menu kostet 48 Euro. Eine ebenso schöne Aussicht (Terrasse direkt am Meer) und ebenfalls große Küche bietet das *Restaurant La Balette* (Menu ab 32 Euro), welches dem Viersternehotel Relais des 3 Mas angegliedert ist. Empfehlenswert für Fischgerichte und Meeresfrüchte ist das *Restaurant Amphytrion* an der Plage du Port d'Avall mit einem guten Preis-Leistungs-Verhältnis. Im *Restaurant La Plage,* unmittelbar neben dem Hotel Boramar, gibt es sehr gute Salate und Crêpes. Nördlich der Burg liegt das legendäre *Les Templiers,* welches eine gute Küche im mittleren Preissegment bietet. Empfohlen wird auch das *La Marinade* gegenüber der Touristen-information. Für ein ruhiges Frühstück (5 Euro) eignet sich das *Les Délices Catalans* (in der Nähe der Casa Pairal).

Einkaufen: In Collioure gibt es noch zwei traditionsreiche Firmen (Roque und Desclaux), die in Salz, Essig oder Öl eingelegte Anchovis (Sardellen) produzieren und verkaufen. Beide Verkaufsstellen befinden sich kurz nach dem Kreisel an der Hauptstraße Richtung Argelès. Bei Desclaux gibt es ein kleines Museum mit alten Bildern, bei Roque kann man im ersten Stock den Arbeiterinnen beim Filetieren zusehen. Weinliebhaber werden sich mit ein paar Flaschen des süßlichen Banyuls oder des Collioure eindecken. Der Markt findet am Mittwoch und Sonntag von 8 bis 13 Uhr statt. Einen Supermarkt mit allem, was man braucht, gibt es an der Rue de la République.

Ein wenig Geschichte

Den natürlichen Hafen von Collioure benutzten bereits phokäische, römische und griechische Seefahrer. Im Jahre 673 wird Collioure vom Westgotenkönig Wamba besetzt, der eine Burg errichtet und dem Ort den Namen Caucoliberis gibt. Nach zahlreichen Invasionen (Araber, Normannen) beginnt unter der katalanisch-aragonesischen Dynastie, die im Roussillon von 1172 bis 1463 regierte, eine Zeit der Blüte. 1276 entstand durch Erbteilung das Königreich Mallorca (Roussillon, Cerdagne, Montpellier und die Balearen), welches einem Bruder des Königs von Aragonien zugesprochen wurde, aber faktisch immer von Aragonien abhängig blieb. Von 1276 bis 1344 diente das Schloss den Königen von Mallorca als Sommerresidenz. Danach kamen Collioure und das Roussillon wieder an die katalanisch-aragonesische Krone. Collioure war zu dieser Zeit ein wichtiger Handelshafen, von dem aus die beliebten Stoffe aus Perpignan exportiert wurden. Von 1463 bis 1493 war Collioure von Frankreich besetzt. Danach kam es an die spanische Krone, die sich in der Zwischenzeit mit Katalonien-Aragón vereinigt hatte. Doch die Katalanen wollten die Unabhängigkeit. Sie nutzten 1640 die Wirren des Dreißigjährigen Krieges, um sich aus den spanischen Fesseln zu lösen – ohne Erfolg. Nach heftigen Kämpfen – 1642 wurde Collioure verwüstet – wurde Katalonien aufgeteilt. Frankreich erhielt das Roussillon zugesprochen. Die neuen Machthaber befestigten die wichtigen

Städte an der Grenze und gaben auch Collioure das heutige Aussehen. Im Rahmen dieser militärischen Bauarbeiten wurde ein Teil der Stadt (wo heute der große Parkplatz steht) mitsamt der Kirche abgerissen. Man brauchte Raum für das Schussfeld. Doch das Bollwerk gegen den spanischen Feind war überflüssig. Der 1659 ausgehandelte Pyrenäenfrieden gab der Region Stabilität.

Neben dem Weinbau, der seit der Stadtgründung betrieben wurde, bildete auch die Anchovis-Produktion über lange Zeit einen wichtigen Wirtschaftszweig. Am Ende des 19. Jahrhunderts war Collioure noch der Heimathafen von 150 Booten für die Anchovis-Fischerei. Heute sind die verbleibenden Boote in Port-Vendres stationiert. Mit einer kräftigen Lampe werden die Fischschwärme in der Nacht angelockt und mit einem Netz gefangen. Verarbeitet werden sie auch heute noch in Collioure.

◄ Seit dem 13. Jahrhundert wird Collioure von der Königsburg der Könige von Mallorca beschützt.

▼ In Collioure sind immer noch zwei traditionsreiche Anchovis-Produzenten (Roque und Desclaux) beheimatet. Bei Roque kann man den Arbeiterinnen über die Schulter schauen.

Collioure

Doch die Zahl der Produzenten hat sich in den letzten 50 Jahren von 30 auf zwei verringert (s. Einkaufen).

Ein Gang durch die Stadt

Der runde Turm der **Kirche Notre-Dame des Anges,** auf Postkarten tausendfach abgebildet, ist das Wahrzeichen der Stadt. Er ist um einiges älter als die Kirche selbst und wurde seit dem Mittelalter als Leuchtturm benutzt. Erst 1684 wurde als Ersatz für die im Ortskern abgerissene Kirche das Kirchenschiff im Stil der mediterranen Gotik an den Rundturm gebaut. Dieser diente nun als Leucht- und Glockenturm zugleich. Im Innern der Kirche (täglich geöffnet von 9 bis 12 und von 14 bis 18 Uhr) wird der Raum vom barocken, mit Blatt-gold überzogenen Retabel (Altaraufsatz) des katalanischen Künstlers Joseph Sunyer beherrscht.

Auf der anderen Seite der Plage Boramar und hinter dem kleinen Hafen erreicht man über eine Fußgängerbrücke das **Château Royal,** (täglich geöffnet von 10 bis 17.15 Uhr). Der größte Teil der Festungsanlage wurde von den Königen von Katalonien-Aragón im 13. Jahrhundert und nach der Übernahme der Franzosen im 17. Jahrhundert erbaut. Von 1276 bis 1344 diente sie als Sommerresidenz der Könige von Mallorca.

Am Fuße der hohen Burgmauer entlang erreicht man die Plage de Port d'Avall und an deren Südende das ehemalige **Dominikanerkloster,** dessen Kirche heute von der Winzereigenossenschaft genutzt wird.

Gleich nebenan erblickt man einen Rest des ehemaligen Kreuzganges des Klosters. Der Kreuzgang fiel dem illegalen Kunsthandel zum Opfer und konnte erst 1992 wieder zurückgekauft und 1997 im Garten des Museums teilweise wieder aufgerichtet werden (nur geführte Besichtigung).

Das kleine **Kunstmuseum** (Musée Jean Peské) gleich hinter dem Kloster beherbergt Wechselaustellungen von jungen Künstlern und einen Raum mit alter Keramik (geöffnet täglich außer Di, 10 bis 12 und 14 bis 18 Uhr). Hinter dem Museum liegt ein öffentlicher Kakteengarten (Parc Pams).

Ein alternativer Gang durch die Stadt, mit den Augen der Künstler Henri Matisse und André Derain, ist auf dem **Chemin du fauvisme** möglich. Rund 20 Reproduktionen wurden an den Stellen aufgestellt, wo die Originale vor 100 Jahren gemalt wurden. Am Hafen, im gleichen Gebäude wie die Touristeninformation, befindet sich das Infozentrum zum Fauvismus (siehe auch

◄ Auf dem Weg entlang den Burgmauern kann man nur bei Nieselregen von Touristen ungestört ein Schwätzchen halten.

▼ Die Plage de Port d'Avall mit dem ehemaligen Dominikanerkloster und dem Fort Saint-Elme (auf dem Hügel).

Collioure

S. 232 f), das einen kleinen Führer, aber auch weiterführende Literatur verkauft und geführte Touren zum Thema anbietet (geöffnet täglich außer Mo von 10 bis 12 und von 15 bis 18 Uhr, Sa und So nur nachmittags).

Auf dem **Friedhof** von Collioure liegt das Grab von Antonio Machado, dem größten spanischen Dichter des 20. Jahrhunderts. Der engagierte Republikaner flüchtete 1939 vor den Franco-Truppen nach Collioure, wo er einen Monat nach seiner Ankunft starb.

Nichts tun

Collioure ist auch eine ideale Stadt zum Faulenzen: an einem der fünf Strände liegen, in den Bars an einem Campari nippen und gegen Abend durch die Gassen schlendern. Wer Wellen sucht, wird diese am ehesten noch an der Plage Nord bei der Kapelle St. Vincent finden. Bei den anderen Stränden tragen ab und zu die Soldaten der Infanterieschule mit irgendwelchen Wasserübungen zur Unterhaltung bei.

Ausflüge von Collioure

Für Wanderungen ab Collioure gibt der kleine Führer *Randonnées en Côte Vermeille,* der in der Touristeninformation gekauft werden kann, viele Ideen.

Eine kurze Wanderung (hin und zurück 1.20 Std.) führt hinauf zur Ermitage de Consolation. Die ehemalige Einsiedelei beherbergt heute ein einfaches Hotel und liegt in einem schattigen Garten. Die Wanderung kann bis zur Tour de Madeloc (gute Aussicht) und nach Banyuls verlängert werden (s. Varianten Epilog). Von der Tour de Madeloc kann man auch via Fort Saint-Elme nach Collioure zurückkehren (hin und zurück ca. 5 Std.).

Im Hafen werden diverse Ausflüge mit dem Boot (z. B. zum Cap Béar) angeboten.

◄ Die Ölmühle oberhalb des Kunstmuseums von Collioure war vom 14. bis ins 19. Jahrhundert in Betrieb. 2001 hat die Stadt die Mühle wieder in Stand gesetzt. Seither wird hier wieder Olivenöl gepresst.

▼ Als Kurt Tucholsky nach seiner Pyrenäenreise am Mittelmeer ankam – erlöst vom Gebirge, erlöst vom Steigen und Klettern –, schrieb er: »In meinem Herzen liegt eine kleine Flocke, eben geboren, ein Ei: Sehnsucht nach den Pyrenäen.«

Collioure

Foto- und Bildnachweis

Marion Nitsch: Titelbild, 2–3, 9, 11, 13, 15, 17, 26, 27, 31, 32, 33, 34, 36–37, 39, 44, 45, 46, 50–51, 55, 56, 57, 58, 60, 62, 65, 67, 70–71, 74, 77, 79, 81, 82, 83, 84, 87, 90–91, 96, 97, 98, 99, 100, 101, 102, 103, 104, 107, 163, 165, 167, 177, 184–185, 189, 194, 199, 241 oben, 241 unten, 255, 257, 266 unten, 268–269, 272, 277

François Meienberg: 18, 21, 23, 29, 43, 49, 61, 75, 95, 111, 112–113, 115, 117, 119, 121, 123, 127, 128–129, 131, 132, 133, 134, 135, 136–137, 139, 140, 141, 142 oben, 142 unten, 143, 145, 152–153, 155, 157, 159, 160, 161, 168, 169, 172–173, 176, 179, 181, 191, 193, 201, 203, 204, 205, 207, 208–209, 213 unten, 215, 216, 218, 219, 221, 222, 223, 225 unten, 227, 229, 231, 234–235, 239, 243, 244, 245, 246, 249, 251, 252, 253, 258–259, 261, 262, 265, 266 oben, 266 mitte, 273, 274, 275, 276

41: Foto: Ange Eugène Henri Mailland, um 1856. Aus: Pyrénées – voyages photographiques; Ed. Pin à Crochets, Pau 1998

59: Maler unbekannt. Bild aus Vues nouvelles des Pyrénées, um 1850 (Aus: Pyrénées, Claude Dendaletche, Berger-Levrault, Paris 1982)

63: Fotograf unbekannt. Aus: Nanou Saint-Lèbe, Viajeras por los Pirineos, Sua Edizioak, Bilbao 2002

68: Fotograf unbekannt. Aus: Pyrénées – voyages photographiques; Ed. Pin à Crochets, Pau 1998

69: Plakat für Luchon, vermutlich von Alphonse Mucha (Ende 19. Jahrhundert). Aus: Le dictionnaire des Pyrénées, Ed. Privat, Toulouse 1999

86: Künstler unbekannt. Aus: Historia de la Cultura Catalana, edicions 62, Barcelona 1996

89: Aus: Romanesque art guide, Ed. Museu Nacional d'Art de Catalunya, 1998

109: Aus: Historia de la Cultura Catalana, edicions 62, Barcelona 1996

110: Aus: Historia de la Cultura Catalana, edicions 62, Barcelona 1996

120: Foto: Lluis M. Vidal i Carreras, 1895. Aus: Pyrénées – voyages photographiques; Ed. Pin à Crochets, Pau 1998

144: Fotograf unbekannt. Museo de les Trementinaires, Tuixén.

147: Picasso, Ansicht von Gósol, 1906

149: Stich von Martin Engelbrecht. Aus: Historia de la Cultura Catalana, edicions 62, Barcelona 1996

150: Foto: Eugenio. Aus: Historia de la Cultura Catalana, edicions 62, Barcelona 1996

151: Foto: Maymó. Aus: Historia de la Cultura Catalana, edicions 62, Barcelona 1996

170: Karte von Christian Rolle, Holzkirchen.

171: Fotograf unbekannt. Aus: Claude Bailhé, Autrefois les Pyrénées, Ed. Milan, Toulouse 2000

182: Fotograf unbekannt. Aus: El Tren de la Pobla de Lillet; Carles Salmeron i Bosch, Terminus, Barcelona 1990

183: Museu del Ciment Asland, Castellar de n'Hug

197: Foto: J. Valls. Aus: Xalet-Refugis Ull de Ter, La Renclusa, Centre Excursionista de Catalunya, Barcelona 1919

206: Foto: Frederic Bordas i Altarriva, 1899. Aus: Pyrénées – voyages photographiques; Ed. Pin à Crochets, Pau 1998

213 oben: Fotograf unbekannt. Aus: Toujours debout au cœur du Canigou; Association Abbaye Saint-Martin-du-Canigou, Casteil 1994

225: Fotograf unbekannt. Aus: Pyrènèes Magazine, Milan Presse, Toulouse April 2004

230: Gerda Warthmann, Zürich

232: Village, Matisse 1905. Aus: 1894–1908 Le Rousillon à l'origine de l'art moderne, Ed. Indigène, Montpellier 1998

233 oben: Fotograf unbekannt. Aus: Le Fauvisme à Collioure, Association Fenêtre Ouverte sur le Fauvisme, Collioure 1994

233 unten: Fotograf unbekannt. Aus: 1894 – 1908 Le Rousillon à l'origine de l'art moderne, Editions Indigène, Montpellier 1998

254: Karte von Christian Rolle, Holzkirchen

267: Fotograf unbekannt

Ortsregister

Andorra 29, 108, 121, 133, **135**

Bagà **159**, 162

Bagnères-de-Luchon 36–49, 54f, 60, 62, 68

Banyuls 19, 232, **237**, **250–253**, 256, 262

Barcelona **14**, 16, 20, 21, 22, 86, 88f, 148ff, 168, 183, 240, 241

Batère **221**, **224f**

Boí **80**, **82ff**, 94

Caldes de Boí 68, **79**, **80ff**

Caregue 104, 106

Casteil **212**, 214, 215, 216f

Castellar de n'Hug **175**, **178**,

Castellbó 107, **118**, **120ff**, 126, 133, 142, 144

Castellciutat 121, 122, **131**, 132

Céret **211**, 225, **229–233**, 238, 242

Chalet des Cortalets **218**, 220, 222

Col de l'Ouillat **243**, 247f

Collioure 25, **232**, 237, 261, 265, **268–277**

Fórnols **140**, **142**

Gósol 126, **139**, **146f**, 156

Juzet-de-Luchon **48**

La Pobla de Lillet 30, **155**, **167–169**, 176, 179, 182f

La Seu d'Urgell 28, 29, 30, 121, 123, **128–134**, 140, 144

Las Illas **238**, 241, 242

Le Perthus **242**, 246f

Mantet **187f**, **200f**, 202

Molí de Fórnols **140**, **142**

Montauban-de-Luchon **39**, **47**

Montbolo 225, 226

Núria **187**, **192**, 193, 195, **206f**

Ospitau de Vielha **53**, 66, 74

Palalda 225, 227, 229

Perpignan **14**, 21, 22, 214, 222, 242, 272

Planoles **175**, 180f, 190

Portbou 256f

Port-Vendres **261**, **264f**, 273

Py **201**, 202

Queralbs 187, **190**, 191

Refuge de Mariailles **215**, 217

Refuge de Venasque **54**, **57**, 58

Refugi de Rebost **162**, 164, 165

Refugi d'Estany Long **94**, 97

Refugi d'Ulldeter **193**, **197**

Refugi Ernest Mallafré **98**, 100

Refugi Josep M. Blanc **100**, 103

Refugi Lluis Estasen **156**, 158f

Refugio de la Renclusa 53, **57f**, **62**, 63

Refugi Restanca **74**, 76

Refugi Sant Jordi **159**, 162

Refugi Ventosa i Calvell **76**, 78

Rialp **93**, **106f**, 116, 121

Ripoll **86f**, 175, 181

Saint-Bertrand-de-Comminges **48f**

Saint-Martin-du-Canigou 88, 204, **212–215**

Santa Creu de Castellbò **119**

Sant Joan de l'Erm **116**, **118**

Sort 93, **107**

Taüll **73**, **84f**, 89, 94

Toulouse **14**, 20, 23, 124f

Tuixén **143**, **144**

Vernet-les-Bains **188**, **204**, 211, 212

Vielha 30, 53

Villefranche-de-Conflent 22, 23, **204f**, 265

Werner Bätzing
Grande Traversata delle Alpi

Teil 1: Der Norden
184 Seiten, Broschur,
Farbfotos und Routenskizzen
2. Auflage 2004
Fr. 37.–/Euro 20,50
ISBN 3-85869-256-5

Teil 2: Der Süden
288 Seiten, Broschur,
Farbfotos und Routenskizzen
2. Auflage 2004
Fr. 39.80/Euro 22,50
ISBN 3-85869-257-3

Die beiden Führer beschreiben den gesamten Wegverlauf
der GTA und geben alle notwendigen Informationen über
die »posti tappa« (einfache Unterkünfte) am Ende jeder
Tagesetappe. Darüber hinaus bringen sie eine Einführung
in Natur, Kultur, Geschichte und aktuelle Probleme der
durchwanderten Alpenregionen.

Rotpunktverlag.

François Meienberg
Zu Fuß durch die Pyrenäen
Der Westen

288 Seiten, Broschur
Zürich, 2005
Fr. 42.–/Euro 24,–
ISBN 3-85869-287-5

Der erste Band des Pyrenäenführers *(Der Westen)*
beschreibt eine Strecke, die vom einst mondänen, heute
trendigen San Sebastián der Steilküste entlang nach
Hendaye führt und dann über die grünen Hügel des Baskenlandes beidseits der Grenze dem Pyrenäengrat folgt.
Die Route durchquert weite Buchenwälder, unwegsame
Karstlandschaften und in den Zentralpyrenäen den
Pyrenäen- und den Ordesa-Nationalpark. Wanderungen für
jedes Zeitbudget auf attraktiven Wegen abseits der viel
begangenen Routen.

Rotpunktverlag**.**

François Meienberg
Glarner Überschreitungen
18 Wanderungen zu Geschichte
und Gegenwart eines engen Tals

288 Seiten, Broschur,
Farbfotos und Routenskizzen
2. Auflage 2003
Fr. 42.–/Euro 24,–
ISBN 3-85869-204-2

Schiefertafeln, Fußballer, bedrückte Tüchlein, Ziger, Eis,
ein Riese und vieles mehr sind vom Glarnerland in die Welt
aufgebrochen. Kurgäste, verschiedene Armeen, Auto-
touristen und die Pest in das enge Tal eingefallen. Glarner
Überschreitungen führt zu den Tatorten des stetigen
Ein und Aus in diesem attraktiven Wandergebiet vor den
Toren Zürichs.
18 ein oder zweitägige Wanderungen.

Rotpunktverlag.

François Meienberg
Gratwegs ins Entlebuch
19 Wanderungen im ersten
Biosphärenreservat der
Schweiz

288 Seiten, Broschur,
Farbfotos und Routenskizzen

2. Auflage 2003
Fr. 42.–/Euro 24,–
ISBN 3-85869-237-9

Das Wanderbuch zum Entlebuch, dem ersten Biosphärenreservat der Schweiz.

*»Die neunzehn Wanderungen, die François Meienberg
vorstellt, führen in eine urwüchsige und urtümliche
Schweiz, die man so nur abseits der ausgetretenen Pfade
noch entdecken kann.«* Frankfurter Allgemeine Zeitung

Rotpunktverlag.

Die Wanderbücher aus dem Rotpunktverlag im Überblick.

»Der Rotpunktverlag produziert seit Jahren die überzeugendsten Wanderbücher im deutschen Sprachraum.« Frankfurter Allgemeine Zeitung

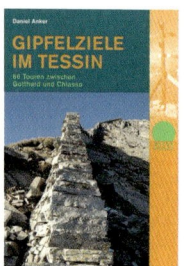

Anker, Daniel
Gipfelziele im Tessin

66 Touren zwischen Gotthard und Chiasso

Fotos und Routenskizzen
304 Seiten, 2003
Fr. 48.–/Euro 27,–
ISBN 3-85869-258-1

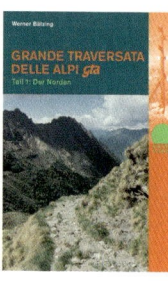

Werner Bätzing
Grande Traversata delle Alpi

Teil 1: Der Norden

Fotos und Routenskizzen
184 Seiten, 2003
Fr. 37.–/Euro 20,50
ISBN 3-85869-256-5

Philipp Bachmann
Jurawandern

Vom Wasserschloss bei Brugg zur Rhoneklus bei Genf

Fotos und Routenskizzen
288 Seiten, 3. Aufl. 2004
Fr. 42.–/Euro 24,–
ISBN 3-85869-219-0

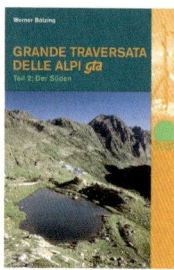

Werner Bätzing
Grande Traversata delle Alpi

Teil 2: Der Süden
Mit Verlängerung zum Mittelmeer

Fotos und Routenskizzen
288 Seiten, 2003
Fr. 39.80/Euro 22,50
ISBN 3-85869-257-3

Thomas Bachmann
Sagenhaftes Wandern

13 Ausflüge in die Gegenwart der Innerschweizer Sagen

Fotos und Routenskizzen
216 Seiten, 2003
Fr. 39.–/Euro 22,–
ISBN 3-85869-202-6

Ursula Bauer
Jürg Frischknecht
Antipasti und alte Wege

Valle Maira – Wandern im andern Piemont

Fotos und Routenskizzen
308 Seiten, 4. Aufl. 2004
Fr. 38.–/Euro 22,–
ISBN 3-85869-175-5

Ursula Bauer
Jürg Frischknecht
Bäderfahrten
Wandern und baden,
ruhen und sich laben

s/w-Fotos
432 Seiten, 2. Aufl. 2004
Fr. 45.–/Euro 26,90
ISBN 3-85869-236-0

Andreas Bellasi (Hrsg.)
**Höhen, Tiefen,
Zauberberge**
Literarische Wanderungen
in Graubünden

Fotos von Erich Gruber
416 Seiten, 2004
Fr. 42.–/Euro 24,–
ISBN 3-85869-277-8

Ursula Bauer
Jürg Frischknecht
Grenzland Bergell
Wege und Geschichten
zwischen Maloja und
Chiavenna

Fotos von Andrea Garbald
368 Seiten, 2. Aufl. 2004
Fr. 42.–/Euro 24,–
ISBN 3-85869-267-0

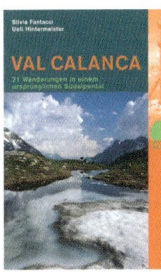

Silvia Fantacci
Ueli Hintermeister
Val Calanca
21 Wanderungen in einem
ursprünglichen Südalpental

Fotos und Routenskizzen
288 Seiten, 2002
Fr. 42.–/Euro 24,–
ISBN 3-85869-238-7

Ursula Bauer
Jürg Frischknecht
Grenzschlängeln
Routen, Pässe und
Geschichten. Zu Fuß vom
Inn an den Genfersee.

Fotos und Routenskizzen
438 Seiten, 5. Aufl. 2005
Fr. 45.–/Euro 26,90
ISBN 3-85869-123-2

Elsbeth Flüeler
Matthias Diemer
Marco Volken (Hrsg.)
Wildnis
Ein Wegbegleiter durchs
Gebirge

25 Originalabbildungen
272 Seiten, 2004
Fr. 42.–/Euro 24,–
ISBN 3-85869-276-x

Ursula Bauer
Jürg Frischknecht
Veltliner Fußreisen
Zwischen Bündner Pässen
und Bergamasker Alpen

Fotos und Routenskizzen
414 Seiten, 3. Aufl. 2000
Fr. 45.–/Euro 26,90
ISBN 3-85869-136-4

Elsbeth Flüeler
**Wandern rund um den
Montblanc**
Frankreich, Schweiz, Italien

Fotos und Routenskizzen
Ca. 250 Seiten
erscheint im Mai 2005
Fr. 42.–/Euro 24,–
ISBN 3-85869-297-2

Beat Hächler (Hrsg.)

Das Klappern der Zoccoli

Literarische Wanderungen im Tessin

s/w-Fotos
536 Seiten, 4. Aufl. 2004
Fr. 42.–/Euro 24,–
ISBN 3-85869-196-8

François Meienberg

Zu Fuß durch die Pyrenäen

Der Westen

288 Seiten, 2005
Fr. 42.–/Euro 24,–
ISBN 3-85869-287-5

Wolfgang Hafner

Dort oben die Freiheit

Streifzüge durch den Solothurner Jura

s/w-Fotos
Ca. 280 Seiten
erscheint im Mai 2005
Fr. 42.–/Euro 24,–
ISBN 3-85869-296-4

François Meienberg

Zu Fuß durch die Pyrenäen

Der Osten

288 Seiten, 2005
Fr. 42.–/Euro 24,–
ISBN 3-85869-288-3

Markus Hostmann
Andreas Knutti

Befreite Wasser

Entdeckungsreisen in revitalisierte Flussland-schaften der Schweiz

Fotos und Routenskizzen
192 Seiten, 2002
Fr. 32.–/Euro 18,50
ISBN 3-85869-243-3

François Meienberg

Glarner Überschreitungen

18 Wanderungen zu Geschichte und Gegenwart eines engen Tals

Fotos und Routenskizzen
288 Seiten, 2. Aufl. 2002
Fr. 42.–/Euro 24,–
ISBN 3-85869-204-2

Remo Kundert
Werner Hochrein

Bergfloh

Bergwandern mit Kindern Glarnerland, Zentral-schweiz, Nordtessin

Fotos und Routenskizzen
272 Seiten, 2004
Fr. 42.–/Euro 24,–
ISBN 3-85869-278-6

François Meienberg

Gratwegs ins Entlebuch

19 Wanderungen im ersten Biosphärenreservat der Schweiz

Fotos und Routenskizzen
288 Seiten, 2. Aufl. 2003
Fr. 42.–/Euro 24,–
ISBN 3-85869-237-9